Thomas Bratschi • Lars Feldmann

Stomach Competence –

Wachsen in gesättigten Food-Märkten

Thomas Bratschi • Lars Feldmann

Stomach Competence – Wachsen in gesättigten Food-Märkten

Trends, Strategien und Konzepte für Lebensmitteleinzelhandel, Food-Hersteller und Systemgastronomie

2., aktualisierte und erweiterte Auflage

Deutscher Fachverlag

Bibliografische Information Der Deutschen Bibliothek

Die Deutsche Bibliothek verzeichnet diese Publikation in der Deutschen Nationalbibliografie; detaillierte bibliografische Daten sind im Internet über http://dnb.ddb.de abrufbar.

ISSN 1438-9681
ISBN 3-87150-891-8
2. Auflage
© 2005 by Deutscher Fachverlag GmbH, Frankfurt am Main.
Alle Rechte vorbehalten.
Nachdruck, auch auszugsweise, nur mit Genehmigung des Verlages.
Umschlag: Walter Vorjohann, Frankfurt am Main
Umschlagillustration: idfx AG, Wädenswil
Satz: UCMG, Kiew
Druck und Bindung: Betz Druck GmbH, Darmstadt

Vorwort

Unsere Vorstellungen vom Lebensmittelhandel und von der Ernährungsindustrie sind geprägt von Unternehmen, ihren Geschäftskonzepten und ihren Auseinandersetzungen im Markt. In Deutschland haben sich Händler und Hersteller in den vergangenen Jahrzehnten nicht selten ausschließlich mit sich selbst beschäftigt. Im Vordergrund stand der Konditionswettbewerb, der unbarmherzige Kampf um Macht und Einfluss in der Wertschöpfungskette. Dieses Geschehen, mit zahllosen Fusionen in seinem Gefolge, hat das Denken und Handeln von Entscheidern in Handel und Industrie maßgeblich geprägt. Eine schmerzliche Konsequenz dieser Erfahrungen ist der Verlust an Verbrauchernähe, wie er in zahlreichen Managementetagen feststellbar ist. In den Fusionsschlachten der 80er und 90er Jahre gestählte Einkaufsverantwortliche haben die Entscheidungsgewalt über Sortimentsführung und Werbung an sich gerissen. Die Folge waren und sind Angebotskonzepte, die bis auf den heutigen Tag mit zahllosen Me-too-Produkten überfrachtet werden. Eine unglaubliche Verschwendung von Energie, Zeit und Geld, die einhergeht mit dem Verlust an Profilbildung und Identität im Wettbewerb. So konnte sich entwickeln, was heute Tatsache ist: Konsumenten attestieren Discountern Übersichtlichkeit und Auswahlmöglichkeiten, während sie das Angebot von Vollsortimentern nicht selten als verwirrend und unübersichtlich einstufen.

Die Situation verlangt nach einer neuen Perspektive, nach einem unverbildeten Blick auf die Zusammenhänge von Konsum, Distribution und Produktion. Diesen Anspruch erfüllen die Autoren – auch mit der aktualisierten und erweiterten zweiten Auflage des vorliegenden Buches – in hervorragender Weise und eröffnen damit Wege aus der Sackgasse, in der ein beträchtlicher Teil der Wettbewerbsteilnehmer heute steckt.

Jürgen Wolfskeil
Chefredaktion Lebensmittel Zeitung

Inhaltsverzeichnis

Vorwort zur zweiten Auflage	11
Einleitung	13
Foodmärkte: Ein kurzer Blick zurück	16

Teil I: Märkte … 23

1	Wachsen in gesättigten Märkten: Drei Wege	25
2	Nichts als Discount?	29
	2.1 Entweder Premium oder Discount – Jetzt entscheiden!	29
	2.2 Premium-Markt: Geld ist da	32
	2.3 Lieber auswärts	34
3	Konvergenzen	37
	3.1 Kanal-Konvergenz: Wachsen über die Erhöhung des Stomach Share	38
	3.2 Markt-Konvergenz: Wachsen über die Erhöhung des Wallet Share	42
4	Wer führt morgen die starke Marke?	45
	4.1 Vom Point of Sale (POS) zum Point of Brand Experience (POE)	46
	4.2 Vom Zusatznutzen zum Profit	49
	4.3 Von der Produkt- zur Rohstoffmarke	52
5	Datenflut: Wer weiß sie zu nutzen?	54
6	Rohstoffe – Von der Commodity zum USP	58
	6.1 Rohstoffe – die temporären Monopole von morgen?	59

Teil II: Menschen … 63

1	Konsum-Megatrend Zeit	65
	1.1 Ursachen: Weshalb Zeit zur knappsten Ressource der Kunden wird	66

	1.2 Reaktion und Entwicklung: Zeit als kalkulierte Investition	77
	1.3 Konsequenz für Foodmärkte: Schneller und langsamer	83
2	**Konsum-Megatrend Gesundheit**	**87**
	2.1 Ursachen: Weshalb Gesundheit immer wichtiger wird	89
	2.2 Reaktion und Entwicklung: Gesundheit wird zum dominanten Kaufmotiv	98
	2.3 Konsequenzen für Foodmärkte: Essen macht krank versus Essen macht gesund	103
	2.4 Zwei strategische Optionen im Markt Food & Gesundheit	111
3	**Konsum-Megatrend Vertrauen**	**116**
	3.1 Ursachen: Weshalb Vertrauen zum „key asset" wird	117
	3.2 Reaktion und Entwicklung: Märkte werden zu Vertrauensmärkten	119
	3.3 Konsequenzen für Foodmärkte: „Fight for Trust"	123
4	**Konsum-Megatrend Emotion**	**130**
	4.1 Ursachen: Weshalb die Nachfrage nach emotionalem Konsum steigt	130
	4.2 Reaktion und Entwicklung: Produkte suchen ihre Geschichte	133
	4.3 Konsequenzen für Foodmärkte: Dem Essen Sinn geben	138

Teil III: Methoden ... 141

1	**Stomach Share – Vom Marktanteil zum Magenanteil**	**143**
	1.1 In zwei Schritten zu Stomach-Share-Daten	145
2	**Stomach Competence – Von Produkten zu Lösungen**	**147**

Teil IV: Möglichkeiten ... 155

1	**Markt eins: Gesund essen**	**158**
	1.1 Gesund essen aus Sicht der Kunden	160
	Hot Topic: Gesundheit ist Vertrauenssache	162
	Hot Topic: Vom Produkt zum Programm	163

	1.2	Business-Visionen und Konzepte für gesund essen	164
		Konzeptidee 1: „House of WellFood"	164
		Konzeptidee 2: „Retail-Health-Programm"	171
		Konzeptidee 3: „Lifestyle-Food"	180
2	**Markt zwei: Food als Erlebnis**		**187**
	2.1	Fooderlebnis aus Sicht der Kunden	190
		Hot Topic: Erlebnis als Teil der Freizeit	192
		Hot Topic: Food als Inszenierung und Selbstinszenierung	194
		Hot Topic: Foodwissen als kulturelles und soziales Know-how	196
	2.2	Business-Visionen und Konzepte für Food-Erlebnisse	198
		Konzeptidee 4: „3D-Marke: Spicy Sun"	198
		Konzeptidee 5: „Essen: einfach klassisch"	206
		Konzeptidee 6: „Food & Carry"	212
3	**Markt drei: Schnell essen**		**219**
	3.1	Schnell essen aus Sicht der Kunden	221
		Hot Topic: Access – Die Logistik des Kunden managen	223
		Hot Topic: Multitasking	226
	3.2	Business-Visionen und Konzepte für schnelles Essen	227
		Konzeptidee 7: „Food-Districtpoint"	227
		Konzeptidee 8: „Retail Inside"	233
		Konzeptidee 9: „Easy eat, work & live"	240

Anhang	**247**
Literatur	**250**
Abbildungsverzeichnis	**254**
Tabellenverzeichnis	**257**

Vorwort zur zweiten Auflage

„Die Foodmärkte sind gesättigt." Diese Aussage machten wir bereits in der ersten Auflage des vorliegenden Buches „Stomach Competence". Sie gilt noch immer. Zur Bestätigung genügt ein Blick auf die Kunden. Die aktuellen Zahlen für Deutschland sind Ihnen wahrscheinlich bekannt: Wie das Statistische Bundesamt mitteilt, hatten im Mai 2003 49 % der erwachsenen Bevölkerung ab 18 Jahren Übergewicht (Body-Mass-Index > 25). Die Prävalenz von Übergewicht im Kindes- und Jugendalter liegt bei den 5- bis 7-Jährigen bei 23 %, bei den 9- bis 11-Jährigen bereits bei über 40 % (Daten aus „Kiel Obesity Prevention Study" (KOPS), Quelle: M.J. Müller et al., Obesity Review 2 15-28, 2001).

Das US-Landwirtschaftsministerium hat 2003 die Sättigung der Foodmärkte mit einer weiteren Zahl deutlich unterstrichen: Die tägliche Pro-Kopf-Produktion von Lebensmitteln beträgt in den USA 3900 Kalorien, also in etwa die doppelte Menge dessen, was wir durchschnittlich pro Tag verzehren. Dies macht deutlich, dass zumindest auf der Ebene von Kilogramm und Kalorien die Foodmärkte heute gesättigt – ja übersättigt sind.

Renate Künast, Bundesministerin für Verbraucherschutz, Ernährung und Landwirtschaft, hat – exakt aus diesem Grund – 2004 die Plattform „Ernährung und Bewegung" ins Leben gerufen. Unternehmen der Foodbranche sollen zusammen mit Verbänden und der Politik dem Thema Übergewicht zu Leibe rücken. Das in Deutschland wie im übrigen Europa wichtige und aktuelle Thema „Food & Gesundheit" hat uns dazu veranlasst, der Thematik in dieser überarbeiteten Auflage besondere Beachtung zu schenken. Wir haben dazu im zweiten Teil des Buches das Kapitel „Megatrend Gesundheit" komplett überarbeitet und mit einer Skizzierung möglicher strategischer Optionen erweitert, die ein Foodunternehmen in diesem Marktumfeld wahrnehmen kann.

Neben der aktuellen Diskussion über das tägliche Zuviel, das wir unserem Verdauungstrakt zumuten, bleibt die Aussage der Sättigung auch aus ökonomischer Perspektive eine Realität der Foodmärkte in den entwickelten Industriestaaten. Und die vorherrschenden Marktverhältnisse haben sich seit der ersten Auflage von „Stomach Competence" auch nicht geändert. Die dominierenden Wachstumsstrategien von Unternehmen in gesättigten Märkten heißen weiterhin „Konzentration", „Verdrängung", „Preisdumping" und „Discountisierung". So sind wir weiterhin davon überzeugt, mit Stomach Competence neue Wachstumsperspektiven für dieses schwierige Marktumfeld zu vermitteln. Das heißt, wir halten grundsätzlich an unserer Darstellung in der ersten Auflage fest, haben aber – wo notwendig und wo möglich – Beispiele, Aussagen und Angaben im Text und in den Abbildungen für diese zweite Auflage aktualisiert.

Im ersten Teil der vorliegenden Publikation haben wir das Unterkapitel „Konvergenzen" um Ausführungen ergänzt, die das Potenzial der Gastronomie als Convenience-POS ausleuchten. Darüber hinaus wurde dieser Teil um ein neues Unterkapitel (Kapitel 4.2) erweitert, welches das Thema „Zusatznutzen" systematisch ausleuchtet. Dabei zeigen wir, dass Lebensmittel mit ethischem oder ökologischem Zusatznutzen nicht auf einen dauerhaften Mehrwert bauen können, denn auch diese Produktaspekte unterliegen einem Lebenszyklus.

Der zweite Teil wartet, wie erwähnt, mit einem gänzlich überarbeiteten Kapitel zum Thema „Food & Gesundheit" auf. Dabei haben wir die generellen Aussagen zum Megatrend „Gesundheit" stark auf markt- und marketingrelevante Themen für die Food-Branche heruntergebrochen. Aus diesen erweiterten Überlegungen zum Thema hat sich auch eine neue Business-Idee für den Markt „Gesund essen" herauskristallisiert. Sie finden diese im vierten Teil als Business-Idee Nr. 3: „Lifestyle-Food".

Thomas Bratschi
Lars Feldmann

Einleitung

Die Foodmärkte sind gesättigt. Seit Jahren lautet die dominierende Wachstumsstrategie der Unternehmen „Preisdumping" und „Discountisierung". Mit „Stomach Competence" präsentieren wir einen neuen Weg, wie Wachstum in gesättigten Foodmärkten möglich ist.

Stomach Competence ist eine neue Managementperspektive, welche den Foodmarkt vom Magen des Kunden aus definiert. Dank Stomach Competence lässt sich herausfinden, wo dieser „Magen isst und was er will". Und das sind künftig in aller Regel nicht Produkte, sondern umfassende Lösungen für zentrale Bedürfnisse oder Probleme der Ernährung. Kunden sind bereit, für die Lösung echter Probleme zu bezahlen. Wer solche Lösungen anbieten kann, befindet sich im Premiummarkt, in einem Bereich, der sich nicht durch Preiskrieg, sondern durch Innovation und Einzigartigkeit auszeichnet.

Heute versucht jedes Unternehmen im Foodmarkt, seinen Vertriebsweg und die eigene Position in der Wertschöpfungskette zu optimieren. Oberstes Ziel ist es, den Umsatzanteil im eigenen Kanal zu vergrößern und die internen Prozesse oder treffender: die eigene Logistik in den Griff zu bekommen. Stomach Competence bedeutet hingegen einen radikalen Perspektivenwechsel:
- Nicht der Kanal, sondern der Kunde definiert den Markt.
- Nicht der Marktanteil im eigenen Kanal, sondern der Anteil am Magen und an der Brieftasche des Kunden definiert die Größe des potenziellen Marktes.
- Nicht die eigene Logistik, sondern die Logistik des Kunden, d.h. die Probleme und Bedürfnisse des Kunden stehen im Zentrum aller Managementüberlegungen.

Das vorliegende Buch ist kein Patentrezept, keine Lizenz zum Erfolg und auch keine Kritik an der vorherrschenden Managementliteratur. Es ist ein Buch, das mit dem Vorschlag zu einer neuen Management-Denke für die gesamte Foodbranche Impulse geben möchte. Obschon viel zu einzelnen Bereichen der Food-Wertschöpfungskette, zum LEH oder zur Foodindustrie, zur Gastronomie und zu anverwandten Branchen, geschrieben und referiert, geforscht und konzipiert wurde, findet sich keine Literatur zur Gesamtheit der Food-Wertschöpfungskette. Dabei kämpfen alle Mitspieler im Foodmarkt um dasselbe: Sie möchten einen Anteil am Magen des Kunden besitzen. Das Buch bietet eine Gesamtsicht des Foodmarktes, analysiert die wichtigsten Entwicklungstreiber im Markt, hebt kritische Erfolgsfaktoren für die

Zukunft im Foodbusiness hervor und erläutert die entscheidenden wirtschaftlichen und gesellschaftlichen Trends, welche das Kundenverhalten bestimmen und verändern. Und es skizziert mögliche Businesskonzepte auf der Basis von Stomach Competence – Konzepte, die außerhalb des klassischen Branchendenkens, basierend auf der Grundlage von Kundenbedürfnissen, interessante Business-Chancen in den Food-Premiummärkten von morgen aufzeigen.

Stomach Competence ist nichts Neues, sondern ein **verloren gegangenes Wissen**. Wir zeigen, wo Stomach Competence seinen Ursprung hat, nämlich bei der „Mamma". Diese besaß wirklich Stomach Competence, sie war gegenüber ihren Familienmitgliedern für sämtliche Esslösungen verantwortlich. Sie kannte den Tagesablauf ihrer „Kunden", sie wusste, wer was gerne mag, sie schaute, dass die Männer auf den Feldern ihr Mittagessen bekamen, sie strich den Kindern die Pausenbrote und backte Geburtstagskuchen. All dieses Wissen ist in den heutigen Foodmärkten weiterhin vorhanden, sogar viel spezialisierter. Jedoch ist es **auf jeweils einzelne Unternehmen der Wertschöpfungskette verteilt**, was heute die Schaffung ganzheitlicher Foodlösungen erschwert.

Im ersten Teil des Buches werfen wir einen Blick auf die Branche, so wie wir sie heute erleben. Wir thematisieren **drei prinzipielle Wachstumsmöglichkeiten** für Unternehmen in der Foodbranche und zeigen, dass es auch außerhalb der Discountmärkte attraktive Wachstumsoptionen gibt. Ein wichtiges Thema dabei ist die Marke. Früher eine Domäne der Produzenten, ist Branding heute ein Topthema für den Handel, aber natürlich auch für die (System-)Gastronomie. Wer morgen die starke Foodmarke führt – ob Händler, Produzenten oder Systemgastronomen –, ist davon abhängig, wer seine Marke am erfolgreichsten erlebbar macht. Wir beschreiben, wer das heute wie versucht und wem es wie gelingen könnte. Die Karten werden neu gemischt, nicht zuletzt deshalb, weil der Handel seine direkte Schnittstelle zum Kunden aktiv nutzt. Dank Kundenkarten aus Loyalitätsprogrammen besitzt der Lebensmitteleinzelhandel heute eine Fülle von qualitativ hoch stehenden Kundendaten, deren Wert noch gar nicht vollumfänglich abgeschätzt werden kann. Eine Entwicklung, die auch heute noch nicht in ihrer Gesamtheit erkannt wird, ist der Bedeutungszuwachs von Rohstoffen. Die Kontrolle über Rohstoffe, über deren Gewinnung, über die Geschichten und Mythen von Foodrohstoffen, wird eines der bedeutsamsten Erfolgskriterien im Foodbusiness von morgen sein.

Im zweiten Teil beschäftigen wir uns ausführlich mit den Kunden. Einfach gesagt: Ganz unterschiedliche Motive oder Voraussetzungen können dafür sorgen, dass jemand Geld fürs Essen ausgibt, und diesen Motiven müssen wir auf die Spur kommen, wenn wir Stomach Competence aufbauen möchten. Dabei sind wir in unserer

Kundenanalyse viel breiter, als das üblicherweise der Fall ist. Wir erörtern ausführlich die wichtigsten gesellschaftlichen und wirtschaftlichen Entwicklungen **(Megatrends)**, welche das Kundenverhalten in Premiummärkten bestimmen. Wir gehen dem auf den Grund, was in den meisten Marketingpublikationen lediglich als Präambel aufgeführt wird, denn wir glauben, dass sich nur damit echte Stomach Competence aufbauen lässt. Erst der Blick aus der Vogelperspektive erlaubt es, die großen Zusammenhänge auch außerhalb der eigenen Branche wahrzunehmen und sich diese Erkenntnisse für neue Wachstumsperspektiven nutzbar zu machen.

Stomach Competence als neue Management-Denke verlangt auch nach neuen Analyseinstrumenten. Mit welcher Marktforschung lässt sich erfahren, wie groß der effektive Anteil des eigenen Produktes oder der eigenen Marke im Magen des Kunden ist? **Im dritten Teil des Buches** stellen wir mit „Stomach Share" ein quantitatives Marktforschungsinstrument vor, welches kanalübergreifend den wertmäßigen Anteil von Produkten und Produktgruppen im Magen des Kunden erhebt. Ein neuartiges qualitatives Tool ergänzt die quantitative **„Stomach Share"-Analyse**, indem es Kunden befragt, wie diese sich ihre idealen Ernährungslösungen – oder besser „Magenfüll-Lösungen" – vorstellen, und wie gut oder schlecht die heute bestehenden Foodkanäle diese Lösungen erbringen.

Wie die qualitative Analyse und die Auseinandersetzung mit den Megatrends zeigen, sind heute die großen **Stomach-Probleme** fehlende Zeit, das Bedürfnis, sich gesund zu ernähren, und der Wunsch nach Genuss und Erlebnis als Teil der Ernährung. Sämtliche bestehenden Foodkanäle liefern für diese Probleme **unvollständige Lösungen**, meist Lösungen auf der Produktebene. Wir beschreiben die wichtigsten Topics, die diese zukünftigen Foodmärkte auszeichnen. Und wir zeigen auch **mögliche Business-Chancen** in diesen Märkten auf. Damit nicht alles graue Theorie bleibt, stellen wir pro Markt zwei bis drei **Business-Konzeptideen** vor. Wir lassen diese von jeweils mehreren beteiligten (fiktiven) Personen beschreiben. Wir beabsichtigen damit, aus dem abstrakten Wissen **praxisnahe Bilder** zu machen und die Idee der Stomach-Competence-Denkweise verständlich aufzuzeigen. In den Berichten dieser fiktiven Personen sind die unserer Meinung nach zentralen Überlegungen und Anhaltspunkte der Konzepte in beispielhafter Form wiedergegeben, die wichtigsten Gründe für und gegen das jeweilige Konzept erwähnt, argumentiert und reflektiert. Wir hoffen, die beschriebenen Konzepte regen zum Weiterdenken an.

Foodmärkte: Ein kurzer Blick zurück

Ein Blick zurück zeigt: Foodkanäle sind einem laufenden Wandlungsprozess unterworfen. Gesellschaftliche Veränderungen bringen neue Verkaufskanäle hervor und lassen bestehende verschwinden. Im Tagesgeschäft wird dieser stetigen Dynamik keine Beachtung geschenkt. Anstatt sich zu fragen, welche Kanäle die Foodmärkte von morgen bestimmen werden, investiert man Zeit und Geld in den Ausbau und die Optimierung bestehender Kanäle. Das erinnert an die unbefriedigenden Bemühungen der deutschen Bergwerksingenieure, die Gasverbrennungslampe zu optimieren, währenddessen der gewitzte Edison die Glühbirne erfand.

Die Mutter als Ursprung der Stomach Competence

Stomach Competence ist nichts Neues. Sie ist etwas, das im Verlauf der Differenzierung des Foodmarktes vielen Unternehmen abhanden gekommen – oder genauer: in unendlich viele Einzelteile zerfallen ist.

> **MERKE!**
>
> **Stomach Competence ist das Wissen um sämtliche Bedürfnisse des Kunden rund ums Essen; das Wissen darum, weshalb wer was wann in welcher Qualität, in welcher Zeit, zu welchem Preis oder in wessen Gesellschaft essen möchte.**

Das alles wusste am Anfang des 20. Jahrhunderts eine Person: die Mutter. Sie, oder allenfalls die Großmutter, war gegenüber ihren Familienmitgliedern für sämtliche Esslösungen verantwortlich. Sie kannte den Tagesablauf ihrer „Kunden", sie wusste, wer was gerne mag, sie schaute, dass die Männer auf den Feldern ihr Mittagessen bekamen, sie strich den Kindern die Pausenbrote, backte Geburtstagskuchen und päppelte kranke Familienmitglieder mit Schonkost wieder auf. Die Mutter übernahm neben diesen „Veredelungsfunktionen" auch Einkaufs- und Lagerungsfunktionen. Sie war stets auf der Suche nach Produkten mit einem guten Preis-Leistungs-Verhältnis und versuchte, Knappheiten mittels Einlagerung oder Tausch zu umgehen.

Stomach Competence alleine reichte der Mutter natürlich nicht, ihre „Kunden" optimal zu verpflegen. Dafür waren die finanziellen und zeitlichen Restriktionen und die oft stark eingeschränkte Verfügbarkeit von Lebensmitteln ein zu großes Hindernis. Genau an diesen Punkten setzten die Vorläufer der heute bestehenden Foodkanäle an. In klassischer Manier der Arbeitsteilung widmeten sich die entstehenden Foodkanäle spezifischen Aufgaben, die sie dank Größe, Spezialwissen und Investitionskraft effizienter erfüllten als die Mutter, respektive die Hausfrau.

Entstehung der heutigen Kanalvielfalt

Tab. 1: Übersicht: Entstehung der Foodkanäle

Kanal	Entstehung im deutschsprachigen Europa	Spezialisierung, Unique Selling Proposition	Lösung für ...
Selbstversorgung	–	Einkommensunabhängige Lebensmittelversorgung	Geld, Produkt
Markt	–	Produktvielfalt	Produkt, Geld
Kommerzielles Wirtshaus	14./15. Jahrhundert	Reiseverpflegung	Service
Konsumvereine	Um 1850/60	Billige Grundnahrungsmittel	Geld
Gemeinschaftsverpflegung	Jahrhundertwende 19./20. Jahrhundert	Außer-Haus-Verpflegung, Verpflegung am Arbeitsplatz	Zeit
Kleinhändler/ Fachhandel	Um 1900	Nahversorgung, Qualität	Produkt, Qualität, Zeit
Warenhäuser	Um 1900	Produktevielfalt	Produkt, Qualität, Erlebnis
Filialisierte Großverteiler	1920/30	Preis	Geld
Supermärkte, Regalentnahme	1950	Billige Nahrungsmittel, Produktevielfalt	Geld, Zeit, Produkt, Konsumlust
Take Away	1960/70	Schnelle Verpflegung rund um die Uhr	Zeit, Lifestyle
Fast Food, SB-Restaurant	1970/80	Schnell und billig	Zeit, Geld
Convenience Ladenformate	1980/90	Nah, schnell, rund um die Uhr	Zeit
Heimlieferung/ E-Commerce	1990+	Bequem	Zeit
Home-Meal-Replacement	2000	Gourmet-Menu ohne Kochwissen	Wissen, Zeit

Quelle: Eigene Darstellung

Die heutige Vielfalt von Foodkanälen findet ihren Ursprung in der Industrialisierung, die sich Mitte des 19. Jahrhunderts in weiten Teilen Europas manifestierte. Kleinhändler, Kaufhäuser und Konsumvereine verdrängten um die Wende zum 20. Jahrhundert die beiden klassischen, über Jahrhunderte bestehenden Foodkanäle, nämlich den Markteinkauf und die Selbstversorgung. Industriearbeiterinnen hatten keine Zeit mehr, aufwändig für ihre Familien zu kochen. In den Arbeitersiedlungen bestand kaum die Möglichkeit, selber Nahrungsmittel zu kultivieren. Der Tagesablauf war nicht mehr vom Sonnenauf- und Sonnenuntergang bestimmt, sondern durch die Arbeitszeiten in der Fabrik. Es begann die klare Trennung von Arbeits- und Freizeit, wobei letztere reichlich karg bemessen war.

Essen wurde zu einem zeitlichen und finanziellen Problem, der Zugang zu Nahrungsmitteln war durch das verfügbare Einkommen bestimmt. Selbstversorgung und Tauschhandel gab es in industrialisierten Regionen kaum noch.

Im 19. Jahrhundert gab ein Arbeiterhaushalt mehr als die Hälfte seines verfügbaren Einkommens für Nahrungsmittel aus (siehe Abb. 1). Die Qualität der Ware war mi-

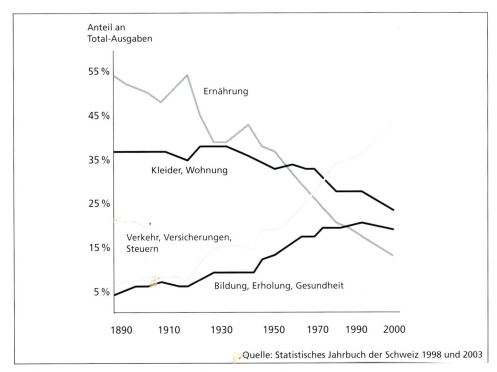

Abb. 1: Ausgabenstruktur eines Arbeitshaushaltes

serabel, und oft fehlten gewisse Produkte gänzlich. Erste Abhilfe schafften die seit den 60er Jahren des 19. Jahrhunderts überall im deutschsprachigen Europa entstandenen Konsumgenossenschaften. Durch gemeinsamen Einkauf konnten Grundnahrungsmittel zu vergleichsweise günstigen Bedingungen erworben werden, und der Einkauf sowie die Lagerung größerer Mengen schützten vor Engpässen.

Auf Seiten der Lebensmittelproduzenten bedeutete um die Jahrhundertwende die Internationalisierung des Lebensmittelhandels eine radikale Marktveränderung. Eisenbahnen und Dampfschifffahrt erweiterten den Beschaffungsraum für Lebensmittel auf bisher unvorstellbare Weise. Gleichzeitig verzeichnete die industrielle Lebensmittelproduktion einen Innovationsschub mit Konserven, Würzextrakt und weiteren neuartigen Konservierungsmethoden. Verfügbarkeit und Produktvielfalt gelangten auf ein ganz neues Niveau, wobei vorerst nur eine kleine Zahl von Menschen von dieser Produktfülle profitieren konnte.

Die Außer-Haus-Verpflegung, im 19. Jahrhundert noch weitgehend eine Randerscheinung, gewann an Bedeutung, als die Arbeiter in den industrialisierten Regionen über Mittag nicht mehr nach Hause konnten. Imbissstände in der Nähe der Fabriken oder Kantinen innerhalb der Unternehmen übernahmen die Verpflegung untertags.

Die Rolle der Frau im Haushalt hatte sich während der Industrialisierung dramatisch verändert. Ihr Zeitbudget war, sofern sie selber in der Fabrik oder zu Hause arbeitete, erheblich geschrumpft. Sie war zunehmend auf technische Innovationen in der Küche und auf industriell vorgefertigte Nahrungskomponenten angewiesen, um in der ihr verbleibenden Zeit zu Hause die Familie zu verpflegen. 1925 war mit der „Frankfurter Küche" ein großer Rationalisierungsschritt im Küchenbau erfolgt. Die Küche war nun nicht mehr als Wohnküche konzipiert, sondern als Fabrik im Haus, in der die Hausfrau so effizient wie möglich arbeitete.

Die Rolle der Frau war während dieser fundamentalen Veränderungen im Alltagsleben Gegenstand heftiger Diskussionen und Auseinandersetzungen. Dabei dominierten innerhalb der Frauenbewegung zwei unterschiedliche Rollenverständnisse: eine egalitäre und eine dualistische Auffassung der Geschlechterrollen. Die egalitäre Richtung der Frauenbewegung verfocht die Gleichheit aller Menschen. Davon leitete sie die Gleichstellung der Geschlechter in allen gesellschaftlichen Bereichen ab. Dominierend war jedoch das dualistische Geschlechterkonzept. Es ging davon aus, dass die Bestimmung von Frau und Mann prinzipiell verschieden, aber gleichwertig war. Zum natürlichen Aufgabenbereich der Frau und Mutter gehörte die Sorge um die Familie. In fürsorgerischem und moralischem Sinn sollte sie auch in die größere Gemeinschaft hinein wirken. Die kochende Hausfrau trat deshalb mittels der Frauenvereine in die Öffentlichkeit und begründete den Foodkanal der Gemeinschaftsverpflegung.

Aus den erwähnten Grundgedanken heraus entstanden um die Jahrhundertwende allerorten Frauenvereine mit dem Ziel, den arbeitenden Männern günstiges Essen in moralisch einwandfreier Umgebung – das hieß, in einem Restaurant, welches keinen Alkohol ausschenkte – zu gewähren. Die Stomach Competence der fürsorglichen Familienmutter wurde in den öffentlichen Raum getragen. Auch in Betriebskantinen, die nicht von Frauenvereinen betrieben wurden, lag es meist an den Frauen, für das leibliche Wohl der Männer zu sorgen. Viele Betriebskantinen ließen die weiblichen Angestellten die Mahlzeiten zubereiten und servieren.

Um die Jahrhundertwende zum 20. Jahrhundert war Essen weiterhin einer der bedeutendsten Ausgabebereiche der Haushalte. Noch musste dafür durchschnittlich über die Hälfte des Einkommens aufgebracht werden. Das sollte sich erst in der ersten Hälfte des 20. Jahrhunderts ändern. Konsumgenossenschaften und insbesondere die filialisierten Großverteiler revolutionierten die Haushaltsrechnung der Menschen. Innerhalb kürzester Zeit erhob sich der Lebensmitteleinzelhandel zum mächtigsten Foodkanal überhaupt, indem er das größte Magenfüllproblem seiner Zeit, nämlich billige Lebensmittel für alle, löste.

Fallbeispiel Migros

Als Gottlieb Duttweiler 1925 die Migros gründete, leitete er damit auch eine Preis-Revolution im schweizerischen Lebensmittelhandel ein. Bereits in seinem ersten Flugblatt, auf dem er für seine fahrenden Verkaufsstellen Werbung machte, zeigte er klar, dass er nicht nur Produkte, sondern primär eine neue Geldlösung für das Magenfüll-Problem zu bringen gedachte. „An die Hausfrau, die rechnen muss! – An die intelligente Frau, die rechnen kann." (Zit. nach Alfred A. Häsler: Das Abenteuer Migros, Zürich 1985)

Dank Großmengeneinkauf, runder Preise, kleinem Sortiment und der Pflicht der Kunden zur Barbezahlung nutzte Gottlieb Duttweiler erstmals konsequent die Economies of Scale für den Lebensmitteleinzelhandel. Die Proteste des eingesessenen Kleinhandels ließen nicht auf sich warten. Die Heftigkeit erstaunt aus heutiger Sicht, ist jedoch verständlich, wenn man bedenkt, dass die Verteilmethode Duttweilers eine Innovation im Lebensmitteleinzelhandel war, die mit einer Verkaufsform aufräumte, welche sich seit dem Spätmittelalter nicht groß verändert hatte. Was hunderte von Jahren als richtig galt, wollte man nicht einfach so fallen lassen.

Mit der Einführung der Selbstbedienung 1948 gab Duttweiler letztlich dem Lebensmitteleinzelhandel in der Schweiz sein heutiges Gesicht. Neben die Geldlösung trat mit der Selbstbedienung erstmals eine Zeitlösung. Die große Auswahl und der schnelle Transaktionsprozess rationalisierten den Lebensmitteleinkauf der Hausfrau. Die weiterhin unschlagbar tiefen Preise der Produkte und die neue Produktvielfalt schufen ein neues Einkaufserlebnis. (Heister, 1991)

Die Entwicklung des Lebensmitteleinzelhandels lässt aufhorchen: Dieser Kanal vereinigt heute mehr als die Hälfte aller Foodausgaben im deutschsprachigen Europa auf sich. Das ist eine ungeheure Dominanz innerhalb der Foodkanäle. Erstaunlich ist dies deshalb, weil der Kanal vor 50 Jahren noch gar nicht existiert hat! Die Frage, welche sich jeder im Foodbusiness Tätige deshalb stellen muss, ist die: Welcher Kanal wird in 50 Jahren den Foodmarkt dominieren?

In den 60er und 70er Jahren begann der große Aufstieg des Außer-Haus-Verzehrs. Die Imbisskultur, Take Aways, Essen über die Straße waren gesellschaftsfähig geworden. Nicht mehr nur Fabrikarbeiter, die keine eigene Kantine hatten, ernährten sich über Mittag an Imbissständen, sondern immer mehr auch Angestellte, Touristen oder Leute im Ausgang. Der Imbiss wanderte vom Industriegebiet in die Innenstadt und veränderte langsam, aber nachhaltig das bisher starre System der drei Hauptmahlzeiten Morgen-, Mittag- und Abendessen. In den 70er Jahren fassten McDonald's und andere Fastfood-Ketten in Europa Fuß, Restaurants, die den schnellen Imbiss mit dem Systemgedanken verbanden.

Einkaufen und Essen rund um die Uhr sind seit den 90er Jahren möglich dank Convenience-Formaten mit langen Öffnungszeiten, die man immer zahlreicher an Hochfrequenzstandorten wie Tankstellen oder Bahnhöfen findet. Daneben ermöglicht E-Commerce den Einkauf zu jeder Tages- und Nachtzeit und gibt der Hauslieferung von Nahrungsmitteln und Foodlösungen eine neue Dimension.

Fallbeispiel McDonald's

Zeitgleich mit der Einführung der Selbstbedienung in den Migros-Supermärkten in der Schweiz setzten Maurice und Richard McDonald's aus San Bernardino, Kalifornien, 1948 dieselben elementaren Gedanken in der Gastronomie um. „Unser ganzes Konzept basierte auf blitzschneller Bedienung, niedrigen Preisen und Absatzvolumen (...) Wir hatten es auf den Massenabsatz abgesehen, der sich durch die Preisstruktur und das Selbstbedienungsprinzip ermöglichen ließ. Temposteigerung war damals das Zauberwort in jeder Industrie. Die Supermärkte und Warenhäuser waren bereits auf Selbstbedienung umgestiegen, und uns war klar, dass hier auch die Zukunft des Drive-ins lag." Eine dramatische Reduzierung der Gerichte und unschlagbare Preise ... die Fortsetzung ist wohl allen bekannt. (Love, 1988)

Foodkanäle entstehen immer im Zusammenhang mit gesellschaftlichen, wirtschaftlichen und technologischen Veränderungen, die nach neuen Arten der Verpflegung verlangen oder solche erst ermöglichen. Entsprechend der rasanten Modernisierung im 19. und 20. Jahrhundert hat sich auch die Vielzahl von Foodkanälen herausgebildet, die wir heute kennen. Und es gibt keinerlei Gründe anzunehmen, dass sich diese Vielfalt in Zukunft wieder reduziert. Ebenso ist es nicht selbstverständlich, dass die heute marktdominierenden Foodkanäle mit den „Champions" von morgen identisch sind. Im Gegenteil: Der technologische Fortschritt, die Pluralisierung von Lebensstilen und Biografien, Veränderungen von wirtschaftlichen und gesellschaftlichen Rahmenbedingungen sowie kulturelle Innovationen verlaufen immer rascher. Davon bleibt auch unsere Ernährungsweise nicht verschont. Neue Restriktionen bestimmen den Lebensalltag und verlangen nach neuen kreativen und umfassenden Lösungen des Problems, sich den Magen zu füllen. Die eine Instanz mit umfassender Stomach Competence, die Mutter des letzten Jahrhunderts, gibt es nicht mehr. Und die heutigen Kanäle besitzen jeweils nur Teile von Stomach Competence – meist beschränkt durch einen zu engen Blick auf den bekannten Kanal. Anstatt sich intensiv mit den veränderten Bedürfnissen von Kunden auseinander zu setzen (Stomach Competence), vergrößern viele Foodunternehmen ihre Kanal-Kompetenz. Die folgenden Marktbeobachtungen erläutern generell, wie Foodunternehmen auch außerhalb der klassischen Kanäle wachsen können. Die Voraussetzung dazu ist Stomach Competence, aber auch das Wissen um die kritischen Treiber heutiger Foodmärkte.

Teil I:
Märkte

1 Wachsen in gesättigten Märkten: Drei Wege

Foodunternehmen können prinzipiell in drei Dimensionen wachsen (siehe Abb. 2). **Dimension eins** entspricht dem Wachstum in einem bestehenden Markt oder Vertriebskanal. Diesem Wachstumsmuster folgen heute die allermeisten Unternehmen. Vieles spricht auch dafür: Im bestehenden Markt kennt man sich aus, hat einen Wissensvorsprung gegenüber neuen Konkurrenten, besitzt Kunden- und Lieferantenbeziehungen. Auch haben sich die Unternehmenskultur, die internen Prozesse und das Selbstverständnis der Mitarbeiter („Wir sind Gastronomen", „In uns fließt noch echtes Händlerblut") verfestigt. Weshalb das alles aufgeben? Die Trägheit, Neues für Bestehendes aufzugeben, hat oft nicht nur rationale, sondern auch ausgesprochen menschliche Gründe. Wachstum im bestehenden Markt, mit dem Ziel, den eigenen **Marktanteil** (Market Share) zu erhöhen, stößt im Foodbusiness jedoch an Grenzen. Die westlichen Märkte sind weitgehend gesättigt. Ein Zuwachs an Marktanteilen erfolgt fast zwangsläufig über zwei Strategien: zum einen über die **Discountisierung** (preisorientierter Verdrängungswettbewerb), zum anderen via **Internationalisierung** in weniger reife Märkte (Eintritt in Emerging Markets oder in Märkte mit geringer Branchenkonzentration).

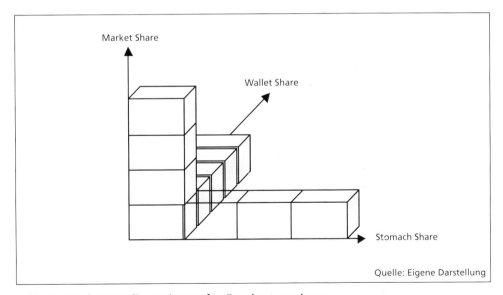

Abb. 2: Wachstumsdimensionen für Foodunternehmen

Als **zweite Wachstumsdimension** bietet sich den Foodunternehmen das Eindringen in neue, respektive die Schaffung neuer Vertriebswege an. Oder das Unternehmen definiert seine Rolle und Position in der Wertschöpfungskette neu. Die Strategien dazu reichen von der reinen Addition über die Kombination (Multi-Channel) bis zur Konvergenz von Foodkanälen und der neuartigen Verknüpfung von Gliedern der Wertschöpfungskette. Ziel dieser Wachstumsstrategie ist es, den **Anteil am Magen des Kunden** (Stomach Share) zu erhöhen. Die Marke des Produktes oder des Unternehmens spielt bei dieser Wachstumsdimension eine entscheidende Rolle. Mit kanalübergreifendem Wachstum wird versucht, näher an den Kunden heranzukommen, um ihm bessere Lösungen für echte Probleme anzubieten. Dafür ist – neben der physischen Nähe zum Kunden (mittels Kanälen und POS) – auch die Marke notwendig. Sie schafft psychische Nähe und Vertrauen. Die intelligente Kombination mehrerer Foodkanäle kann dem Kunden neue, einzigartige Vorteile bringen, wofür er bereit ist, mehr Geld als bisher zu bezahlen. Ein Lebensmitteleinzelhändler, der unter seiner Retail-Brand (= Unternehmensmarke des Händlers, z. B. Marke Aldi) neu auch Foodservice-Leistungen anbietet, bringt dem Kunden einen echten Zusatznutzen. Einerseits hat er die Möglichkeit, zeitsparend an ein und demselben Ort zwei Formen von Foodlösungen einzukaufen, andererseits wird er sich beispielsweise über die Lebensmittelsicherheit bzw. -qualität des Foodserviceangebots kaum Sorgen machen, wenn er von der Retail-Brand nur beste Qualität kennt. Umfassende Foodlösungen für aktuelle Kundenbedürfnisse schließlich lassen sich insbesondere durch die Konvergenz, das heißt die **Vermischung und Neugestaltung von Foodkanälen** schaffen.

Der historische Rückblick zeigt, dass sich im Foodmarkt Kundenbedürfnisse laufend ändern (vgl. einleitendes Kapitel „Foodmärkte: Ein Blick zurück"). Jedoch passen sich bereits bestehende Vertriebsformen nicht in derselben Geschwindigkeit an. Die aktuellen Foodkanäle hinken deshalb den wirklichen Kundenbedürfnissen immer hinterher. Das schafft einen Leidensdruck auf Seiten der Kunden, welcher die Entstehung neuer Foodkanäle begünstigt. Die Entstehung neuer Vertriebsformen ist keine historische Ausnahme, sondern die Regel! Grund genug also, Wachstumsmöglichkeiten in der Schaffung neuer Foodkanäle zu suchen. Neue Foodkanäle oder Konvergenzformen bestehender Kanäle sind nur dann erfolgreich, wenn sie neue relevante „Magenfüll-Lösungen" für den Kunden bringen.

MERKE!

Nicht die bestehenden Kanäle, sondern die Kundenbedürfnisse schaffen die Strukturen der neuen Vertriebskanäle.

Die beiden bisher beschriebenen Wachstumsdimensionen für Foodunternehmen spiegeln das klassische Organisations-Dilemma zwischen Effizienz („do the things right") und Effektivität („do the right things") wider. Wachstum in bestehenden Kanälen ist Effizienzwachstum. **Eingespieltes** und Erfahrenes wird optimiert, der Innovationsblick richtet sich ins eigene Unternehmen oder in die eigene Branche. **Effektivitätswachstum** entspricht dem Wachstum in mehrere und neue Kanäle hinein, und zwar Wachstum in solche Kanäle, die dem Kunden Lösungen für seine aktuellen Probleme (the right things) geben. Hierbei richtet sich der Innovationsfokus aus dem Unternehmen und dem Kanal hinaus und **fokussiert die Kunden (Stomach Competence)**.

Es gibt keine richtige und falsche Wachstumsstrategie, aber es gibt einen richtigen Zeitpunkt für Effizienzwachstum und einen solchen für Effektivitätswachstum. Beides gleichzeitig ist, obschon der Wunsch der meisten Unternehmen, kaum möglich – deshalb besteht ja das organisatorische Dilemma. Wer wirklich effizient sein will, wird seine Unternehmensstruktur und -kultur konsequent darauf ausrichten müssen, um erfolgreich zu sein. Das heißt also: konsequente Standardisierung, Zertifizierung, Verschlankung und Fokussierung im ganzen Unternehmen. Damit fehlen jedoch sämtliche für ein Effektivitätswachstum notwendigen Voraussetzungen wie beispielsweise Informationsredundanzen, Pilotprojekte, Fehlertoleranz oder hohe Autonomie der Mitarbeiter. Unternehmen, die ein Effektivitätswachstum anstreben, kommen dafür nicht in den Genuss von Lern- und Skaleneffekten (Economies of Scale). Um den Geist für das Neue aufrechtzuerhalten, verbieten sich Formalisierung und Standardisierung.

Unserer Meinung nach ist heute im Foodmarkt der richtige Zeitpunkt für Effektivitätswachstum, denn mehr Effizienz führt in die Discount-Falle. Somit rückt das Wissen über die Kunden, respektive Stomach Competence, ins Zentrum unternehmerischer Innovationen.

Schließlich besteht für Foodunternehmen eine **dritte Wachstumsdimension**. Sie können ihren **Anteil an der Brieftasche des Kunden** (Wallet Share) erhöhen, indem sie in neue Konsummärkte vorstoßen. Dazu bieten sich fast alle Konsummärkte an, denn beinahe jeder dieser Märkte besitzt eine Schnittstelle zum Thema Food. Essen und Trinken als soziale Tätigkeit oder als Teil eines Kauf-Ambientes ist prinzipiell überall denkbar. Nahe liegend auch die Konvergenzen zwischen Food und Gesundheit, Food und Unterhaltung, Food und Freizeit. Wie das Wachstum in mehrere und neue Foodkanäle hinein entspricht auch diese dritte Wachstumsdimension einem Effektivitätswachstum. Mit dem Fokus auf den Kunden werden neuartige, relevante Kundenlösungen geschaffen. Lösungen, die nicht mehr an ein Produkt oder eine Branche gebunden sind, sondern alleine nur an die (Food-)

Bedürfnisse des Kunden. Auch in diesem **Premiummarkt** ist Stomach Competence die Voraussetzung für Wachstum.

Tab. 2: Übersicht: Drei Wachstumsdimensionen für Foodunternehmen

	Strategien	Maßnahmen	Voraussetzung	Innovations-richtung
Dimension 1: Erhöhung Market Share	*Ebene Unternehmen* – Discountisierung – Internationalisierung *Ebene Marke* – Line Extension	Fokussieren Standardisieren Konzentrieren	Kanal-Kompetenz Prozess-Wissen	Effizienz
Dimension 2: Erhöhung Stomach Share	*Ebene Unternehmen* – Kanal-Addition – Multi-Channel-Integration – Kanal-Konvergenz *Ebene Marke* – Brand Extension	Anzahl POS vergrößern Anzahl Kundenkontakte erhöhen	**Stomach Competence**	Effektivität
Dimension 3: Erhöhung Wallet Share	*Ebene Unternehmen* – Markt-Konvergenz *Ebene Marke* – Brand Stretching	Anzahl Dienstleistungen und Services erhöhen	**Stomach Competence**	Effektivität

Quelle: Eigene Darstellung

2 Nichts als Discount?

Wenn heute die neuesten Zahlen der Einzelhandelsbranche kommuniziert werden, dann wird meistens ein Thema besonders stark diskutiert: Discounter. Discountunternehmen wachsen und wachsen, scheinbar unbegrenzt, während die Wachstumsraten anderer Lebensmitteleinzelhändler seit Jahren auf einem Tiefststand stagnieren. Wo liegen die Ursachen? Muss wirklich alles immer billiger und mittelmäßiger werden, damit Kunden weiterhin kaufen? Ist Qualität ein aussterbendes Attribut unserer Konsumgesellschaft?

Sicher, bereits gegen Ende der 90er Jahre, als eine Mehrheit der Gesellschaft in irgendeiner Form im Besitz von Aktien war und fast jede regionale und ländliche Zeitung einen Börsenteil einführte – sogar damals gab es eine große Anzahl Menschen, die aus Geldmangel das günstige Produkt des Discounters dem teuren Markenprodukt vorzogen. Heute, nach dem Ende der Börseneuphorie und mitten in der wirtschaftlichen Krise, ist die Anzahl dieser Kunden noch deutlich größer geworden. Ist die Discountisierung unserer Gesellschaft ein nicht mehr rückgängig zu machendes Phänomen?

2.1 Entweder Premium oder Discount – Jetzt entscheiden!

Die Sättigung der Foodmärkte ist ein seit Jahren bestehendes Problem. Besserung ist nicht in Sicht. Der LEH hat die letzten Jahre einen starken Konzentrationsprozess vollzogen (vgl. Abb. 3). Auch im Großverbrauchermarkt werden die Großen noch größer und die Kleinen verschwinden. 2002 entfielen 90 % des Branchenumsatzes im GV- und C&C-Markt (Totalmarkt: 16 Mia. Euro) auf die Top-10-Unternehmen.

Die klassische Management-Reaktion, die noch aus der Zeit stammt, als die Nachfrage meistens größer war als das Angebot, ist die: Mehr und neue Produkte ins Regal. Damals war es leicht, Regale und Läden tagtäglich immer wieder neu aufzufüllen. Der Absatz funktionierte. Große Differenzierungen von Produkten und Marken brauchte es zumindest am Anfang dieser Phase nicht. Das Angebotene musste möglichst alle Kunden ansprechen. Verkaufte man weniger, musste man lauter schreien oder anders, man lancierte neue Produkte oder bewarb diese mehr.

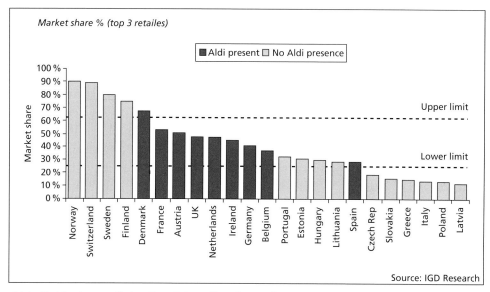

Abb. 3: Marktanteil der Top-3-Retailer (in % des Gesamtmarktes)

Heute gibt es nicht nur sehr viele Produkte, sondern **sehr viele sehr gute Produkte**, die alle Konsumentengruppen ansprechen. Daraus ist mittlerweile ein „Overload" an Produkten und Leistungen entstanden. Der Markt ist nicht nur gesättigt, sondern übersättigt mit mehrheitlich identischen und austauschbaren Produkten, die langsam aber sicher in dieser Fülle überflüssig werden. Sie bremsen die Kauflust der Konsumentinnen und Konsumenten eher, als dass sie diese erwecken würden. Oder, in den Worten von Simonetta Carbonaro anlässlich der von Realise (www.realise.de) und dem Gottlieb Duttweiler Institut (www.gdi.ch) veranstalteten Konferenz „Emozioni": „So hat das Marketing (...) das Zeitalter der Zuviel-isation eingeläutet. Allerdings ohne seinen methodischen Ansatz anzupassen, der alleine auf rationalen und mechanistischen Modellen aufbaut. Das war auch dann nicht der Fall, als der ‚leichte Appetit' sich bei den Verbrauchern schon zu einem übelkeitserregenden Überdruss verwandelt hatte."

Für Gleichartiges sind wir nicht weiter bereit, mehr als das Notwendige zu bezahlen. Hier entsteht keine neue Kauflust, sondern **knallhartes Kalkulieren**. Deshalb werden Discounter weiterhin wachsen. Wir sind aber auch bereit, für wirkliche Mehrleistungen in Form eines einzigartigen Nutzens mehr Geld auszugeben als bisher. Darum ist gleichzeitig ein Anwachsen der Premiummärkte zu erwarten. Was hingegen verschwinden wird, ist die große Mitte des **„Sowohl-als-auch"** (siehe Abb. 4).

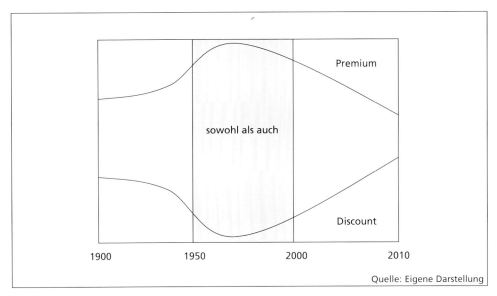

Abb. 4: Zukunftsmärkte: Premium oder Discount

Premium und Discount lassen sich nicht vereinbaren, es gibt auch keine Quasi-Premium-Produkte oder Quasi-Discount-Angebote. Entweder ist man der Billigste oder man hat eine einzigartige premiumfähige Leistung zu verkaufen. Kunden erfahren heute sehr rasch, wer nur am Zweit- oder Drittbesten oder -billigsten ist. Massive Kommunikationsanstrengungen der Konkurrenz, eine größere Anzahl Mitbewerber, aber auch die Möglichkeiten der Kunden, sich über Kanäle wie dem Internet über Preise und Leistungen (auch über die Landesgrenze hinweg) zu informieren, bieten den unentschlossenen Unternehmen keine Überlebensnischen mehr. Das alles zwingt immer stärker zu der strategischen Entscheidung: **Entweder Premium oder Discount**!

Daran werden auch massive Werbeoffensiven wie beispielsweise diejenige des Unilever Konzerns im Herbst 2002 wenig ändern. Mit einer gigantischen Werbeaktion promotete der Konzerns die Markenprodukte des klassischen Einzelhandels. „Wir müssen bei den Konsumenten trotz der schlechten wirtschaftlichen Lage wieder die Kauflust wecken", argumentierte damals der Unilever-Chef Johann C. Lindenberg gegenüber dem Hamburger Abendblatt.

Unabhängig vom langfristigen Erfolg dieser Kampagne stellt sich die Frage, ob denn die Kauflust eingeschlafen ist? Gilt es überhaupt etwas zu wecken? Natürlich gehen in wirtschaftlichen Krisenzeiten mehr Gelder in sichere Anlagemöglichkeiten als in den Konsum von Waren und Dienstleistungen. Insgesamt ist uns aber die Konsumlust nicht vergangen. Lediglich die Schwerpunkte unserer Ausgaben haben sich verlagert.

2.2 Premium-Markt: Geld ist da

Eines der häufigsten Gegenargumente bezüglich Premiummärkte, die wir von Firmen hören, ist die Auffassung, dass bei den Kunden für Premiumprodukte gar kein Geld vorhanden sei. Ein Blick in die europäischen Statistiken zeigt aber ein anderes Bild. Das reale **Bruttoinlandprodukt** weist, wie in Abbildung 5 dargestellt, im OECD-Ländertotal seit 1995 ein **Indexwachstum von über 25 Punkten** aus.

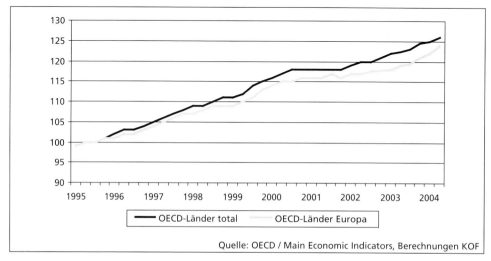

Abb. 5: Entwicklung reales Bruttoinlandsprodukt (1995 = 100)

Selbstverständlich betrifft das nicht jedes einzelne Land oder jeden einzelnen Bürger gleichermaßen. So ist beispielsweise die Verteilung innerhalb einzelner Einkommensklassen nicht berücksichtigt. Aber generell betrachtet sind wir vermögender geworden. Auch ohne große volkswirtschaftliche Analysen können wir die Entwicklung hin zu mehr materiellem Wohlstand an uns oder unserem Umfeld beobachten. Wir besitzen immer mehr, wir reisen immer mehr, wir wohnen in immer größeren Wohnungen etc. Das Auto war noch vor einigen Jahrzehnten ein Privileg von einigen wenigen. Heute ist die ganze Nation mobil. In Deutschland besitzt jeder Zweite ein Auto. In den 80er Jahren war es erst jeder Dritte (Garhammer, 2001, S. 171).

Auch eine Betrachtung der Entwicklung des Einzelhandelsumsatzes zeigt auf den ersten Blick Erstaunliches: In Europa ist der Umsatz – trotz der viel zitierten Sättigung – um ca. 17 Indexpunkte gestiegen (siehe Abb. 6). Das heißt, dass sich der Einzelhandel in den europäischen Ländern trotz Marktsättigung ähnlich wie in anderen OECD-Ländern sehr gut gegen alternative Ausgabemöglichkeiten behaupten kann.

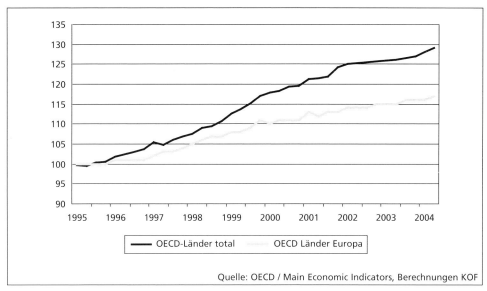

Abb. 6: Entwicklung Einzelhandelsumsätze, real (1995 = 100)

Die Alten, die Berufstätigen und die Alleinstehenden

Nach Untersuchungen des deutschen Instituts für Wirtschaftsforschung besitzen in Deutschland die über 65jährigen, die knapp 16,5 % der Gesamtbevölkerung ausmachen, mehr als 30 % des Gesamtvermögens. „Senioren sind die einzige Zielgruppe, die garantiert wächst. Wer Senioren vernachlässigt, der pfeift auf 400 Milliarden Schilling" [29,07 Milliarden Euro, Anmerkung der Redaktion]. (Die Presse, 2001)

Unsere Gesellschaft wird immer älter. Die **Kaufkraft der neuen Senioren** wächst auf höchstem Niveau. Die „neuen Alten" sind reicher und vermögender als jemals zuvor. Auch wenn wir nach dem Eintritt in den Ruhestand nur noch ca. 60 % des Nettoeinkommens monatlich verdienen (Rente), bleibt die Kaufkraft dieser Haushalte weiterhin sehr groß. Lebensversicherungen, sonstige private Vorsorge und andere angehäufte Sparkapitalien stehen zur Verfügung. Auch ist meistens die Hypothek auf das Eigenheim abbezahlt, die Kinder sind ausgeflogen und haben ihre teure Ausbildung abgeschlossen. Lovro Mandac, Vorstandsvorsitzender der Kaufhof Warenhaus AG, bringt es mit folgender Aussage auf den Punkt: „Die Zielgruppe Senioren sind finanzkräftige Konsumenten, die pro Kopf etwa über die dreifache Kaufkraft wie 20jährige verfügen". (Meyer-Hentschel Management Consulting, 2000)

Die finanzkräftige ältere Bevölkerung ist **prädestiniert für den Premiummarkt**. Sie ist konsumwillig und sie hat genügend Freizeit, um zu konsumieren. Sie ist aber auch qualitätsbewusst, geschult von einer lebenslangen Konsumerfahrung und sie ist bereit, für Leistungen, die das Leben einfacher und bequemer machen, Geld auszugeben.

Neben der Überalterung der Gesellschaft sprechen zwei weitere gesellschaftliche Entwicklungen für das Wachstum von Premium(food)märkten. Zum einen wächst mit dem Anstieg der berufstätigen Frauen das Bedürfnis nach zeitsparenden Lösungen bei allen Hausarbeiten. Beim Einkaufen und Kochen liegen die großen Sparpotenziale, die für Premiumprodukte, das heißt für zeitsparende Convenience-Angebote oder verschiedene Formen der Außer-Haus-Verpflegung, eine gesteigerte Nachfrage schaffen (vgl. Teil II, Kapitel 1 „Konsum-Megatrend Zeit"). Zum andern leben immer mehr Menschen alleine oder zu zweit. Die **Haushaltsgröße** nimmt in allen europäischen Staaten laufend ab, die Geburtenraten sinken. Auch immer mehr alte Menschen leben allein. Für sich alleine wird wenig gekocht, denn das macht keinen Spaß. Oft sind auch kleine Wohnungen nicht mit einer vollständigen Küche ausgerüstet und es gibt wenig Grund für jemanden, der alleine lebt, lange und ausgiebig zu essen. Zeit- und insbesondere aufwandsparende Convenience-Produkte oder Verzehrmöglichkeiten außer Haus sind für diese wachsende Gruppe der Alleinstehenden immer wichtiger.

2.3 Lieber auswärts

Innerhalb sämtlicher Konsumausgaben nimmt die Bedeutung der Foodausgaben ab. Die Abbildung 7 zeigt das am Beispiel Österreichs. Der Anteil der Foodausgaben an den gesamten Konsumausgaben ist dort innerhalb von fünf Jahren (1999 vs. 1994) in drei von fünf Einkommensklassen unter 20 % gesunken. Der Rückgang ist über alle Einkommensklassen zu beobachten – am stärksten jedoch bei den mittleren und hohen Einkommen – zweites bis viertes Quintil (analoge Berechnungen zu Großbritannien, der Schweiz und Deutschland siehe Abb. 70–75 im Anhang).

Betrachtet man das prozentuale Verhältnis der Foodausgaben in „Food at home" und „Food out of home", ergibt sich ein weiteres interessantes Bild (siehe Abb. 8). Der **Anteil der Ausgaben** für den Außer-Haus-Verzehr ist wachsend. Am stärksten – und ebenfalls wachsend – ist der Außer-Haus-Anteil in der einkommensstärksten Gruppe, aber auch die niederen Einkommen zeigen eine Tendenz zu mehr Foodausgaben für „Food out of home". (Analog lautet die Aussage für andere Länder. Vgl. dazu die Berechnungen zu Großbritannien, der Schweiz und Deutschland im Anhang.)

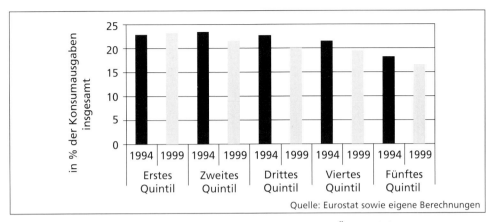

Abb. 7: Anteil Foodausgaben an Konsumausgabe – Bsp. Österreich
Erstes Quintil = die 20 % der Haushalte mit den geringsten Konsumausgaben,
Fünftes Quintil = die 20 % der Haushalte mit den höchsten Konsumausgaben.
Werte für die Kategorie „Alkoholische Getränke" der Quintile wurden anhand
der Entwicklung der Totalausgaben hochgerechnet.

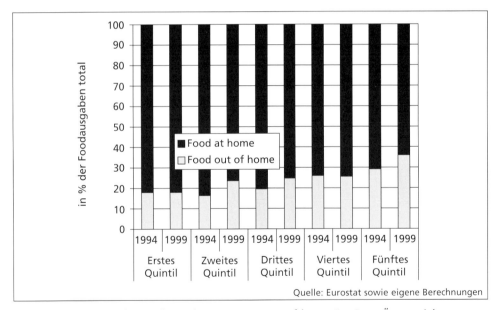

Abb. 8: Anteil Foodausgaben „home" vs. „out of home" – Bsp. Österreich
Erstes Quintil = die 20 % der Haushalte mit den geringsten Konsumausgaben,
Fünftes Quintil = die 20 % der Haushalte mit den höchsten Konsumausgaben.
Werte für die Kategorie „Alkoholische Getränke" der Quintile wurde anhand der
Entwicklung der Totalausgaben hochgerechnet.

Der Außer-Haus-Markt ist wachsend. Erstaunlich ist das deshalb, weil eine konsumierte Mahlzeit über die Außer-Haus-Kanäle den Konsumenten durchschnittlich zwei- bis dreimal teurer zu stehen kommt, als wenn er das gleiche Gericht zu Hause verzehren würde. Aus Sicht des Konsumenten ist deshalb jede Außer-Haus-Verpflegung eine Konsumation im Premiumsegment. Wir nehmen die gezeigten generellen statistischen Aussagen als Anzeichen dafür, dass Kunden sehr wohl konsumfreudig sind und bereit, für Premium(food)angebote Geld auszugeben.

3 Konvergenzen

Die Fast-Food-Branche ist unter Beschuss. Das Thema Übergewicht, insbesondere die Zunahme übergewichtiger Kinder und Jugendliche, hat die Branche zur Zielscheibe von klagewütigen Individuen, aber auch von Regierungen und NGOs gemacht. Die Firma McDonald's beispielsweise hat reagiert. 2003 wurde Cathy Kapica auf den neu geschaffenen Posten eines „Director of worldwide Nutrition" gehoben. Das neue McDonald's Happy Meal für Erwachsene beinhaltet Salat, Mineralwasser und einen Schrittzähler, um das persönliche Bewegungsniveau zu messen. In Kooperation mit The American College of Sports Medicine (ACSM) entwickelt McDonald's momentan unter www.goactive.com einen umfassenden Fitness- und Ernährungsdienst. Was hat das zu bedeuten? Ist die Zeit der Fokussierung auf Kernmärkte, Kernprodukte und Kernprozesse vorbei? Oder handelt es sich nur um eine Verzettelung eines einzelnen Giganten?

Noch vor zehn Jahren waren Tankstellen ein Teil der Automobilbranche. Eindeutig positioniert mit einem klaren und logischen Produkt- und Serviceangebot. Es gab sogar noch Tankstellen, an denen man bedient wurde! Man blieb im Auto sitzen, hörte sich den neuesten Bruce-Springsteen-Song im Radio an, während der Tankwart die Scheiben putzte, den Reifendruck überprüfte und den Tank füllte. Irgendwann kam der Druck der Effizienz und Fokussierung. Die Technologie hat es möglich gemacht, dass man nun aus dem Auto aussteigen darf, selber das Tankerlebnis genießt und sich dann auf die Suche nach der Kasse macht. Für die Tankstellenbetreiber brachte jedoch auch diese Rationalisierung nicht die erforderlichen nachhaltigen Gewinn- und Rentabilitätsentwicklungen.

Heute machen die meisten Tankstellen ihren Gewinn mit dem Verkauf von Lebensmitteln und mit der Bar für den Morgenkaffee. Von Verzettelung kann hier nicht gesprochen werden. Das Leistungspotenzial einer Tankstelle ist nun einmal größer, als dass es mit dem Verkauf von Benzin alleine ausgeschöpft werden könnte. 24 Stunden geöffnet, sieben Tage die Woche und kürzeste Distanz zwischen Kasse und Parkplatz sind Eigenschaften, die in klassischen Handelsformaten nicht vorhanden, jedoch sehnlichst erwünscht sind. Das Beispiel Tankstellen zeigt, dass in gesättigten Märkten mit schwindenden Gewinnen der Kunde wieder stärker in den Mittelpunkt rückt.

> **MERKE!**
>
> Aus den auf Branchen fokussierten Märkten werden Konvergenzmärkte. Nicht Produkte oder Untenehmen definieren die Grenzen dieser Märkte, sondern alleine die Kunden.

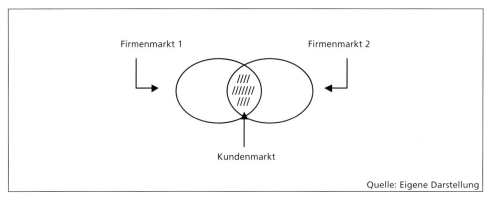

Abb. 9: Konvergenz: Von Firmen- zu Kundenmärkten

Marktkonvergenzen gab und gibt es immer wieder, Konvergenzen zwischen Kanälen innerhalb einer Branche und zwischen ganz unterschiedlichen Branchen. Der Lebensmitteleinzelhandel ist genau genommen nichts anderes als eine Konvergenz: bestehend aus Bäckereien, Metzgereien, Molkereien und weiteren Foodproduzenten jeglicher Couleur. Die Konvergenzen im Konsumgüterbereich schreiten voran. Mega-Malls vereinen heute alles, was es braucht – zwar auf einer immer noch sehr großen Fläche, aber eben doch komprimiert unter einem Dach. Allerdings beschränken sich die Konvergenzen bislang auf das räumliche Zusammenrücken von Angeboten (one stop shopping) und weniger auf die **Konvergenz von Produkten und Dienstleistungen** zu neuen Lösungs-Angeboten. Dennoch, in jüngster Zeit haben zahlreiche Fusionen von Unternehmen aus unterschiedlichsten Branchen zur Weiterentwicklung von Konvergenzformaten und -angeboten geführt.

3.1 Kanal-Konvergenz: Wachsen über die Erhöhung des Stomach Share

Im Teil III, Kapitel 1 (Stomach Share – Vom Marktanteil zum Magenanteil) beschreiben wir die Idee von „Stomach Share". Die Quintessenz dabei: Mit der Stomach-

Share-Perspektive liegt der Fokus eines Foodunternehmens nicht mehr auf einem möglichst großen Marktanteil innerhalb einer bestimmten Produktgruppe, sondern auf einem möglichst hohen Anteil am Magen des Kunden. Ein Produzent von Tiefkühlpizza interessiert sich demgemäß weniger für seinen Marktanteil innerhalb des Lebensmitteleinzelhandels, sondern er möchte wissen, wie viele der Pizzas, die im Magen des Kunden verschwinden, von ihm stammen, respektive wie groß das **Marktpotenzial für Pizzas im Magen des Kunden** ist. Diesen maximalen Anteil am Magen des Kunden auszuschöpfen ist das Ziel! Dafür muss der Foodanbieter überall dort sein, wo der Kunde isst. Und das ist bekanntermaßen immer mehr auch außer Haus der Fall. Via Regal alleine wird man immer weniger stark den Anteil am Kundenmagen halten können.

Als Stomach-Share-Wachstum ist der im Herbst 2002 vollzogene Kauf der Scana durch die Migros zu bewerten. Die Migros als führender Lebensmitteleinzelhändler der Schweiz (ca. 24 % Marktanteil im Food LEH) in Kombination mit dem Großhändler Scana (ca. 30 % Marktanteil im Gastronomie-Großhandel, Schätzung der Autoren) erfassen zusammen einen ungemein hohen Anteil am Magen aller Schweizer.

Eine ähnliche Strategie – allerdings im globalen Markt – verfolgt die niederländische Royal Ahold Gruppe. Verschiedentlich akquirierte das Unternehmen innerhalb der letzten Jahre Unternehmen aus dem Foodservice-Sektor (2000: U.S. Foodservice, PYA/Monarch. 2001: Parkway Foodservice, Alliant Exchange, Inc. u.a.m.). Der Umsatzanteil des klassischen Retailings liegt bei Ahold heute nur noch bei ca. 65 %. Der Rest wächst dank Foodservice, in Form von Instore-Restaurants und Home-Meal-Replacement-Konzepten.

Die Verschmelzung von Lebensmitteleinzelhandel und Foodservice ist ein ungebrochener Trend. Der Abschluss dieses Prozesses ist noch nicht in Sicht, denn der Außer-Haus-Bereich wird weiter wachsen (siehe Tab. 3).

Tab. 3: Foodservice gewinnt, Einzelhandel verliert

Voraussichtliche Entwicklung in % der Foodausgaben total				
	2000	2010	2020	2030
Entwickelte Märkte				
– Foodservice	51	57	62	67
– Einzelhandel	49	43	38	33
Entwicklungsmärkte				
– Foodservice	11	13	15	17
– Einzelhandel	89	87	85	83

Quelle: Eigene Darstellung

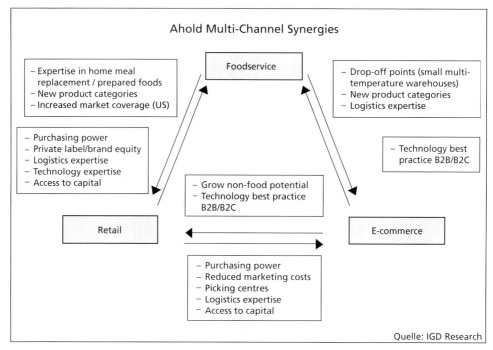

Abb. 10: Multi-Channel-Synergien von Ahold

Beispiel: Gastronomie als Convenience-POS

Die Konvergenz von Food-Kanälen spielt sich auf dem Hintergrund eines wachsenden Convenience-Bedürfnisses der Bevölkerung ab. Überall und jederzeit frische Lebensmittel oder auch fertige Mahlzeiten einkaufen – so lautet die Devise. In diese latente Bedürfnislücke sind in Deutschland in erster Linie die Tankstellen-Shops gesprungen. Ausgerüstet mit den Convenience- und Frische-Convenience-Produkten der großen Lebensmittelhersteller, ergänzt mit einem meist kümmerlich kleinen Sortiment an Frischwaren, genügt das Angebot den anspruchsvollen Kunden kaum. Die eigentlich für diesen Convenience-Markt prädestinierten Player – die Gastronomen – scheinen der Thematik wenig Interesse entgegen zu bringen. Sie begnügen sich damit, als Anbieter von gekochten Mahlzeiten per se „convenient" zu sein. Richtig – nur schade um den entgangenen Megamarkt der Convenience-Produkte. Alleine die Tankstellen-Shops in Deutschland machen mittlerweile jährlich etwa 10 Mia. Euro Umsatz.

Die Gastronomie bietet im Prinzip ideale Voraussetzungen, einen Teil dieses Marktes zu übernehmen. Sie verfügt über Top-Convenience-Standorte, da: omni-

präsent, hochfrequentiert und mit langen Öffnungszeiten versehen. Gemäß der Food Consumption Studie 2003 der Universität St. Gallen essen in der Schweiz 29 % aller Schweizer am Mittag in der Kantine oder in einem Restaurant, abends sind es noch immer 23 % (Gesamtstichprobe Berufstätige und nicht Berufstätige). Dazu kommt die schiere Anzahl potenzieller POS-Standorte in der Gastronomie. Über 190.000 Gaststättenbetriebe und 8.300 Kantinen und Caterer stehen in Deutschland 15.000 Tankstellen mit Shops gegenüber. Und damit nicht genug. Im Gegensatz zum LEH, zum Tankstellen-Shop oder zum Bahnhofsladen ist in der Gastronomie traditionellerweise Foodkompetenz vorhanden, real in der Person des Küchenpersonals und ebenso in der Vorstellung der Kunden. Die Frischelogistik ist gegeben, die wirtschaftliche Notwendigkeit, mit den vorhandenen Kompetenzen mehr Umsatz und Rendite zu erwirtschaften, absolut zwingend. Weshalb also können Kunden im Restaurant um die Ecke bis heute keine Fertigmenus in hoher Qualität kaufen? Weshalb ist im Restaurant nach Ladenschluss nicht tagesfrisches Brot vom ortsansässigen Bäcker zu kaufen, weshalb kein Bier zu LEH-Preisen für die Mitnahme zu beziehen? Wer wird das Potenzial der Gastronomie als Convenience-POS als Erstes nutzen – findige Gastronomen, welche entsprechende Produkte selber produzieren oder zukaufen, oder innovative Produzenten, die diesen Absatzkanal in ihren Endkundenkontakt integrieren möchten?

Abschließend ein Wort zu den Betriebsverpflegern. Dieses Gastroformat hat die wohl regelmäßigste Kundenfrequenz aller Verpflegungsorte außer Haus. Mit 2.3 Mia. Endkundenkontakten pro Jahr findet jeder vierte Gastro-Kontakt in Deutschland in der Kantine statt. Der durchschnittliche Kantinengast besucht diese 8 bis 10 Mal pro Monat (CREST consumer panel). Aber nicht nur die Frequenz stimmt im Betriebsrestaurant. Gemäß einer Roland-Berger-Erhebung von 2001 in Deutschland genießt dieses auch ein hohes Ansehen. 86 % aller befragten Nutzer von Kantinen sind sehr zufrieden mit dem Angebot. Die Wünsche der Kunden nach mehr Frische und Genuss scheinen sich im Angebot widerzuspiegeln. Eine phantastische Voraussetzung, mit diesem Image den Kunden auch abends in Form eines Fertigmenus für zu Hause zu begleiten, oder? Kundenkontakt, Vertrauen, Infrastruktur, Logistik und Know-how sind vorhanden – die Voraussetzungen für eine Konvergenz von Gastronomie und Handel sind gegeben. (Vgl. dazu Teil IV, Kapitel 3.2, Konzeptidee „Retail Inside".)

3.2 Markt-Konvergenz: Wachsen über die Erhöhung des Wallet Share

Der Konvergenzgedanke steht nicht hinter jeder Firmenübernahme oder Fusion. In den meisten Fällen dient eine Fusion oder Übernahme dem Ausbau der eigenen Stellung innerhalb des bisherigen Marktes oder Kanals. Unilever übernimmt Bestfoods, P&G könnte es sich sehr gut mit Beiersdorf (Nivea) vorstellen und um weiterhin die Nummer eins im Getränkemarkt Schweiz zu bleiben, hat Coca-Cola den stärksten inländischen Mineralwasserproduzent „Valser" übernommen.

Zusammenschlüsse können aber auch entstehen, weil sich daraus ein neuartiger Nutzen für den Endkunden ergibt. Wenn in Zukunft der Lebensmittelmulti Nestlé und das Beauty-Unternehmen L'Oréal noch näher zusammenrücken, dann wird es nicht mehr lange dauern, und wir können „PrettyFood" konsumieren. Schönheit kommt auch von innen, also was spricht dagegen, sich schön zu essen?

Die Food- und Beauty-Konvergenz konkret umgesetzt haben Johnson & Johnson und Danone mit der Lancierung von Pflegeprodukten unter der Brand Evian. Frei nach dem Motto: Was im Körper wohl tut, nützt auch am Körper, setzt Evian sein Markenversprechen konsequent in einer neuen Produktkategorie um.

Food bietet unzählige Möglichkeiten der Konvergenz. Die Nähe von Food zu Gesundheit, Schönheit, Sport, Freizeit, Unterhaltung, Kultur, Reisen, Geselligkeit etc. macht Konvergenzen mit all diesen Märkten plausibel. Wir werden deshalb von Herstellerseite zukünftig immer mehr innovative Beispiele erleben, wie Foodplayer neue Umsatzpotenziale in fremden Branchen ausschöpfen werden. Eine Umfrage der Beratungsfirma accenture bei deutschen Händlern und Herstellern bestätigt, dass die Ausdehnung von Herstellermarken in Bereiche wie Fitness, Gastronomie, Entertainment und Tourismus als sehr wahrscheinlich eingestuft wird (accenture, 2002).

Auch der Lebensmitteleinzelhandel hat Schritte in Richtung Marktkonvergenzen gemacht. Einige Beispiele:
- Leclerc und Carrefour bieten unter eigenem Namen einen umfassenden Service rund ums Auto an.
- Auch Marks & Spencer, Sainsbury's und Tesco (Tesco Persolan Finance) sind erfolgreich ins **Retail Banking** eingestiegen, Sainsbury's verkauft **Autoversicherungen**, Ahold offeriert seinen Kunden in den USA **electronic banking.**
- **Tesco** lanciert zusammen mit Travelcare einen Online-Reiseservice.

- Sainsbury's bietet seinen Kunden **Strom und Gas** als Sainsbury's-Eigenmarke an (Sainsbury's-Energy).
- Carrefour und Tesco fassen dank exklusiver Merchandising-Deals mit Walt Disney im **Entertainment-Business** Fuß.

All diesen Beispielen und Ansätzen ist eines gemeinsam: eine starke Marke. Sie ist die Voraussetzung für ein erfolgreiches Konvergenzangebot (vgl. Teil I, Kapitel 4 „Wer führt morgen die starke Marke?").

Das Vorzeigebeispiel einer Markt-Konvergenz in Deutschland ist Tchibo: vom Kaffeeröster zum Dienstleister. Den Großteil des Umsatzes macht Tchibo im Regal des Lebensmitteleinzelhandels, den kleinsten Teil via Foodservice (Belieferung). Ein stark wachsender Anteil (ca. 25 % des Umsatzes) wird in den europaweit präsenten fast 1000 eigenen Kaffee-Läden generiert. Dort sind nebst Kaffee in sämtlichen Conveniencestufen Nonfood-Angebote wie Haushaltsartikel oder Textilprodukte zu finden. Im Tchibo Kaffeehaus kann man sich auch eine Rentenversicherung kaufen. Alleine die Tatsache, dass es einem Kaffeehersteller möglich ist, eine Versicherungs-Police zu verkaufen, lässt erahnen, dass es für innovative Marktkonvergenzen kaum Grenzen gibt.

ASDA, die Tochterfirma von Wal-Mart, bot in der Wintersaison 2002/03 erstmalig Grippe-Impfungen an. Gemäß Pressemeldungen will ASDA damit dem gesteigerten Bedürfnis nach Gesundheitsdienstleistungen entsprechen. Der Preisvorteil von ca. 60 % gegenüber den Privatkliniken des Landes ist sicherlich das Hauptverkaufsargument. Einen weiteren Nutzen sehen die Anbieter darin, dass Kunden nun nicht mehr zusätzlich zum Arzt oder in die Klinik gehen müssen. Auch hier, aus der Marktsättigung und den wahren Problemen der Kunden (Zeit, Effizienz), können mit Konvergenzleistungen neue Chancen und Märkte entstehen.

Eine gelungene Konvergenz von Gesundheit und Food ist das **„Gesundheitsrestaurant"**. Dieses Konzept bietet eine Synthese aus Restaurant- und Arztbesuch an. Beim Besuch des Restaurants spricht man zuerst mit einem Ernährungsberater, der dann je nach Symptom und Befund eine „Mahlzeit" verschreibt. Die ersten beiden solcher Medizinrestaurants gibt es in London (Restaurant „Heartstone") und in Hongkong (Restaurant „Ya Cheau Health").

Marktkonvergenz in Perfektion betreibt das italienische Unternehmen Benetton. Traditionell ist Benetton erfolgreich im Geschäft mit Kleidern, mit den mittlerweile zur Legende gewordenen bunten Benetton-Pullovern. Das Textilgeschäft trägt heute jedoch nur noch ein Drittel zum Konzernergebnis bei. Daneben ist Benetton in scheinbar unzusammenhängenden Bereichen engagiert: Benetton betreibt Autobahnen (Firma Autostrada) in Italien, hält Beteiligungen an den Grandi Stazioni (den privatisierten großen Bahnhöfen Italiens) und ein Fünftel an jener Firma, Olimpia, mit der Benetton kürzlich im Gespann mit Partner Pirelli den Branchenprimus Telecom Italia übernommen hat. Auch die Verpflegungskette Autogrill gehört den Italienern. Bei diesem wilden Mix von Branchen sträuben sich die Haare all derjenigen, die seit Jahren die Fokussierung auf Kernmärkte und Kernkompetenzen predigen. Benetton sieht seine Diversifizierungsstrategie jedoch nicht als Verzettelung. Ganz im Konvergenzdenken richtet sich das Unternehmen konsequent auf die **Zielgruppe der „people on the move"** aus. Diese verkehren zwangsläufig auf Autobahnen, Bahnhöfen, Flug- und Schiffshäfen; und sollen dort künftig von Benetton unterhalten, verpflegt und zum Textilkonsum animiert werden. In den Restaurants von Autogrill ist das schon der Fall, im frisch renovierten Römer Hauptbahnhof Termini auch. Gemäß eigener Angaben interessiert sich Benetton neuerdings für die Nutzung der großen Airports und Touristenhäfen.

4 Wer führt morgen die starke Marke?

Marken können für die Konsumenten Suchhilfe, Orientierung, Garantie oder auch Lebensgefühl und Identifikation sein. Als solche helfen sie, die Unterschiede einer bestimmten Leistung oder deren Art zwischen einzelnen Anbietern sofort zu erkennen. Das funktioniert allerdings nur so lange, wie das Leistungsversprechen der Marke wirklich wahrgenommen und auch eingehalten wird. Beides ist in den letzten Jahren in erster Linie zu einem riesigen **Kostenpunkt für alle Markenunternehmen** geworden. Die Fülle an Marken, Logos, Botschaften und Versprechen überfordert den Konsumenten immer mehr. Die Glaubwürdigkeit von Markenversprechen leidet unter diesem „Overload".

Viele unterschiedliche Maßnahmen und Anstrengungen gegen diese Entwicklung sind zu beobachten:

„Global Players" wie beispielsweise Unilever reduzieren ihr Markenportfolio massiv. Die Firma geht davon aus, dass **75 % aller Produzentenmarken** unter massiven Druck seitens des Handels geraten und entweder **verschwinden** oder als B-Marken enden. In einige wenige starke und potenzialträchtige Marken wird global investiert. Ebenso in lokale „Juwelen", Marken, die nur in einem Land präsent sind, dort dafür aber in einer Nummer-Eins-Position. Die Mehrheit der vorhandenen Marken wird jedoch verschwinden. Dabei werden nicht nur die Marketingbudgets der Firmen, sondern auch die Sinnesorgane der Konsumenten entlastet!

Das gleiche Ziel verfolgt der **„Umbrella-Ansatz"**. Nicht mehr einzelne Produkte, sondern ganze Sortimente werden unter eine Dachmarke zusammengefasst. Dabei wird unterschieden zwischen „line extensions" (von Coca-Cola zu Diet Coke), „brand extensions" (Bertoli: von der Marke für Olivenöl zum Markenversprechen für italienischen Pastagenuss) und „brand stretching", dem Zusammenführen von unterschiedlichen Produktkategorien unter eine Dachmarke (Gucci für Luxusuhren, Luxuskleider, Luxuskosmetika etc.).

Auch im Lebensmitteleinzelhandel beschäftigt man sich vermehrt mit dem Thema Marke. Dabei stehen nicht alleine die Eigenmarkenprodukte des Einzelhandels im Vordergrund. Die Händler beschränken sich längst nicht mehr auf ihre klassische Rolle als Einkäufer und Verkäufer von Waren und Dienstleitungen, sondern werden selbst zur Marke (Retail-Brands).

Weniger Produkt- und mehr „Umbrella"-Brands und generell eine quantitativ und qualitativ wachsende Bedeutung der Retail-Brands – neigt sich die Ära der Produktmarken dem Ende zu? Der Kampf um die Markenführerschaft – der Kampf darum, wer künftig vom Kunden noch als Marke wahrgenommen wird – ist entfacht. Die Spieße der Kontrahenten im Wettbewerb um den Aufbau und die Führung einer starken Marke sind unterschiedlich lang. Die Konsumgüterindustrie verfügt im Markenaufbau, in der Markenführung und in der Nutzung von Konsumenteninformationen bereits über traditionell gewachsene umfassende Kompetenzen. Der Handel steht vielerorts im Vergleich zu den Produzenten noch ganz am Anfang der Lernkurve. Allerdings stellt sich die Frage, ob nicht der Handel das größere Potenzial für den Aufbau einer starken, dehnbaren Marke besitzt.

4.1 Vom Point of Sale (POS) zum Point of Brand Experience (POE)

Wer billig einkaufen möchte, geht zu Aldi und muss sich nicht zwischen dreißig kaum unterscheidbaren Produktmarken entscheiden. Die Essenz der Marke der Zukunft liegt darin, ein Markenversprechen einzulösen, welches eine echte Lösung für ein relevantes Problem der Kunden darstellt. Das Handicap der Produktmarke ist die Produktlastigkeit des Markenversprechens. Können Produkte alleine noch wirkliche, zeitgemäße Kundenprobleme lösen? Der Handel hat dieses Problem nicht und kann Lösungsversprechen jenseits bestimmter Produktkategorien als Markenversprechen verankern. Erfolgreiche Beispiele: Retail-Brand „Aldi" als Lösung für alles, was billig und gut ist; Retail-Brand „Coop" Schweiz als Lösung für alles, was gesund, natürlich und frisch ist.

Marken, die glaubwürdig für Lösungen oder für bestimmte Kompetenzen stehen wollen, müssen sich das Vertrauen der Kunden sichern – und das schaffen nur Marken, die erlebbar sind. Genau da liegt die **Chance des Handels** beim Aufbau einer starken Unternehmensmarke: Der Kunde erlebt die Retail-Brand bereits auf dem Parkplatz und während des ganzen Einkaufsprozesses, wohingegen lediglich das Produkt im Regal für die Marke des Herstellers sprechen kann. Der Aufbau einer Retail-Brand gelingt jedoch nur, wenn aus dem Point of Sale ein Point of Brand Experience wird. Eine Filiale, ob stationär oder online, muss in Angebot, Service und Atmosphäre immer das zentrale Markenversprechen kommunizieren und erlebbar machen.

Einfach ausgedrückt geht es im Kampf um die Marke der Zukunft für die Händler darum, ein klares Markenversprechen zu definieren und zu lernen, wie dieses am

Point of Brand Experience umgesetzt wird. Die Konsumgüterhersteller ihrerseits müssen mehr Kundenkontakte schaffen, sie werden nach alternativen oder selbst kontrollierbaren Points of Brand Experience suchen, respektive solche aufbauen müssen (siehe Abb. 11).

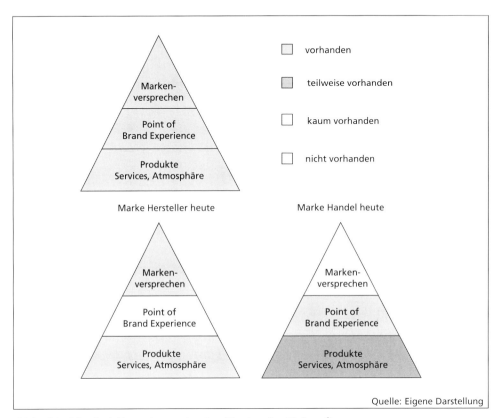

Abb. 11: Die drei Kernelemente der Marke der Zukunft

Was für Lebensmitteleinzelhändler mit einer starken Unternehmensmarke möglich ist, zeigen die Konvergenzbeispiele in Teil I, Kapitel 3. Innovativen europäischen Händlern, allen voran Unternehmen in Großbritannien und Frankreich, ist es gelungen, sich erfolgreich in neuen Branchen oder Kanälen zu etablieren, entweder unter eigener Federführung oder als starker Partner in verschiedenen Kooperationsformen.

Die Konsumgüterindustrie reagiert im Kampf um die Vormachtstellung der Marke heute weitgehend in klassischer Manier. Der Aufbau globaler Marken und die Verbesserung der Marketing-Effektivität sollen verlorenes Terrain, das heißt die schwindende Aufmerksamkeit der Kunden, wettmachen.

Verstärkte POS-Aktionen und Werbeoffensiven von Markenartiklern sind allerdings kein Rezept für den Aus- und Aufbau starker Marken für die Zukunft, solange die Kontrolle des Point of Brand Experience – oder eben des POS – in Händen anderer liegt.

Was notwendig sein wird, gerade für Foodmarken, ist die Schaffung von Orten, an denen die Marke erlebbar ist. Gesucht sind die neuen „Bühnen", wo die Kunden ein Markenerlebnis erfahren können. Dies wird vermehrt auch außerhalb des Einzelhandelskanals oder der Kategorie Food stattfinden. Der ideale Kanal, Fooderlebnisse zu schaffen, ist und bleibt die Gastronomie. Erstaunlich, dass erst wenige Foodproduzenten diesen Kanal als Point of Brand Experience berücksichtigen.

Eine weitere attraktive Bühne für Fooderlebnisse ist unserer Meinung nach der Fachhandel. Bäckereien, Metzgerhandwerk, Bio-Fachgeschäfte und Delikatessenläden bieten ein einmaliges Ambiente, gepaart mit Foodkompetenz des Verkaufspersonals, um Fooderlebnisse zu ermöglichen. Welche Produzenten finden als Erste den Kontakt zu diesen Marktteilnehmern? Wer bringt die besten Systemlösungen für die Markenkommunikation im Fachhandel?

Einige Große der Foodbranche sind bereits dabei, sich neue Orte des Markenerlebnisses zu schaffen. Nestlé Deutschland testete 2004 in Großflächen die Nestlé Coffee Corners. Dort werden Sortimentswelten aufgebaut mit Kaffeeausschank und Sampling. Das ist weit mehr als die klassische Regalpräsenz, denn jemand spricht den Kunden an und berät ihn, gibt ihm Orientierung innerhalb der Produktvielfalt und -Differenzierung. Maggi ist mit seinem Kochstudio nicht mehr nur im Fernsehen, in Büchern und im Internet, sondern auch in der Realität, genauer gesagt, in den drei deutschen Städten Frankfurt, Leizpig und Hamburg präsent. Diese Maggi-Kochstudios vereinen an einem Ort einen POS mit dem Maggi-LEH-Sortiment, einen Gastro-/Snacking-Bereich sowie eine Maggi-Kochschule. Die Marke ist als LEH-Produkt, fixfertig zum Verzehr oder auch in der Anwendung und Verarbeitung erlebbar.

Die Formel für die starke Marke der Zukunft haben wir wie folgt formuliert:

> **MERKE!**
>
> **Ein Markenversprechen, das eine echte Lösung für ein relevantes Kundenproblem darstellt, dazu ein passendes Angebot an Produkten, Services und Dienstleistungen sowie einen Ort, wo das Markenversprechen erlebbar ist.**

4.2 Vom Zusatznutzen zum Profit

Einer starken Marke liegt in der Regel ein Zusatznutzen des Produktes zugrunde, ein Nutzen, der über das rein funktionale Element des Produktes hinausreicht. Es ist denn auch dieser Zusatznutzen, der die Zahlungsbereitschaft der Kunden erhöht. Die regionale Herkunft von Produkten ist ein solcher Zusatznutzen. So hat eine auf Initiative des Bundesministeriums für Verbraucherschutz europaweit durchgeführte Studie ergeben, dass die Europäer bereit sind, bis zu 10 % Mehrpreis für Produkte mit regionaler Herkunftsbezeichnung zu bezahlen. Verständlicherweise sucht jeder Produzent nach einem möglichen Zusatznutzen für sein Produkt. Allerdings bestimmt alleine der Kunde, was ein Zusatznutzen ist und was dieser ihm wert ist. Wie kaufen Kunden so genannte Zusatznutzen wie zum Beispiel „biologische Lebensmittel", „eine rare Delikatesse" oder „Eier aus Freilandhaltung" ein? Zum besseren Verständnis sprechen wir von einer so genannten „geistigen Buchhaltung" des Kunden. Diese funktioniert etwas anders als eine normale Buchhaltung. In der geistigen Buchhaltung der Kunden gibt es Konten, auf die sehr gerne eine Ausgabe verbucht wird, auf andere Konten hingegen weniger gern. Wer bucht denn schon gerne vom Konto „Steuerzahlung" ab? Anders hingegen das Konto „Freizeitvergnügen". Die 1.500 Euro für die Ferien sind letztlich nicht nur eine Ausgabe, sondern auch eine Investition in ein erinnerbares Erlebnis. Das Konto Gesundheit ist ebenfalls ein beliebtes Konto. Und darauf verbuchen wir eben nicht nur unsere Medikamente, sondern auch beispielsweise biologische Nahrungsmittel. Fair-Trade-Produkte verbuchen wir vielleicht auf dem Konto „gutes Gewissen", Gemüse aus der Region auf dem Konto „persönliche Verortung und Orientierung". Die Beispiele ließen sich beliebig fortsetzen und sie zeigen, dass Kaufentscheidungen nur zu einem kleinen Teil durch funktionale Eigenschaften der erworbenen Produkte bestimmt sind. Die anderen bestimmenden Faktoren, wie oben beispielhaft aufgezählt, sind eben so genannte „Zusatznutzen".

Und wie sieht das Konto „Lebensmittel" aus? Nicht nur real sinken die Preise für Lebensmittel, auch im Verhältnis zu anderen Konsumausgaben umfassen Nahrungsmittel und Getränke einen immer kleiner werdenden Anteil unserer monatlichen Haushaltsausgaben.

Die entscheidende Frage ist: Auf welchem geistigen Konto bucht der Kunde mein Produkt, meine Leistung ab? Und wie wichtig ist ihm dieses Konto? Zusatznutzen sind keine „esoterischen Seinszustände", sondern unterliegen bestimmten Gesetzmäßigkeiten, das heißt, sie durchlaufen einen bestimmten Lebenszyklus. Wir haben in der Abbildung 12 den idealtypischen Verlauf und die Position von Zusatznutzen im Zusammenhang mit Lebensmitteln dargestellt. Zwei Dimensionen bestimmen die Stärke und das Marktpotenzial von Zusatznutzen:

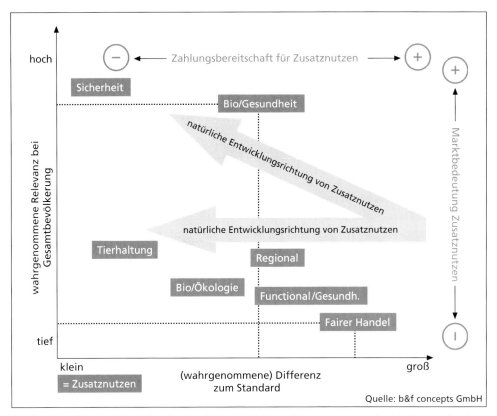

Abb. 12: Lebenszyklus, Stärke und Potenzial von Zusatznutzen bei Lebensmitteln

Die eine Dimension ist die vom Kunden **(wahrgenommene) Differenz** der Angebote mit Zusatznutzen gegenüber Standardangeboten. Als Beispiel: Vor zehn Jahren war die wahrgenommene Differenz zwischen konventionellen und biologischen Lebensmitteln größer als heute, denn biologische Lebensmittel waren schwierig zu erhalten und die konventionelle Landwirtschaft agierte nach weniger strengen Richtlinien als heute (Schweiz: heute IP als Standardrichtlinie für subventionierte Produktion). Zwangsläufig verringert sich die Differenz zum Standard im Lauf der Zeit, insbesondere, wenn gleichzeitig eine hohe Relevanz des Zusatznutzens bei einer großen Zahl der Gesamtbevölkerung besteht. Denn zum einen werden alle Wettbewerber die relevante und von vielen Kunden geforderte Zusatzleistung erbringen wollen, womit sich der Zusatznutzen zum Quasistandard entwickelt (Marktreaktion). Oder politische Entscheidungen machen aus ehemaligen Zusatznutzen gesetzliche Standards (so beispielsweise im Bereich Lebensmittelsicherheit mittels hoher gesetzlicher Standards).

Die andere Dimension, welche Stärke und Potenzial von Zusatznutzen bestimmt, ist die *wahrgenommene Relevanz* des Nutzens bei der Gesamtbevölkerung. Das heißt, ein Zusatznutzen muss erst einmal von einer großen Zahl von Kunden wahrgenommen werden, und dann muss er für diese auch relevant sein, damit Kaufentscheidungen überhaupt vom Zusatznutzen bestimmt werden.

Stärke und Potenzial eines Zusatznutzens lassen sich entsprechend dieser beiden Dimensionen anhand der Größe der Fläche ablesen, welche sich für jeden Zusatznutzen aus Position in der Matrix ergeben (hier Beispiel Bio/Gesundheit und Fairer Handel eingetragen).

Die höchste Abschöpfung und das größte Potenzial beinhalten die Zusatznutzen im rechten oberen Quadrat der von uns dargestellten Matrix. Nun verläuft aber die Entwicklung, respektive der Lebenszyklus jedes Zusatznutzens von rechts nach links, das heißt, die (wahrgenommene) Differenz zu Standardangeboten verringert sich im Laufe der Zeit. Wir sehen drei Möglichkeiten, die wir auch in unserer Zusammenarbeit mit Unternehmen jeweils analysieren und angehen, um die Stärke und das Potenzial von Zusatznutzen für Lebensmittel zu entwickeln:

1. **Wahrnehmung der Relevanz bei Kunden (in der Bevölkerung) erhöhen**
   - Primär eine Kommunikationsaufgabe, die darin besteht, die Geschichte hinter dem Zusatznutzen glaubwürdig und spannend zu erzählen
   - Zusatznutzen aus der Kundenoptik betrachten
   - Partner in der gesamten Wertschöpfungskette argumentativ von der Relevanz des Zusatznutzens überzeugen

2. **Differenz zum Standard erhöhen**
   - Präzisierung und Ausbau des Zusatznutzens
   - Vom Zusatznutzen im Produkt (Rohstoffe, Verarbeitung, Veredelung) zum Zusatznutzen im Umfeld des Produktes (Services, Dienstleistungen)

3. **Differenz zum Standard aufrechterhalten**
   - Letztlich eine Branding-Thematik: Wenn Zusatznutzen standardisiert wird, lässt sich die wahrgenommene Differenz bei den Kunden nur noch über eine starke Marke aufrechterhalten.

4.3 Von der Produkt- zur Rohstoffmarke

Zusatznutzen, die gekoppelt sind an die Herkunft der Produkte, respektive deren Rohstoffe, eignen sich hervorragend zum Aufbau starker Foodmarken. Was wir uns dabei vorstellen, nennen wir die **„Strategie der Rohstoffmarke"**. Diese lässt sich am besten anhand eines Beispiels aus dem Computermarkt erklären, denn hier ist diese Markenstrategie unter der Bezeichnung „Ingredient Branding" längst erfolgreich umgesetzt. Ähnlich wie bei Lebensmitteln lassen sich Computer immer weniger über funktionale Mehrwerte verkaufen. Jeder produziert heute Computer-Hardware auf einem ähnlichen technischen Niveau. Für die mäßig technisch interessierten Computernutzer – und das sind wohl mit Abstand die meisten Endkunden – gibt es nur einen Grund, beispielsweise einen Siemens Computer einem Dell Computer vorzuziehen: der Preis. Natürlich hat es Hersteller Apple geschafft, über Design und nicht über Funktionalität der Marke eine Einzigartigkeit zu verschaffen. Damit ist diese Positionierung aber auch schon bereits vergeben.

Analog können wir uns fragen, weshalb ein Kunde die Foodmarke X beim Händler Y kaufen soll und nicht beim Händler Z, der zehn Prozent billiger ist. Oder weshalb überhaupt Foodmarke X kaufen, wenn ein Eigenmarkenprodukt von Händler A gleich gut ist und dazu noch zwanzig Prozent weniger kostet?

Bei den Computern gibt es eine Antwort, weshalb der Kunde dennoch das Gerät der Firma X demjenigen von Y vorzieht: Kunden kaufen eben den Computer mit „Intel Inside". Was um diesen „Quasi-Rohstoff" des Intel-Chips herum an Kabeln, Kondensatoren und weiß Gott was alles gebaut ist, interessiert die Kunden nicht. Jeden Hardware-Hersteller interessiert aber, dass in seinem Gehäuse „Intel Inside" ist. Klingt das nicht paradiesisch für jeden Foodhersteller?

Viele heutige Markenartikel-Hersteller sind aus einem Produktqualitäts-Versprechen heraus gewachsen. Das Image einer sehr guten Qualität haftet ihnen auch heute noch an. Einzigartig in der damaligen Zeit, hervorragend in der Qualität und das für jedermann! Firmen wie Maggi und Knorr, Bahlsen, Hiestand u.a. haben ihre Wurzeln in diesem Qualitätsversprechen. So wollte früher jeder Händler diese Marken bei sich im Regal haben – so wie sich heute jeder Computerhersteller „Intel Inside" in seinem Gerät wünscht. Heute laufen auch diese Produkte und Marken Gefahr, austauschbar und von Discountalternativen verdrängt zu werden. Mit Geschichten rund um die Qualität und mit der zunehmenden Bedeutung von Rohstoffen bestehen jedoch gute Möglichkeiten, diese Marken zu Rohstoffmarken zu entwickeln.

4 Wer führt morgen die starke Marke?

MERKE!

Vom Regal ins Produkt: Wenn Retail-Brands und Eigenmarken die guten alten Foodmarken aus dem Regal verdrängen, dann werden dafür die Rohstoffmarken in die Eigenmarkenprodukte der Händler Einzug halten (siehe Abb. 13).

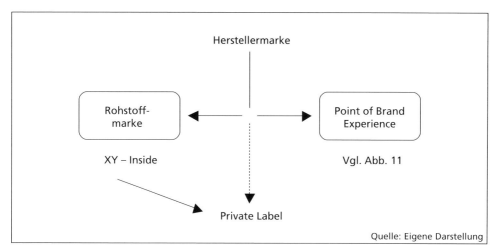

Abb. 13: Markenszenarios für Foodhersteller

So wie früher jeder Lebensmitteleinzelhändler die Marke Knorr gelistet haben wollte, werden sich die Eigenprodukte des Handels um die starken Rohstoffmarken bemühen. In der Schweiz beispielsweise bürgt der Ausdruck und das Logo „Bio-Knospe" für einen Lebensmittelrohstoff, der nach bestimmten ökologischen und nachhaltigen Richtlinien hergestellt wird. Mittlerweile ist diese Knospe eine Marke geworden, die fast immer als Sub- oder Co-Brand mit einer starken Retail-Brand erscheint. Der Grund liegt darin, dass wirklich starke Foodmarken, besonders im Premiumsegment, nicht ohne eine Vertrauens- und Qualitätsgarantie über die verwendeten Rohstoffe oder die Rezeptur auskommen. Erst mit der Bio-Knospe „Inside" wird ein Produkt zum Premiumprodukt.

Eine ähnliche Chance dürfte sich für die oben beschriebenen Food-Markenhersteller ergeben. Um im Regal zu bleiben, werden sie sich zum Co-Brand entwickeln müssen: „Knorr-Inside", „Maggi-Inside" oder auch „Gebraut aus Valserwasser". Mehr zur Bedeutung von Rohstoffen im Kapitel 6 (Rohstoffe – Von der Commodity zum USP).

5 Datenflut: Wer weiß sie zu nutzen?

American Airlines startete 1981 ein Vorteilsprogramm unter der Bezeichnung Aadvantage – das erste Reiseprämien-Programm der Welt war lanciert! Mit mittlerweile über 45 Millionen Teilnehmern ist dieses Programm das größte Loyalitätsprogramm seiner Art weltweit. Heute bieten zahlreiche andere Branchen und Firmen so genannte Loyalitätsprogramme an. Die zentrale Überlegung hinter jedem dieser Programme ist, dass es mehr kostet, einen neuen Kunden zu gewinnen, als einen bestehenden zu behalten und zu entwickeln – und fürs eigene Unternehmen rentabler zu machen. Bei dieser Idee von Kunden-Loyalitätsprogrammen wird das Sammeln von Informationen über den Kunden und sein Kaufverhalten immer zentraler.

Die Kunden von heute sind nicht Könige, sie sind Diktatoren. Sie werden immer anspruchsvoller und erwarten mehr für weniger Geld. Traditionelle Loyalität zu einem Anbieter kennen sie kaum, sie wechseln zunehmend zwischen verschiedenen Einkaufsmöglichkeiten, um in den Genuss von Besserem, Anderem oder Günstigerem zu kommen. Laut einer Studie von McKinsey (Gokey/Coyles, 2001) haben Bankkunden in den USA die durchschnittliche Zahl der von ihnen frequentierten Finanzinstitute von 2,3 im Jahre 1996 auf 3,4 im Jahre 2000 gesteigert. Der Anteil der Mobiltelefon-Abonnenten, die jedes Jahr ihren Anbieter wechseln, ist von 17 % 1996 auf 32 % 2001 gestiegen.

Kunden-Loyalitätsprogramme sind auch im Lebensmitteleinzelhandel zum Normalfall geworden. Für den Lebensmitteleinzelhandel stehen **drei hauptsächliche strategische Ziele** (einzeln oder in Kombination) hinter Loyalitätsprogrammen (siehe Tab. 4):
- Das erste Ziel heißt Umsatzsteigerung. Das Loyalitätsprogramm soll den Kunden veranlassen, häufiger in den Laden zu kommen, größere Mengen und spezielle Promotionsangebote einzukaufen.
- Zweitens geht es darum, „die Spreu vom Weizen" zu trennen. Mittels progressiver Belohnung und hohen Kosten (Verlusten) beim Marken- oder Anbieterwechsel soll die Profitabilität pro Kunde gesteigert werden.
- Drittens sind Loyalitätsprogramme die ergiebigste **Quelle für Kundeninformationen**.

Tab. 4: Ziele von Loyalitätsprogrammen

1. Umsatzsteigerung	**Kunden kommen** – häufiger in den Laden – kaufen größere Mengen ein – kaufen auch andere Produkte ein
2. Mehr profitablere Kunden	**Progressive Belohnung** – Je tiefer der Umsatz, desto unattraktiver die Belohnung Konvergenzangebote: – Ein Markenwechsel bei den Kernprodukten bedeutet gleichzeitig den Verlust zahlreicher Zusatzleistungen.
3. Wissensgewinn	**Marketingoptimierung in** – den Absatzmärkten – den Beschaffungsmärkten

Quelle: GDI_Innovations Report

Heute besitzt der Lebensmitteleinzelhandel riesige Datenmengen über seine Kunden. Die generelle Erfahrung zeigt aber, dass diese Daten noch kaum analysiert und wertschöpfend gebraucht werden. Bei vielen Unternehmen steckt die Analyse der Kundendaten im Rahmen von integrierten CRM-Lösungen noch in den Kinderschuhen. Die Autoren des Buches State of the Art in Food (Grievink et. al. o.J.) schätzen, dass nicht einmal 5 % aller Kundendaten im Handel strategisch genutzt werden. Erst vereinzelte Unternehmen wie beispielsweise Tesco oder Sainsbury's in Großbritannien nutzen die Kundendaten, um aufgrund des spezifischen Kaufverhaltens von Kunden Angebot, Ladenlayout und Aktionen zu spezifizieren.

Sainsbury's setzt seine Erkenntnisse aus den Abverkaufsdaten der Kunden konsequent im Ladenformat, im Marketing und im Brand-Management um. Das Ladenformat ist in den Augen von Sainsbury's nichts anderes als eine „Customer Proposition", ein an die Bedürfnisse des Kunden angepasstes Angebot von Produkten und Dienstleistungen. Aufgrund der Verkaufsdaten segmentiert Sainsbury's seine Kunden, aktuell in die vier Gruppen „foodies", „health conscious", „less affluent family" und „typical family". Ladenformate, Dienstleistungen, aber auch die Eigenmarken (z. B. die Eigenmarke „Taste the Difference" für die „foodies" und die „Be good to Yourself" für die „health conscious") werden speziell auf diese Segmente ausgerichtet.

Auch Tesco versteht die Nutzung seiner Kundendaten als strategischen Eckpfeiler des Retailing-Geschäfts. David Reich, Deputy Chairman von Tesco: „If you took our loyalty cards away form us, it would be like flying blind. They tell us how to attract customers, how secondary customers behave, how specific customers react to specific promotions, how you can influence competitor's openings, how you can spot new trends, how you can convert customers. (...) The skill is to know what you want to get out of the system. (...) We value data-mining skills so strongly that the company we engaged to do the analytical work is now a subsidiary of Tesco." (McKinsey Quarterly, Nr. 3, 2002). Dank der Verknüpfung von Kundendaten und Produktdaten ergeben sich neuartige Ansatzpunkte, den Vertriebskanal optimal zu gestalten. Tesco verknüpft die Spezifika von 40.000 Produkten mit den Kundendaten von 10 Mio. Kundenkartenbesitzern. Das Ergebnis sind so genannte Regelbäume, die rationale wie auch irrationale Entscheidungen typischer Käufer darstellen. Auf dieser fundierten Datenbasis steuert Tesco heute sein Basissortiment. So hat das Unternehmen beispielsweise genau belegen können, dass manche Produkte zwar keine Schnelldreher sind, jedoch wichtige, das heißt lukrative Käuferschichten binden. Ohne die integrierten Daten wären diese Produkte längst ausgelistet worden. Auch das Aktionsgeschäft, die Preisgestaltung, die Veränderungen im Sortiment (Neueinführungen, Out of Stock und Ersatzkäufe) lassen sich dank neuer Datenanalysen präziser angehen. Tesco kann nach sechs Wochen bereits die Abverkaufsmengen eines neu eingeführten Produktes für 24 Monate vorausberechnen.

Die Beispiele aus Großbritannien lassen erahnen, welches Machtinstrument mit den Kundendaten aus Loyalitätsprogrammen in die Hände des Einzelhandels geraten ist. Früher war das Wissen über Konsumverhalten und Einkaufstrends einer der USPs der Produzenten. Sie entwickelten ihre Produkte aufgrund von Kundenstichproben, Interviews und Panels, so dass sie optimale Abverkaufszahlen schon im Voraus planen konnten. Dieses Marktforschungs-Kundenwissen auf Seiten der Produzenten entschied so manches Listungsgespräch zugunsten des Produzenten. Die wirklich entscheidenden Daten, um Produkte zu optimieren und die Bedürfnisse von Kunden besser zu treffen, ließen sich aber nicht kontinuierlich erfassen. Mit den Abverkaufsdaten vom POS, die der Handel innerhalb eines CRM erfassen kann, ist heute hingegen ein **permanentes Monitoring des Kaufverhaltens** möglich, und zwar heruntergebrochen bis auf bestimmte Ladenformate, Regionen und einzelne Filialen. Natürlich verzehren sich Produzenten nach diesen Informationen. Die Händler sind jedoch immer weniger bereit, die Daten gratis weiterzugeben. Auch

5 Datenflut: Wer weiß sie zu nutzen?

weigern sie sich teilweise, mehr als die Verkaufsdaten einzelner Produkte herauszurücken. Dabei wären für die Produzenten gerade das Wissen um den Abverkauf der Konkurrenzprodukte oder die Verkaufsdaten einer ganzen Category aufschlussreich für Entwicklung, Produktionsplanung und Marketing (siehe Abb. 14).

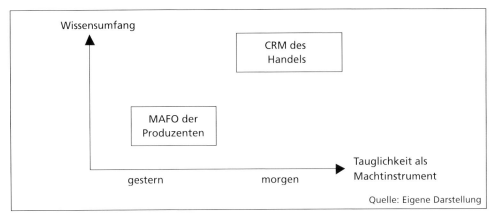

Abb. 14: Machtverschiebung des Kundenwissens

Kundendaten sind zu einem wichtigen Asset geworden – jedoch nur in Händen derer, die daraus auch Kundenwissen machen können. Und das sind heute noch immer eher die großen Foodproduzenten mit ihrer jahrzehntelangen Erfahrung in Marktforschung und Kundenanalyse. Dies wird sich aber in absehbarer Zeit ändern. Auch Händler werden die Daten zu nutzen wissen und im Zusammenhang mit dem erwachten Interesse des Einzelhandels an Eigenmarken und Retail-Branding eine entscheidende Trumpfkarte beim Auf- und Ausbau von Marken und Märkten in Händen halten.

6 Rohstoffe – Von der Commodity zum USP

Die Kontrolle von Rohstoffmärkten wird zu einem zentralen Erfolgsfaktor im Foodbusiness. Massenproduktion, Billigpreise und jederzeitige Verfügbarkeit haben im vergangenen Jahrzehnt zu immer neuen Lebensmittelskandalen geführt. Die Entwicklung „schneller, billiger und besser" ist an ihre Grenzen gestoßen. Je günstiger ein Lebensmittel ist – insbesondere solche mit hoher Wertanmutung wie Lachs, Fleisch, Kaviar, Gambas etc. –, desto größer das Risiko eines Marketingunfalls: Kinderarbeit, Raubbau, unerlaubter Antibiotika-Einsatz, Tierquälerei etc. Oder aber die Rohstoffe werden wegen Überbeanspruchung der natürlichen Ressourcen zu einer Mangelware. Gemäß der Food and Agriculture Organization sind heute ca. 60 % sämtlicher Meeresfischarten voll oder teilweise ausgefischt – gleichzeitig werden jedes Jahr von den Fischern mindestens 30 Millionen Tonnen Fischfang als Abfall wieder ins Meer zurückgeworfen. Wenn sich die Weltbevölkerung weiter wie bisher dem Lebensstil der USA anpasst, sind laut dem von der Bundesregierung berufenen „Rat für nachhaltige Entwicklung" im Jahre 2050 vier Planeten Erde nötig, um alleine das erforderliche Futtermittel für die Masttiere zu produzieren. Handeln ist also dringend nötig, denn weitere Skandale und Katastrophen sind vorprogrammiert.

Die Reaktion der Kunden auf Lebensmittelskandale hat gezeigt, wie sensibel und kritisch diese auf die Frage der Herkunft und auf die Geschichten von Rohstoffen reagieren. Der ehemalige Nestlé-Chef Helmut Maucher hat die Bedeutung der Rohstoffkontrolle schon früh erkannt und das Interesse des Konzerns einmal recht griffig so formuliert: „Wasser wird weltweit immer knapper. Deshalb wollen wir die Hand auf die Quelle halten." Und das ist ja mittlerweile mit Perrier, SanPellegrino, Aquarel u.a.m. gut gelungen. Herr Maucher hat ein neues Zeitalter im Umgang mit den Beschaffungsmärkten eingeläutet.

MERKE!

Rohstoffe sind nicht mehr nur Inputfaktoren für ein veredeltes Produkt, sondern sie sind an sich schon werthaltig. Exklusive Rohstoffe dienen als entscheidender Wettbewerbsfaktor gegenüber der Konkurrenz.

6.1 Rohstoffe – die temporären Monopole von morgen?

Rohstoffe waren seit jeher primär die Inputfaktoren für den Veredelungsprozess. Für den Kunden sichtbar war schließlich das Endprodukt. Traditionellerweise beschäftigte sich das Handwerk wie der Müller, der Bäcker, der Metzger oder der Koch damit, Lebensmittel haltbarer, besser genießbar oder einfach schmackhafter zu machen. Auch die später einsetzende Industrialisierung diente letztendlich genau diesen gleichen Zielen.

Heute lassen sich in der Veredelung von Rohstoffen industriell praktisch keine weiteren Quantensprünge mehr erreichen. Die Differenzierung auf der Ebene des Endprodukts erfolgt heute gegenüber dem Kunden hauptsächlich über die Auswahl und Menge der POS-Standorte, über den Preis und über die Serviceleistungen. Deshalb bleibt es weiterhin wichtig, Rohstoffe billig einkaufen zu können. Denn je nach Endprodukt können diese „Warenkosten" einen beträchtlichen Teil der Gesamtkosten des Produktes ausmachen. Und wenn wir in Zukunft noch mehr „Ready-to-eat-Produkte" in frischester Qualität konsumieren, steigt der Kostenanteil der Rohstoffe stark an.

Der Zugang zu billigen Rohstoffen, also insbesondere die Einkaufskraft des Produzenten, ist für Discountmärkte wichtig. In Premiummärkten spielt sie eine immer geringere Rolle. Denn wenn früher der Rohstoff als Commodity (austauschbare Massenware) im Endprodukt ein Inputfaktor war, den man so billig als möglich zu beschaffen versuchte, ist heute das Endprodukt selbst eine Commodity! Produzieren und Veredeln kann heute jeder, ein Wettbewerbsfaktor lässt sich damit immer weniger erzielen. Die eigentliche Monopolrente erwirtschaftet ein Foodunternehmen in Zukunft wohl eher mit dem **alleinigen Zugriff auf exklusive Rohstoffe**.

Exklusivität der Rohstoffe drückt sich künftig auf zwei Ebenen aus, auf der Hightech- und der Hightouch-Ebene (siehe Abb. 15).

Mit **„Hightech-Einsatz"** wie Gen- und Biotechnologie lassen sich einzigartige und/oder billige Rohstoffderivate entwickeln. Saatgut und andere Nahrungsmittelausgangsstoffe werden optimiert und das dazu erforderliche Know-how patentiert. Das führt zu einem zumindest temporären Monopol! Ob Mais oder Soja, zukünftige Saatgute sind nicht nur resistent gegen Schädlinge, sondern auch gegen Mitbewerber.

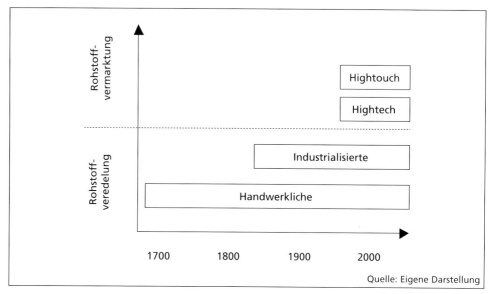

Abb. 15: Rohstoffe: Von der Veredelung zur Vermarktung

„Hightouch-Exklusivität" von Rohstoffen bedeutet nichts anderes, als dass sich diese durch eine einzigartige und glaubwürdige Geschichte von anderen Rohstoffen differenzieren. Die aktuellen Themen solcher **Foodrohstoff-Geschichten** sind **Natürlichkeit (Bio)**, **Ethik** und **Ethno**. Max Havelaar beispielsweise ist eine solche Rohstoffgeschichte oder in unserer Marketingsprache eine Rohstoff-Marke. Max Havelaar bezieht und pflegt seine Geschichte um Ethik und Fairness aus den Plantagen der Beschaffungsmärkte der südlichen Erdhalbkugel. Ähnliches gilt für starke Bio-Label, wie beispielsweise in der Schweiz für das Knospe-Label der Bio Suisse. Die „Knospe" hat sich mit ihrer Glaubwürdigkeit in der Schweiz ein Quasi-Monopol für die Geschichte „biologisch" geschaffen.

Nicht nur Herr Maucher von der Nestlé hat heute die Bedeutung der Rohstoffe erkannt. Immer mehr Foodunternehmen, Produzenten, Händler und Gastronomen vermarkten die in ihren Produkten enthaltenen Rohstoffe als USP und nicht die Produkte selbst. In der Schweiz engagiert sich beispielsweise der WWF gemeinsam mit einigen Gastronomen dafür, die natur- und tiergerechten Angebote in der Gastronomie zu fördern. Der Name dieser Gastro-Kampagne lautet „Goût Mieux" (www.goutmieux.ch, www.wwf.ch/food). Der USP der beteiligten Restaurants ist nicht das Menü, welches dem Kunden serviert wird, sondern der Ursprung der Rohstoffe. Ähnliches plant eine deutsch-niederländische Unternehmensgruppe. Sie kündete im Herbst 2002 den europaweiten Aufbau einer Bio-Fastfood-Kette an. Alleine in Holland sollen unter dem Namen „Real Mealz" in den nächsten fünf Jahren über 30 solcher Restaurants entstehen (Quelle: www.oekolandbau.de). Ganz sicher sieht „Real Mealz" seinen USP nicht in noch billigeren, noch schneller produzierten Hamburgern, sondern darin, biologische Rohstoffe zu verwenden.

Die Foodmärkte von morgen werden zu einem großen Teil von denjenigen Unternehmen dominiert, welche die Rohstoffmärkte kontrollieren. Entweder mittels Patent (Hightech) oder indem sie sich eine Rohstoffgeschichte exklusiv erwerben und diese kontrollieren (Hightouch). Die entscheidende Frage von morgen ist also nicht mehr, wer die billigeren Rohstoffe kaufen kann, sondern wer die besten Geschichten kauft oder selber entwickelt (= story buying, vgl. Teil II, Kapitel 3.3 „Konsequenzen für Foodmärkte: ‚Fight for Trust'"). Dabei ist noch nicht abzusehen, wer in Zukunft die starken Rohstoffmarken aufbauen und besitzen wird. Vielleicht sind es die heutigen Foodproduzenten, vielleicht aber auch Organisationen wie der WWF oder Greenpeace!

Teil II:
Menschen

1 Konsum-Megatrend Zeit

Nichts wurde in den letzten Jahren so sehr dem ökonomischen Kalkül unterworfen wie der Einsatz von Zeit. Objektiv gesehen verfügen die Menschen heute über mehr Zeit – sie leben nämlich durchschnittlich ca. 20 Jahre länger als noch vor 100 Jahren. Auch nimmt die durchschnittliche Wochenarbeitszeit in Europa stetig ab; in Deutschland beispielsweise von 48,3 Stunden im Jahre 1965 auf 40 Stunden 1996 (Garhammer, 2001).

Dennoch haben wir zunehmend das Gefühl, zu wenig Zeit zu haben. Wir sind auch immer mehr bereit, für Zeitersparnis Geld zu bezahlen. Eine Studie des Henley Centre in England 2002 hat ergeben, dass 40 % aller Briten bereit sind, Geld für Zeitersparnis auszugeben. Im Jahr 1999 waren dazu erst 32 % der Bevölkerung bereit.

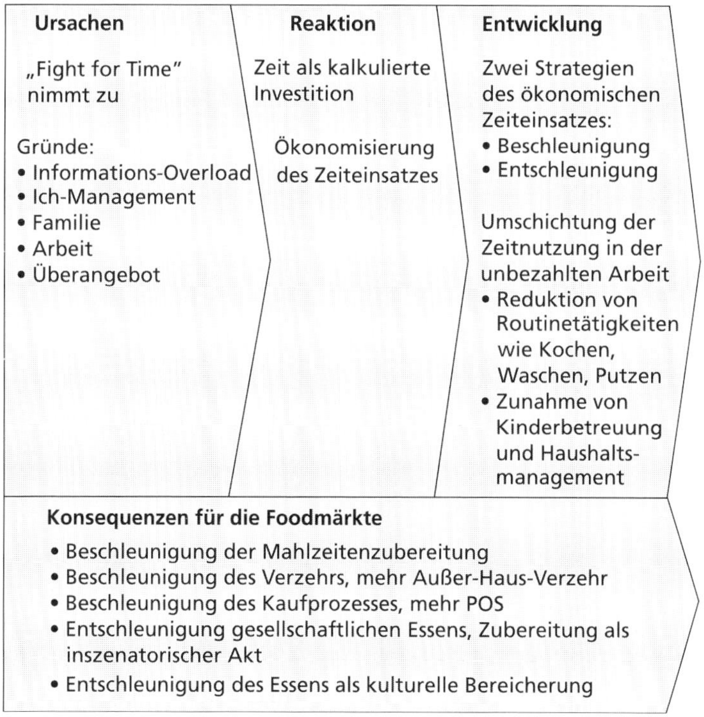

Ursachen	Reaktion	Entwicklung
„Fight for Time" nimmt zu	Zeit als kalkulierte Investition	Zwei Strategien des ökonomischen Zeiteinsatzes:
Gründe:	Ökonomisierung des Zeiteinsatzes	• Beschleunigung
• Informations-Overload		• Entschleunigung
• Ich-Management		
• Familie		Umschichtung der Zeitnutzung in der unbezahlten Arbeit
• Arbeit		• Reduktion von Routinetätigkeiten wie Kochen, Waschen, Putzen
• Überangebot		• Zunahme von Kinderbetreuung und Haushaltsmanagement

Konsequenzen für die Foodmärkte
- Beschleunigung der Mahlzeitenzubereitung
- Beschleunigung des Verzehrs, mehr Außer-Haus-Verzehr
- Beschleunigung des Kaufprozesses, mehr POS
- Entschleunigung gesellschaftlichen Essens, Zubereitung als inszenatorischer Akt
- Entschleunigung des Essens als kulturelle Bereicherung

Quelle: Eigene Darstellung

Abb. 16: Zusammenfassung Konsum-Megatrend Zeit

1.1 Ursachen: Weshalb Zeit zur knappsten Ressource der Kunden wird

Zeit ist deshalb ein so knappes und wertvolles Gut geworden, weil die zeitraubenden Ansprüche an die Menschen laufend zunehmen. Fünf Faktoren beeinflussen unsere Zeit ganz besonders (siehe Abb. 17). Es sind dies:
- Informations-Overload
- Ich-Management
- Familie
- Arbeit
- Überangebot

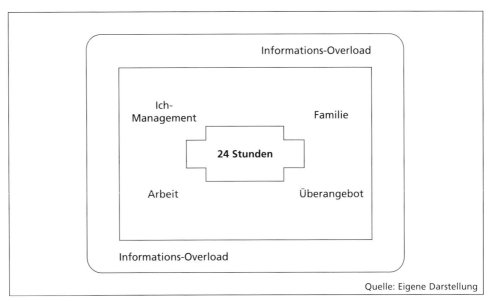

Abb. 17: Ursachen von Zeitstress

Informations-Overload

Einer der jahrhundertelang knappsten Rohstoffe ist heute zur Massenware geworden: Information. Seit Menschengedenken ist Information ein Machtmittel gewesen, die Zugänge dazu wurden äußerst restriktiv gehandhabt. Erst die Erfindung des Buchdrucks durch Gutenberg im 15. Jahrhundert hat diesem Machtinstrument an Schärfe genommen. Die radikale Veränderung in der Verfügbarkeit und Allgegenwärtigkeit von Information fand jedoch in den letzten Jahrzehnten statt. Neue

Daten- und Kommunikationstechnologien wie Fax, Mobiltelefon, digitale Datenverarbeitung oder E-Mail und natürlich das Internet als Kommunikationsmedium haben den Informationszugang geradezu demokratisiert. Kopieren und Transportieren von Informationen ist quasi zum Nulltarif möglich. So kann sich heute jeder ohne größere finanzielle, zeitliche oder macht- und sozialpolitische Ressourcen eine Unmenge an Informationen beschaffen. Die Lösung des Problems der Informationsbeschaffung hat jedoch ein neues, sehr ernstes Problem geschaffen: die **Informations-Überflutung**. Zum einen wird die Menge an zugänglichen Informationen unüberblickbar und zum anderen ist es auch so, dass immer häufiger nicht mehr nur wir eine Information suchen, sondern die Information uns sucht. Alle kämpfen um unsere Aufmerksamkeit: Produkte, die ihre Vorteile anpreisen, Marken, die uns einen bestimmten Lifestyle versprechen, oder Serviceanbieter, die uns am liebsten lebenslänglich begleiten würden. Die Krankenkassen informieren uns über neue Präventionskonzepte, im Bekanntenkreis lassen wir uns über die angesagten Diäten aufklären und am Wochenende informieren wir uns über die Vor- und Nachteile von Fondsanleihen. **Täglich** prasseln **bis zu 3000 Werbebotschaften** auf den westlichen Konsumbürger nieder. Die Zunahme der Werbeausgaben (siehe Abb. 18) spricht eine deutliche Sprache.

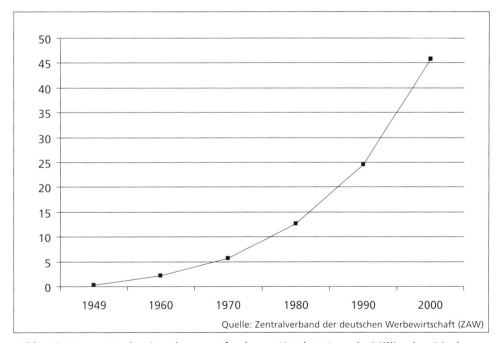

Abb. 18: Netto-Werbeeinnahmen erfassbarer Werbeträger in Milliarden Mark

Auch der berufliche Alltag ist von Informationen überlastet. Eine Masse an Managementliteratur, Veranstaltungen, Symposien, der freie Zugang zu Informationen im Internet, die Möglichkeit, weltweit permanent mit allen erdenklichen Menschen in Kontakt zu treten, unzählige Beratungsfirmen, die alle Lösungen für unsere Probleme offerieren – all dies schafft eine Informationsflut, die nicht mehr zu bewältigen ist, geschweige denn jemandem erlaubt zu denken.

Viel Information bedeutet automatisch einen großen **Selektionsaufwand**. Entscheidungen für ein Produkt, für eine Partnerschaft, für eine Aus- oder Weiterbildung sind zeitaufwändiger, je mehr Informationen wir über sämtliche Optionen haben.

Der leichte Informationszugang hat für uns als Kunden Vor- und Nachteile. Wir sind in der Lage, zu geringen Kosten die Leistungsversprechen von Anbietern zu überprüfen. Für unzählige Warenangebote lassen sich heute Leistungsvergleiche im Internet erledigen, auf Portalen wie beispielsweise www.preissuchmaschine.de (siehe Abb. 19) sind Preisvergleiche in Produktkategorien wie Audio & Hi-Fi, Bekleidung, Drogerieartikel und Körperpflege, Haushalt, Hobby, Garten und Heim, Sport, Baby, Computer und Büro, Spielzeug, Telekommunikation etc. möglich. Es gibt kaum ein Produkt oder eine Dienstleistung, deren Preise sich nicht im Internet vergleichen ließen.

Kleine Auswahl aktueller Preisvergleichsangebote auf deutschsprachigen Internetseiten (Stand Januar 2005):
- *www.geizhals.at*
- *www.guenstiger.de*
- *www.preistrend.de*
- *www.comparis.ch*

Abb. 19: Preisvergleich im Internet, preissuchmaschine.de

Daneben haben sich Meinungsportale wie www.ciao.com etabliert, wo sich Kunden über Erfahrungen mit Produkten und Dienstleistungen austauschen können. Gute oder schlechte Kundenerlebnisse werden auf diesen Internetplattformen potenziell Millionen von Kunden weitererzählt. Wie der Auszug aus einem Kundentestbericht zum Joghurt Froop der Firma Müller zeigt, sind diese Informationen ausführlich, akkurat und von ganz anderer Qualität als herkömmliche, vom Produzenten normalerweise zur Verfügung gestellte Informationen (vgl. unten). Unsere erste Reaktion auf den Text war: Das ist von Müller gekaufter Content! Mag sein, vielleicht aber auch nicht. Ein kurzer Blick in das Meinungsportal Ciao.com zeigt, dass kaum ein Testbericht weniger ausführlich und kompetent ist als der hier ausgewählte. Und auf der Site sind zig tausend solcher Testberichte zu finden. Alleine über das Joghurt Froop gibt es 54 (!) Testberichte auf ciao.com. Es ist eher unwahrscheinlich, dass die alle gekauft sind. Wir vermuten eher, dass sich die Testberichtschreiber gegenseitig mit angeblicher oder wirklich vorhandener Kompetenz übertreffen wollen. Dass die User die einzelnen Beiträge beurteilen, verstärkt die Dynamik der Schreibenden, mit jedem Testbericht das bisher Geschriebene zu übertreffen.

Testbericht einer Internetnutzerin vom 15.4.2002 über das Joghurt Froop der Firma Müller:

Der Mensch sollte sich eigentlich nicht von drei Hauptmahlzeiten ernähren, wie die meisten es aber tun. Fünf kleine sind weitaus gesünder, so liest man es zumindest in den ganzen Frauenblättchen und deren Diättipps. Was bietet sich neben Obst da am besten an für den kleinen Snack??... meiner Meinung nach Joghurt und Co.

Als ich mich beim letzten Einkauf mal wieder mit Vorrat eindecken wollte, da fiel mir doch etwas Neues aus dem Hause Müller ins Auge: Müller Froop.

Dieses Milcherzeugnis gibt es in vier verschiedenen Geschmacksrichtungen:
- *Zitrone*
- *Pfirsich-Maracuja*
- *Erdbeer*
- *Himbeer*

Da ich immer für meinen Freund und mich einkaufen gehe und wir beide gerne neue Produkte testen, landeten Zitrone und Pfirsich-Maracuja in unserem Einkaufswagen, so konnte man sich gleich zwei Urteile bilden.

Äußerlichkeiten
Das Froop befindet sich in einem normalen durchsichtigen typischen Joghurtbecher mit einem Inhalt von 150 g, für den ich jeweils 0,49 gezahlt habe. (...)

Der Test
Ein Widder wie ich, von Natur aus neugierig, kann sein neuestes Testopfer natürlich nicht mehr lange im Kühlschrank warten lassen. Also wurde der Aludeckel gleich abgezogen. Normalerweise hätte ich nun gleich den Löffel eingetaucht und probiert, aber doch nicht, seitdem ich mich hier bei Ciao aufhalte. Nun kommt der tierische Instinkt in mir durch... das Objekt muss erst einmal beschnuppert und von allen Seiten begutachtet werden.

Im Inneren befinden sich zwei voneinander getrennte Substanzen... unten der weiße Joghurt und darüber etwas über 1 cm dick ein Fruchtmousse, welches kleine Bläschen aufweist, die durch den Zusatz von Stickstoff entstanden sind.

(...) möchte ich nun zum größten Teil auf die Sorte Zitrone eingehen. Vom Duft her kam es mir gleich sehr fruchtig und frisch entgegen und die Zitrone roch man wirklich sehr gut raus. Da es ja anders zu einfach gewesen wäre, musste ich natürlich erst einmal den unten liegenden Joghurt probieren. Also stößt der Löffel erst einmal vorsichtig am Rand des Bechers nach unten vor. Der Joghurt ist nicht richtig fest, aber auch nicht so flüssig, dass er gleich vom Löffel tropft, also genau richtig. Vom Geschmack her war er wohl ursprünglich neutral, jedoch kann man aufgrund der gemeinsamen Abfüllung schon einen leichten Touch nach Zitrone feststellen. Nun wird die Fruchtcreme probiert. Sie ist locker und erinnert aufgrund der Bläschen wirklich an ein Mousse. Ich stellte mich schon auf etwas ziemlich Saures ein, aber die Erwartung wurde nicht erfüllt...zum Glück. Sehr fruchtig war der Geschmack und sogar eher ein bisschen süßlich, aber sehr frisch. Auch wenn sich die Hersteller solche Mühe gegeben haben, die Substanzen voneinander zu trennen, so wurde dann kräftig durchgerührt. Die Bläschen waren verschwunden und nur eine sehr glatte Joghurtcreme war noch zu erkennen (...) Und auch in der Kombi schmeckt Froop wirklich sehr fruchtig und frisch.

Für Allergiker und Gesundheitsbewusste möchte ich noch kurz auf Folgendes eingehen:

Zutaten:
59 % Joghurt (aus pasteurisierter Milch),
33 % Zitronenzubereitung (mit Aroma, Stickstoff), Zucker, Milcheiweißerzeugnis, Traubenzucker, Aroma

Nährwerte:
100 g enthalten durchschnittlich:
Brennwert: 501 kJ / 119 kcal
Eiweiß: 3,8 g
Kohlenhydrate: 18,4 g
Fett: 3,0 g

Von den Werten her ist die Zitronenvariante die heftigste, da sie den größten Anteil an Zucker und somit der Kohlenhydrate und auch Kalorien hat. (...) Genauere Infos erhaltet Ihr auf der Seite: www.molkerei-mueller.de

Mein Fazit: Der Froop von Müller ist aufgrund seiner Nährwerte nicht ganz ohne und daher nicht wirklich gut für Diäten geeignet, aber so lecker, dass er eine Sünde wert ist. (...) Er erfrischt wirklich und kann als Alternative zu einem Eis absolut glänzen. Ich habe das Gefühl, dass er als Nachtisch verwendet auch nicht allzu schwer im Magen liegt. Der Preis ist auch nicht gerade zimperlich, jedoch habe ich das Gefühl, dass das Level seit dem Euro sowieso schon um einiges gestiegen ist, auch bei den anderen Firmen. (...)

Wie immer bedanke ich mich fürs Lesen und freue mich auf Eure Kommentare.
Eure MrsWinkelz

Der Haken an der Internet-Preis-und-Leistungs-Vergleicherei: Vergleiche und Meinungen austauschen kostet Zeit. Während der finanzielle Einsatz zur Informationsgewinnung gegen Null tendiert, steigt der notwendige Zeiteinsatz, je mehr Informations- und Vergleichsmöglichkeiten sich einem bieten. Sämtliche Lebens-, Berufs-, Ausbildungs- oder Konsumentscheidungen werden mit zunehmenden Informationen über die Alternativen zeitraubender. Dennoch können wir es uns immer weniger leisten, Angebote nicht zu vergleichen, nicht nach einer zweiten Meinung zu fragen oder Experten-Ratschläge in den Wind zu schlagen. Denn die Opportunitätskosten werden immer größer. Nur die Dummen oder Faulen telefonieren heute nicht mit dem billigsten Telecomanbieter, nur Internet-abstinente oder Romantiker bezahlen heute im Fachhandel ein Drittel mehr für ein und dieselbe Fotokamera, die sie auch im Internet beim billigsten Anbieter bestellen können.

Informationsüberlastung ist heute der generelle Zeitkiller, der alle im Folgenden beschriebenen Bereiche, die unsere Zeit beanspruchen, überschattet.

Ich-Management

Die Menschen sind so frei wie noch nie, ihr eigenes Leben zu gestalten. Diese Freiheit des Individualismus schätzen wir als Errungenschaft der westlichen zivilisierten demokratischen Gesellschaft. Das Leben selber gestalten können heißt aber auch, das **Leben selber gestalten müssen**. Kaum eine Entscheidung in unserem Lebenslauf wird uns heute noch von Traditionen, Konventionen oder gesellschaftlichen Tabus abgenommen. Ob wir heiraten wollen, uns scheiden lassen, Kinder kriegen, ob wir den Beruf des Vaters erlernen, Künstler werden oder uns mit 40 Jahren umschulen lassen – möglich ist alles. Keine Moral bestimmt mehr, ob sich eine Scheidung ziemt oder nicht, keine Familientradition lenkt mehr die Ausbildung der Kinder, keine finanziellen Gründe verhindern heute eine höhere Ausbildung. Aber auch keine Branche oder Firma verspricht mehr einen Arbeitsplatz auf Lebenszeit, keine Ausbildung garantiert langfristig einen gut bezahlten Job, kein staatliches Sozialsystem kann heute mit gutem Gewissen langfristig eine Altersvorsorge garantieren. Was wir in Zukunft brauchen, sind keine Lebensläufe, die Vergangenes beschreiben, sondern Lebensläufe, die unsere Ziele in den nächsten 20 Jahren formulieren. Solche zu gestalten kostet Zeit. Die Wahl der Ausbildung wird zum Roulette über die berufliche Zukunft, verlangt eine stetige Wachsamkeit, damit man möglichst früh auf eine viel versprechende Aus- oder Weiterbildung umsteigen kann. Lebenslanges Lernen ist nicht nur möglich, sondern wird zum Zwang.

Auch Partnerschaften sind heute eine Herausforderung wie nie zuvor. Während in einer patriarchalischen Gesellschaft die Ehe, respektive die Familie als einzige richtige gesellschaftliche Sozialform akzeptiert war, bedeutet Partnerschaft heute ein ständiges **Aushandeln von individuellen Lebensansprüchen** aller Beteiligten, Partner und Kinder. Dass nicht geschieden wird, dass die Frau nicht außerhalb der Familie arbeitet und Geld verdient, dass die Kinder sich der Autorität des Vaters unterwerfen – all dies steht heute zur Debatte oder ist weitgehend überlebt. Was denn aber neu richtig ist oder falsch, kann man nicht mehr einfach so bestimmen. Jede Partnerschaft muss heute ihre sozialen Mechanismen aushandeln. Ist ein Seitensprung erlaubt oder nicht, wer hat Anrecht auf wie viel freie Zeit, wer darf wessen Geld ausgeben, wer bestimmt, wohin die Ferienreise führt? Diese Fragen müssen sich Paare individuell und zu verschiedenen Zeitpunkten selbst beantworten.

Auch außerhalb der Partnerschaft sind soziale Beziehungen heute immer mehr explizit zu managen. Die Gestaltung von gemeinsamer Freizeit ist aufwändig geworden, denn was früher starr vorgegeben war, ist heute individuell zu planen. Den größten Teil der gemeinsamen Freizeit verbrachte man früher im Kreise der Familie und Verwandtschaft. Heute sind verwandtschaftliche Bande oftmals kein hinreichender Grund mehr, gemeinsam die Freizeit zu gestalten. Man besucht eher Freunde und Bekannte. Diese sozialen Beziehungen sind jedoch viel volatiler als Verwandtschaftsbeziehungen. Verwandt bleibt man immer, Freundschaft ist aufkündbar. Für den Erhalt von Freundschaft muss man etwas leisten, das Netz von Freunden und Bekannten will gepflegt sein. Ähnlich komplex ist die politische, kulturelle oder sportliche Freizeitgestaltung geworden. Aus erlebtem Zeitdruck versuchen wir, immer weniger zeitgebundenen Freizeitaktivitäten nachzugehen. Anstatt Sport im Verein bevorzugen immer mehr Menschen Sport ohne zeitliche Bindung, einen unverbindlichen Gang ins Fitnessstudio oder eine halbe Stunde Jogging im Park. Tätigkeiten in Organisationen wie Parteien oder Gewerkschaften werden immer weniger attraktiv, da sie eine hohe, unflexible Zeitgebundenheit bedingen.

Die vermeintliche Zeitautonomie, die wir uns mit der Hinwendung zu zeitungebundenen Aktivitäten schaffen, hat eine zeitraubende Konsequenz: Jede Aktivität muss einzeln geplant und koordiniert werden. Es ist kaum zu bestimmen, ob wir dadurch objektiv gesehen mehr oder weniger Zeit haben als früher, jedoch nimmt der **Planungs- und Terminstress** deutlich zu. Allgemein wird die Bindung des Individuums an Organisationen und gemeinschaftliche Sozialformen in der Freizeit europaweit immer schwächer. Berufstätige haben immer mehr Mühe, regelmäßige private Termine am Wochenende einzuhalten. Wenn die Muster der Wochen- und Lebensarbeitszeit vielfältiger werden, trägt dies zur Individualisierung der privaten Zeit bei. Das bedeutet nicht notwendigerweise, dass wir weniger Zeit mit anderen Menschen verbringen. Aber es bedeutet, dass gemeinsame Freizeitaktivitäten mit wechselnden Bezugspersonen an unterschiedlichsten Orten immer wieder neu organisiert werden müssen.

Familie

Familie, insbesondere Kinder kriegen und aufziehen, ist heute keine klar definierte Vollzeit-Aufgabe der Frauen mehr. Familie haben oder nicht haben ist heute eine Entscheidung mit weit reichenden Konsequenzen für beide Partner, denn weder Frauen noch Männer suchen ihre Selbstverwirklichung, ihr Lebensziel alleine in der Familie oder darin, ein/e perfekte/r Hausmann/Hausfrau zu sein. Perfekt sein ja, aber nicht nur im Privaten.

Nicht zuletzt mit der Zunahme berufstätiger Frauen hat sich ein **Professionalisierungsdruck im „Familienmanagement"** ergeben. Heute wird von Frauen und zunehmend auch von Männern nicht nur entweder eine Berufs- oder eine Familienkarriere verlangt, sondern beides zusammen. Frauen, die ihre Selbstbestätigung jahrelang aus einem anspruchsvollen Beruf bezogen haben, versuchen nach der

Geburt, die Karriere in der Mutterschaft fortzusetzen. Sie gehen das Muttersein mit der gleichen Intensität und Systematik an wie vorher ihren Job. Kinder werden, wie High Potentials in Unternehmen, systematisch gefördert, Erziehung wird zum Empowerment-Programm. Die neuen Mütter (und Väter) schleifen ihre Babys zur Massage, zum Schwimmen, zum Turnen. Sie nutzen jedes verfügbare Angebot, um bloß dem Kind das Beste zu geben. Wer seinem Kind dieses Empowerment-Programm verweigert, wird stigmatisiert. Auch hier entsteht ein neuer Zeitdruck.

Familien mit Kindern haben im Vergleich mit anderen gesellschaftlichen Gruppen das vergleichsweise größte Freizeitdefizit. Tabelle 5 zeigt die durchschnittlichen Freizeitdefizite verschiedener Gesellschaftsgruppen.

Tab. 5: Gruppen mit Freizeitdefiziten in fünf Nationen 1985 bis 1996. Signifikante Abweichungen vom Durchschnitt 4,8 Stunden

Benachteiligte	Tägl. Freizeit im Schnitt aller Berichtstage	Signifikant besser gestellte Vergleichsgruppen
Familien mit Kindern bis fünf Jahren	4,1	Verheiratete ohne Kinder (keine Angaben)
Familien mit Kindern von fünf bis 15 Jahren	4,5	Singles (5,3)
Frauen	4,6	Männer (4,9)
Ältere über 30	4,6	Jüngere unter 30 Jahren (5,2)
Besserverdienende: oberes Viertel	4,6	Andere Quartile (keine Angaben)
Hauptschulabsolventen und ohne Schulabschluss	4,7	Absolventen weiterführender Schulen (keine Angaben)

Quelle: Garhammer, Manfred: Wie Europäer ihre Zeit nutzen. Berlin 2001

Arbeit

Arbeit hat sich zum schleichenden Permanent-Zeitfresser unseres 24-Stunden-Tages gemausert. Die große, wachsende Zahl von „Wissensarbeitern" ist örtlich und zeitlich immer weniger an feste Rahmenbedingungen der Leistungserbringung gebunden. Wer potenziell 24 Stunden denken und 24 Stunden kommunizieren kann, von dem wird das auch zunehmend verlangt. Die Arbeit verfolgt uns nicht mehr nur gedanklich in den Feierabend oder ins Wochenende, sondern auch als drei Kilo schwere Hypothek in Form des Laptops. Gewisse Telefonate oder E-Mail-Korrespondenz lassen sich sowieso besser in der Freizeit erledigen als im Büro. Auf dem Papier sinkt zwar die durchschnittliche Wochenarbeitszeit in Gesamteuropa, aber Arbeit und

Freizeit sind immer weniger scharf trennbar. Weniger zentral ist deshalb, ob wir tatsächlich länger oder kürzer arbeiten als früher, sondern entscheidend ist, dass wir **permanent auf Abruf** stehen, unsere Freizeit gegen die Zeitansprüche der Arbeit verteidigen müssen.

Die Arbeit als der Zeitgeber des kollektiven sozialen Rhythmus hat ausgedient. Immer mehr Arbeitnehmer arbeiten außerhalb der Normalarbeitszeiten. Dies belegen in Deutschland die Zunahme von Teilzeitarbeit unter 35 Stunden, die Zunahme von Schicht-, Abend- und Nachtarbeit, vermehrte Samstags- und Sonntagsarbeit sowie die Zunahme von Arbeiten zu Hause und Mehrfacherwerbstätigkeit (siehe Tab. 6).

Tab. 6: Verbreitung der Abweichungen von der Normalarbeitszeit in Westdeutschland in Prozent

Abweichung von der Normalarbeitszeit in %	1985	1995
Teilzeitarbeit unter 35 Stunden	13	17
Schicht-, Abend- und Nachtarbeit und versetzte Arbeitszeiten	14	25
Samstagsarbeit	53	58
Sonntagsarbeit	10	27
Berufliche Arbeit auch zu Hause	8	19
Mehrfacherwerbstätigkeit	2	9

Quelle: Garhammer, Manfred: Wie Europäer ihre Zeit nutzen. Berlin 2001

Die zunehmende Dienstleistungsorientierung verlangt, dass sich die Arbeit der Zukunft ganz in den Dienst des Kunden stellt und dafür auch abends, nachts, am Wochenende und bei Spitzennachfrage länger zur Verfügung steht. Die Deregulierung und Flexibilisierung der Arbeitszeit wird deshalb weiter voranschreiten. Damit wird auch das Problem der individuellen Zeitkoordination nicht abnehmen.

Nicht nur die Flexibilisierung der Arbeitszeiten und -formen stellt uns vor erhöhte Koordinations- und Zeitansprüche. Auch das **Management unseres eigenen Arbeitsmarktwertes** wird immer zeitintensiver. Wir sind als Erwerbstätige wirtschaftlich und rechtlich emanzipiert, haben dadurch aber natürlich auch die Pflicht, uns privat ein Geldeinkommen erwirtschaften zu müssen. Deshalb ist unser Lebenserfolg immer stärker an die Bewährung in der Konkurrenz auf dem Bildungs- und Arbeitsmarkt gebunden. Das hat zur Folge, dass wir unsere Alltags- und Lebenszeit scharf kalkulieren. Jeder einzelne Arbeitsmarktteilnehmer muss Nutzen und Kosten der von ihm eingesetzten Zeit abwägen. Wir selbst müssen uns ähnlich wie Firmen permanent weiterentwickeln und als attraktive Übernahme- oder Fusionskandidaten darstellen, denn keine Firma oder Branche verspricht uns heute mehr eine lebenslange Berufsperspektive. Der Aufbau eines privaten Netzwerkes zu potenziellen Arbeits- oder Auftraggebern ist ein zeitintensiver Prozess. Gelegenheiten zum Networking bei Veranstaltungen müssen wahrgenommen werden, Freizeit muss für informelle Gespräche, Mittagessen oder Wochenendausflüge herhalten und permanent sollten wir uns über Entwicklungen in Branchen und Firmen auf dem Laufenden halten, um potenzielle Chancen für uns zu erkennen.

Überangebot

Beim Online-Buchhändler Amazon (www.amazon.com) sind unter dem Stichwort „Management" 6672 Titel zu finden, die 2004 auf den Markt gekommen sind, 1810 weitere Titel für das Thema Marketing. Wer sich also im englischsprachigen Raum im Jahr 2002 nur mal rasch einen Überblick über Neuerscheinungen im Bereich Management und Marketing machen wollte, musste mehr als siebeneinhalb Tausend Buchtitel sichten. Fashion Retailer wie Mango, Zara oder H&M beglücken ihre Kunden alle paar Wochen mit einer neuen Kleiderkollektion. Vor wenigen Jahren noch mussten die Kunden dafür jeweils die nächste Saison abwarten. Während die Schweiz jahrzehntelang mit zwei, Deutschland mit drei nationalen Fernsehsendern auskam, insgesamt vielleicht fünf Programme zu empfangen waren, reichen heute die Speicherplätze auf der Fernbedienung kaum noch aus, alle empfangenen Programme zu speichern.

Ähnlich explodierend sind die Angebote auf ehemals monopolistisch organisierten Märkten. In den 90er Jahren hatte niemand in der Schweiz die Wahl, mit wem und zu welchen Konditionen er telefonieren wollte. 2004 konnte der Schweizer dank Liberalisierung des Telecom-Marktes bei vier Mobilnetzanbietern unter nicht weniger als 45 Mobil-Abonnements wählen. Je nach persönlicher Nutzung unterscheiden sich die Angebote substanziell. Der eine schickt mehr SMS, der andere telefoniert häufig im Ausland und muss Roaming-Tarife berücksichtigen, andere wiederum haben zwei telefonwütige Teenager zu Hause. Faktisch existiert für jedes Gesprächsprofil ein optimales Abo-Angebot, nur wer hat die Zeit, die unendlich verschiedenen Angebote zu vergleichen? Sämtliche Allfinanzfragen sind heute ebenso komplex: Vorsorgepläne, Steuerbegünstigungen, Versicherungsdeckung, Bonifikationssysteme, all die differenzierten Angebote sind für den Einzelnen nicht mehr zu überblicken.

Ebenso unüberblickbar sind die Produktinnovationen im deutschsprachigen Konsumgütermarkt. Seit 1997 haben diese jährlich um 11 % zugenommen. Nicht gelungen ist hingegen im gleichen Maß die erfolgreiche Einführung der neuen Produkte am Markt. Die **Floprate von Konsumgüterprodukten** stieg in derselben Zeit um 14 % auf sagenhafte 64 % (siehe Abb. 20).

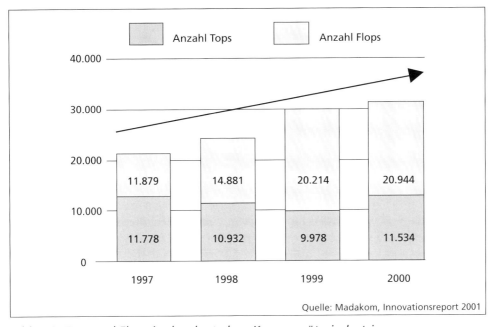

Abb. 20: Tops und Flops in der deutschen Konsumgüterindustrie

Wo auch immer wir hinsehen, multiplizieren sich die Angebote Jahr für Jahr. Und natürlich wollen alle diese Angebote die Aufmerksamkeit des Kunden für sich gewinnen. Die Kunden haben auch allen Grund, sich diese vielen Angebote anzuschauen, denn es lässt sich mitunter viel Geld einsparen oder für dasselbe Geld eine höhere Produktqualität ergattern. Die rationalökonomische Vernunft lässt uns deshalb viel Zeit – meist zu viel Zeit – aufwenden, um Produkte zu vergleichen oder zahllose Dienstleistungsangebote zu studieren.

1.2 Reaktion und Entwicklung: Zeit als kalkulierte Investition

Ökonomisierung als Lebensstil

Kalkulieren ist ein universeller Stil des Lebens geworden. Wir befragen jede Aktivität daraufhin, ob es sich lohnt, Zeit in sie zu investieren. Wir behandeln Zeit auch im privaten Leben immer mehr als Produktionsfaktor, um einen Output hervorzubringen. Die Sensibilisierung für den ökonomischen Wert von Zeit lässt die Frage aktuell werden, wofür wir denn in Zukunft bereit sind, Zeit zu investieren, und wo wir lieber Geld investieren, um Zeit zu sparen. Grundsätzlich werden wir immer weniger bereit sein, für etwas Zeit zu investieren, das auch mit Geld zu kaufen ist. Weshalb sollten wir unsere Kleider selber nähen, wenn wir sie schöner und schneller bei H&M kaufen können? Was für Produkte gilt, ist ebenso relevant für Arbeiten, die wir bisher gratis geleistet haben, die sich aber gegen Bezahlung von jemand anderem machen ließen.

Zeit investieren wir in Zukunft für Dinge, die mit Geld nicht zu kaufen sind. Die menschlichen Grundbedürfnisse sind in Europa weitgehend gedeckt, in wohlhabenden Regionen zunehmend übersättigt. Was bleibt, ist das Bedürfnis nach Selbstverwirklichung, der Wunsch, dem Leben einen Sinn zu geben, das Leben lebenswert zu machen. Wir arbeiten nicht der Arbeit halber, wir konsumieren nicht um des Konsums willen. Wir möchten unsere Lebenszeit mit etwas verbringen, das uns nützlich und sinnvoll erscheint. Wir sehnen uns nach dem Gefühl, bei der Arbeit etwas bewegen und gestalten zu können, wir möchten unsere Kinder zu glücklichen, fähigen und erfolgreichen Menschen machen, wir möchten private oder berufliche Erfolge erleben, Ziele erreichen, die uns stolz machen, etc. Das sind die Dinge, wofür wir künftig bereit sind, Zeit zu investieren. Und wenn sich uns Möglichkeiten bieten, für andere zeitintensive Tätigkeiten Zeitlösungen in Form von Produkten und Dienstleistungen zu kaufen, dann werden wir dies immer konsequenter tun.

Die Nachfrage nach Zeitlösungen wird in allen Lebensbereichen, in jeder Branche gewaltig ansteigen. Dabei wird sich eine radikale Trennung in **zwei Zeitlösungsoptionen** vollziehen:

Beschleunigung: Zeitlösungen, die den Aufwand für alles, was uns Zeit kostet und nichts zu unseren Lebenszielen beiträgt, drastisch reduzieren.

→ Kunden sind bereit, für Beschleunigungslösungen Geld auszugeben.

Entschleunigung: Zeitlösungen, die uns Zeit-Investitionsfelder eröffnen, welche unserer Zeit mehr „Wert" geben.

→ Kunden sind bereit, in Entschleunigungslösungen Geld und Zeit zu investieren.

Beschleunigung und Entschleunigung: Umschichtung der Zeitnutzung in der unbezahlten Arbeit

Unsere täglichen 24 Stunden lassen sich grob in vier Zeitdimensionen einteilen (siehe Abb. 21):
- Zeit für persönliche Bedürfnisse wie Essen, Schlafen und Körperhygiene
- Bezahlte Arbeit
- Unbezahlte Arbeit wie Haushalttätigkeiten, Kinderbetreuung
- Freizeit

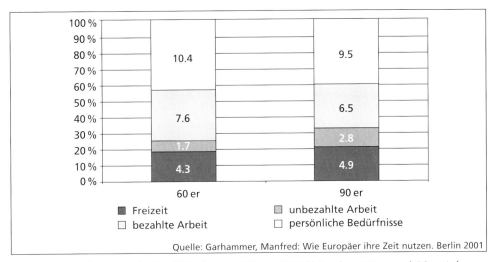

Abb. 21: Zeitbudgets in fünf Nationen (EU und USA) in den 60er und 90er Jahren (Stunden im Schnitt aller Berichtstage)

Effektiv beschleunigt haben wir die Zeit für persönliche Bedürfnisse. Wir schlafen weniger lange als früher, und wir nehmen uns weniger Zeit zum Essen. Als zweiter Beschleunigungsbereich in unserem Zeitbudget böte sich eigentlich die unbezahlte Arbeit an. Jedoch ergeben die statistischen Erhebungen der Zeitbudgets in verschiedenen Ländern, dass gerade dieser Teil unserer täglichen Zeit seit den 60er Jahren angewachsen ist. Die täglich anfallende unbezahlte Arbeit hat sich von den 60er Jahren bis in die 90er Jahre von 1,7 Stunden auf 2,8 Stunden erhöht (Garhammer, 2001). Dieser auf den ersten Blick verwirrende Sachverhalt lässt sich damit erklären, dass innerhalb der Zeit für unbezahlte Arbeit eine Verschiebung stattgefunden hat.

Routinetätigkeiten wie Kochen, Putzen und Waschen haben sich deutlich reduziert – dank moderner Haushaltsgeräte, Serviceangeboten und Convenience-Produkten. Für diese Tätigkeiten lohnt sich der Zeiteinsatz immer weniger und es gibt käufliche „Zeitlösungen". Hauptgrund dieser Zeitreduktion ist der Anstieg der Anzahl berufstätiger Frauen.

Mit dem Anstieg der Erwerbsquote der Frauen hat sich die Sensibilität für den Wert der Zeit unbezahlter Arbeit gerade auch bei Frauen verstärkt. Die Konsequenz ist, dass der unbezahlte Zeitaufwand zu Hause für Routinetätigkeiten so stark wie möglich reduziert wird oder, wenn man sich das leisten kann, zeitintensive Aufgaben zu Hause an Drittpersonen weitergegeben und entsprechend entschädigt werden. Die Hausfrau als unbezahlte Freizeitputz- und -kochfrau gibt es immer weniger. Alleine in den letzten zwölf Jahren „verschwanden" in der Schweiz gut 300.000 Hausfrauen (siehe Abb. 22)!

	Hausfrauen	Erwerbspersonen w
1990	628.000	1.440.000
2002	323.000	1.847.000

Quelle: BFS 2003/4

Abb. 22: Nominale Veränderung der Beschäftigungssituation der Frauen in der Schweiz

Nicht nur die generelle Erwerbstätigkeit von Frauen steigt kontinuierlich an, sondern insbesondere auch die Anzahl der Frauen mit Kindern, die gleichzeitig arbeiten (siehe Abb. 23). Für diese Gruppe verschärfen sich die Engpässe im täglichen Zeitbudget ganz besonders.

Zeit wird dort gespart, wo es sich am meisten lohnt. Gemäß der 1991/1992 in Deutschland durchgeführten Zeitbudgeterhebung ist die Mahlzeitenzubereitung der bedeutendste Zeitfresser innerhalb der gesamten unbezahlten Arbeit. 28,7 % der von den Frauen insgesamt täglich geleisteten fünf Stunden unbezahlter Arbeit gehen dafür drauf. Die Wohnungsreinigung als zweitgrößter Zeitkiller beansprucht 15,7 %, gefolgt von der Wäschepflege (13 %) und der Kinderbetreuung (9 %) (Statistisches Bundesamt, Frauen in Deutschland,1998). Es sind denn auch deutliche Zusammenhänge zwischen der Erwerbsquote von Frauen und Zeitlösungen in diesen Bereichen festzustellen.

1 Konsum-Megatrend Zeit

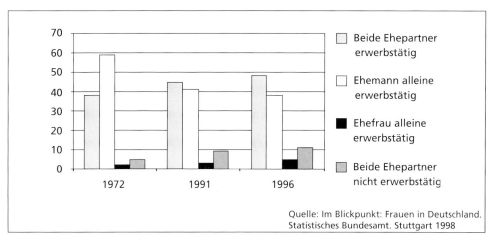

Abb. 23: Ehepaare nach der Erwerbstätigkeit der Ehepartner mit Kindern (ohne Altersbegrenzung)

Bezüglich Mahlzeitenzubereitung hat das deutsche Marktforschungsinstitut GfK den Zusammenhang zwischen Pro-Kopf-Verbrauch an Tiefkühlkost und der Beschäftigungsquote der Frauen für verschiedene europäische Länder nachweisen können (siehe Abb. 24). Das einfache Fazit: Je höher die Beschäftigungsquote der Frauen, desto höher der Pro-Kopf-Verbrauch an Tiefkühlkost.

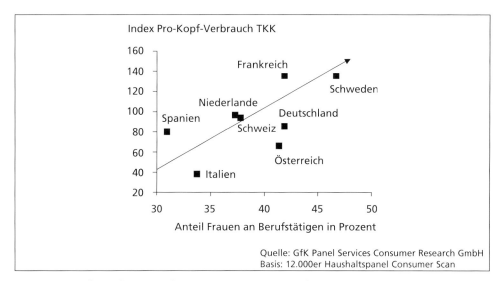

Abb. 24: Einfluss der Erwerbsquote von Frauen auf den Verbrauch pro Kopf an Tiefkühlkost

Was wir dank effizienter Haushaltung an Zeit einsparen können, müssen wir leider heute zu einem großen Teil in **neue unbezahlte Arbeiten** investieren. Die Privatisierung vieler ehemals öffentlicher Dienstleistungen bringt neuen Zeitstress. Die Logik der privaten Anbieter (Telecom, Strom, Paketdienste etc.) verlangt eine Abschiebung arbeitsintensiver Teilprozesse auf den Konsumenten. Reduzierte Filialnetze, Selbstbedienung und Selbstkonfigurierung von Angeboten (z. B. Versicherungen) verlangen von den Kunden massive Zeitaufwendungen. Diese neuen Aufgaben werden wir künftig ebenfalls beschleunigen wollen. Leider fehlen heute dazu noch oft käufliche Zeitlösungen.

In anderen Bereichen der unbezahlten Arbeit sind wir jedoch bereit, mehr Zeit zu investieren, unsere Zeit zu entschleunigen. Es sind dies Tätigkeiten, die uns einen Nutzen bringen, den wir mit Geld nicht kaufen können; Tätigkeiten, die uns Glück, Anerkennung, Selbstvertrauen oder Identitätsgewinn bringen, wie zum Beispiel Kinder und Wohnen.

Kindererziehung ist für viele Eltern zu einer professionalisierten Tätigkeit geworden. Kinder sind zum Mittelpunkt der Familie geworden. Ihre Entwicklung wird in Hinblick auf ihre Zukunft intensiv gefördert. Kinder wachsen nicht mehr selbstverständlich in einem Netz von Geschwister- und Nachbarschaftsbeziehungen auf. Damit erhält Erziehung einen neuen Aufmerksamkeits- und Arbeitscharakter. Als Beispiel der Intensivierung der Kinderbetreuung sei diese Zahl erwähnt: Immer mehr Kinder werden (meist) mit dem Auto zur Schule begleitet. Zwischen 1971 und 1991 ist der Anteil der siebenjährigen Kinder in England, die allein zur Schule gingen, von 70 % auf 7 % zurückgegangen (Garhammer 2001, S. 394).

Wohninszenierung und Haushaltsmanagement ist für viele eine Möglichkeit geworden, ihren individuellen Lebensstil zu präsentieren. Wenn Männer zu passionierten Heimwerkern oder Hobbyköchen werden, dann in aller Regel nicht, um Geld zu sparen. Frauen, die sich jedes Jahr mit einer neuen Inneneinrichtung und Farbgebung der Wohnung auseinander setzen, tun dies nicht aus funktionaler Notwendigkeit. Das private häusliche Umfeld ist zum Tummelplatz der Selbstinszenierung geworden, zur Identitäts-Werkstatt für viele, denen dies im Beruf nicht möglich ist.

1.3 Konsequenz für Foodmärkte: Schneller und langsamer

Schneller einkaufen, schneller kochen, schneller essen

Die täglichen Mahlzeiten beinhalten noch immer ein großes Rationalisierungspotenzial – das größte Beschleunigungspotenzial aller unbezahlten Arbeiten, wie oben dargelegt. In Deutschland protokollierten Erwerbstätige 1991/92 gegenüber 1965 eine Viertelstunde weniger Zeit für das Essen zu Hause. Daselbst hat sich der Absatz von Tiefkühl-Produkten von 1987 bis 1997 verdoppelt (Garhammer 2001, S. 383). Dazu hat neben dem Anstieg der Einpersonenhaushalte ein anderer Umgang mit der Zeit beigetragen. Mahlzeiten werden schneller zubereitet und sind seltener mit festen Tageszeiten verknüpft. Berufstätige Frauen müssen das Kochen ökonomisieren, mit vorgefertigten Produkten (Convenience-Produkte) und technologischer Unterstützung in der Küche und bei der Zubereitung (Kühlschrank, Backofen, Mikrowelle, Steamer). Eine Umkehr dieser Entwicklung ist nicht auszumachen, im Gegenteil. Verglichen mit den USA oder Großbritannien stehen wir im deutschsprachigen Europa noch ganz am Anfang der Convenience-Welle.

Wir geben immer mehr Geld aus für die Ernährung außer Haus. Die Notwendigkeiten wie auch die Rahmenbedingungen dafür sind günstig:
- Das verfügbare Einkommen der privaten Verbraucher steigt (in Deutschland) seit Mitte des letzten Jahrhunderts stetig an.
- Wir sind häufiger unterwegs, geschäftlich wie privat, zu unterschiedlichsten Zeiten.
- Die Verkleinerung der Haushalte sowie die wachsende Anzahl berufstätiger Frauen führt dazu, dass fürs Essen zu Hause immer weniger Zeit aufgewendet wird.
- Kinder versorgen sich heute bereits in jungem Alter selber. Schulkantinen, Kioske, aber auch Fast-Food-Restaurants erlauben es Kindern und Jugendlichen heute, sich unkompliziert selber zu versorgen.

Laut Erhebungen der ZMP (Zentrale Markt- und Preisberichtstelle für Erzeugnisse der Land-, Forst- und Ernährungswirtschaft GmbH) essen heute 76 % der Befragten im Durchschnitt mindestens einmal während 12 Wochen außer Haus. Im Vergleich dazu waren es im Jahr 1991 erst gut 65 %. Ansteigend ist die Verzehrhäufigkeit insbesondere in der Handelsgastronomie, in der Verkehrsgastronomie und bei Bringdiensten/Home Delivery. Auch wenn das Gesamtvolumen dieser Kanäle noch immer einen kleinen Teil aller Foodausgaben außer Haus ausmacht, ist hier die größte Dynamik sichtbar. Denn diese Kanäle bieten echte Zeitlösungen, sie machen es möglich, gleichzeitig zu essen und einzukaufen, von A nach B zu gelangen und dabei noch satt zu werden oder aber im Büro zu arbeiten und eine Pizza zu verschlingen.

> **MERKE!**
>
> **Sich zu ernähren wird immer mehr eine Angelegenheit, die gleichzeitig mit anderen Beschäftigungen wahrgenommen wird.**

Vom Massenmarkt zur Masse an Märkten

Die Folge ist ein dramatischer Anstieg von Orten, an denen wir Essen kaufen können (siehe Tab. 7). Neben dem stetigen Ausbau von Imbiss- und Convenience-Formaten an Hochfrequenzstandorten wie Bahnhöfen oder Flughäfen werden neue Orte der Verpflegung entstehen, überall dort, wo wir uns im Tagesverlauf längere Zeit oder regelmäßig aufhalten. In einer Befragung von 225 Lebensmitteleinzelhändlern und Produzenten in ganz Europa, durchgeführt von Cap Gemini Ernst & Young 2001, gaben 67 % der Befragten den Convenience-Formaten die besten Wachstumschancen aller Foodformate. Aber dabei wird es nicht bleiben, wie Jan Andreae, Executive Vice President von Royal Ahold, meint: „In the saturated markets you will see two trends. First, there is an increasing movement towards the customer, for example, with convenience stores and home delivery. Secondly, superstores and foodservice will grow towards each other. However, it is also relevant to focus on new initiatives within stores, such as offerings in financial services." (Grievink, o.J.)

Lebensmitteleinzelhandel und Foodservice werden zu Meal-Shops verschmelzen, zu Foodformaten, die Esslösungen für jede Gelegenheit bieten. Die interessante Frage ist, wer diese Meal-Shops erfolgreich lancieren wird, die Systemgastronomie oder der Lebensmitteleinzelhandel. Erste Initiativen sind von beiden Seiten zu verzeichnen. Der Caterer Compass Groupe operiert mit den Shopformaten Upper Crust, Café Ritazza und StopGap, der Lebensmitteleinzelhändler Ahold mit seinen Meal-Shops unter dem Namen „AH to Go". McDonald's betreibt Restaurants in einigen Wal-Mart-Läden. Daneben steigt das Angebot an Fertigmahlzeiten bei Lebensmitteleinzelhändlern an – Mahlzeiten, die zu Hause nur noch aufgewärmt zu werden brauchen. Die Unterschiede zwischen der Essenszubereitung in einem Restaurant, bei einem Caterer, in Foodservice-Unternehmen oder im Supermarkt verschwinden zusehends.

Tab. 7: Lebensmittel-EZH POS versus Convenience POS

	1998	1999
Lebensmitteleinzelhandel DE		66.400
Aldi		3.388
Total LEH-POS		**69.788**
Tankstellen	16.740	
Autobahn-Tankstellen	326	
Kioske	18.140	
Bahnhofs-Flughafengeschäfte	4.000	
Bäckereien (Handelsware)	27.870	
Saisonkioske	3.940	
Getränkefachmärkte	9.380	
Kantinen	25.000	
Videotheken	5.500	
Kinos	4.270	
Automaten	350.000	
Tabakwarenläden	6.500	
Total Convenience-POS ohne Automaten	**121.666**	
Automaten	350.000	
Total Convenience-POS	**471.666**	

Quelle: Zahlen LZH AC Nielsen, Zahlen Convenience-POS EHI

Und letztendlich werden wir in Zukunft eine immer stärker werdende Konvergenz von Food- und Nonfoodangeboten beobachten können; Instant-Essen überall dort, wo wir uns gerade befinden, in dem Moment, wenn wir hungrig sind. Wir werden Kombinationen erleben, die wir uns heute noch gar nicht vorstellen können; weshalb nicht in einer Bank essen, Lebensmittel in der Bibliothek oder im Fußballstadion kaufen oder Tiefkühlmenüs im Kino beziehen und mit nach Hause nehmen (vgl. Teil I, Kapitel 3 „Konvergenzen")? Die potenziellen POS für Food werden sich vervielfachen.

Langsam, langsam

Wir wollen nicht immer Zeit sparen, wenn's ums Essen geht. Immer dann, wenn eine Aktivität rund um das Essen einen emotionalen Mehrwert schafft, wenn Essen uns glücklich machen kann oder wenn wir uns mit Essen, dem Wissen über bestimmte Produkte wie beispielsweise Weine oder Käsesorten, auszeichnen können, dann sind wir gerne bereit, Zeit zu investieren. Wir entschleunigen absichtlich,

wenn wir uns von der Aktivität einen **unbezahlbaren Mehrwert** erhoffen. Das kann in vielen Foodsituationen der Fall sein. Hier einige Beispiele. Wir entschleunigen, wenn wir:
- soziale Kontakte während des Essens pflegen möchten, z. B. mit Freunden und Familie essen,
- Lebensmittel einkaufen, um unter die Leute zu kommen, Nachbarn zu treffen,
- uns beim Einkaufen von frischen, exotischen, einzigartigen Produkten überraschen lassen möchten,
- neue Esskulturen kennen lernen wollen,
- uns neue, spezielle Kochtechniken aneignen (z. B. Sushi rollen),
- einzigartige Geschmackserlebnisse erleben wollen,
- Freunde oder Familie mit speziellen Essarrangements oder Esseinladungen überraschen.

Dies alles sind Situationen, in denen es nicht primär darum geht, satt zu werden. Nahe liegend deshalb auch unsere Prognose, dass es in Zukunft nicht in erster Linie darum gehen wird, den Kunden in solchen Situationen lediglich Nahrungsmittel zu verkaufen. Wer sein Herz an die asiatische Küche verloren hat, möchte vielleicht auch auf einem Futon schlafen, chinesisches Porzellan erwerben, ein Fotobuch über die Mandschurei kaufen, Ferien in Thailand buchen. Oder der enthusiastische Hobbykoch möchte seine Freunde nicht nur mit speziellen Speisen verwöhnen, sondern auch mit einer ausgefallenen Weinkaraffen-Sammlung beeindrucken. Und letztlich möchte die passionierte Griechenland-Enthusiastin ihren Feta nicht im Supermarkt, sondern beim Griechen ums Eck einkaufen.

Alle diese Kunden suchen nicht Produkte, sondern Atmosphäre, eine Lebensphilosophie, kulturelle Bereicherung oder gesellschaftliche Anerkennung und Zugehörigkeit.

2 Konsum-Megatrend Gesundheit

Ursachen

Hedonismus: Das Leben soll man genießen können

zunehmende Selbstverantwortung und Gestaltungs-möglichkeiten für Erfolg/Misserfolg

Individualisierung: Gesundheit als Basis des persönlichen Erfolgs

Gesundheit steigert den Wert der Ich-AG

Reaktion

Gesundheit wird zu einem dominanten Konsummotiv

Entwicklung

Kunde sucht gesundheitlichen Mehrwert in allen Produkten und Dienstleistungen

z. B.
- Food
- Tourismus
- Information
- Weiterbildung
- Einrichtung
- Hygiene
- Textil

Konsequenzen für die Foodmärkte

- Bedürfnis nach gesundem Essen ist allgegenwärtig
- Gesundheit und Food spielen sich in zwei Märkten ab: im Krankheits- und im Gesundheitsmarkt.
- Die Kaufmotive der Kunden sind in beiden Märkten unterschiedlich.
- Ein Produkt oder eine Dienstleistung kann nur in einem der beiden Märkte positioniert sein.
- Für den Food-Krankheitsmarkt gilt: Programm statt Produkt.
- Für den Food-Gesundheitsmarkt gilt: Produkt *als Wirkung*, nicht Produkt mit *Wirkung*.

Quelle: Eigene Darstellung

Abb. 25: Zusammenfassung Konsum-Megatrend Gesundheit

Der Stellenwert von Gesundheit ist in der heutigen Gesellschaft so hoch wie nie zuvor (siehe Abb. 26). Gesundheit zieht sich als Thema durch alle Lebensbereiche und fließt damit automatisch in Konsumentscheidungen ein. Gesundheit ist dabei ein von allen Seiten akzeptiertes Kaufmotiv, ein gesellschaftlich anerkannter Wert. Sowohl sich wie auch gegenüber anderen sind die zusätzlichen Ausgaben für die teuren Wellnessferien mit dem Argument „Gesundheit" besser zu vertreten als zum Beispiel mit dem Hinweis auf das Prestige der teuren Wellnessoase. Gesundheit als Kaufmotiv entlastet das Gewissen bei Shoppingexzessen. Entweder kaufen wir gesunde Sachen, oder aber Shopping „tut uns gut" und ist damit letztlich Teil einer umfassenden „Gesundheits- und Glücksvorsorge". Der Konsum an sich wird zur Medizin und legitimiert sich in einer individualisierten, auf die eigene Gesundheit und Leistungsfähigkeit fokussierten Gesellschaft.

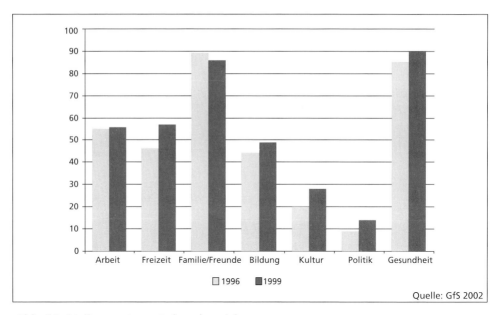

Abb. 26: Stellenwert von Lebensbereichen

Gründe genug, diesen Megatrend „Gesundheit" genauer zu analysieren. Verantwortlich dafür, dass Gesundheit in der gesellschaftlichen Wahrnehmung immer wichtiger wird, ist unserer Meinung nach die anhaltende Drift in eine hedonistisch und individualistisch geprägte Gesellschaft.

2.1 Ursachen: Weshalb Gesundheit immer wichtiger wird

Hedonismus

Wir leben nach der Ethik des Hedonismus. Das Streben nach Glück, Genuss und Lustgewinn ist die Triebfeder des menschlichen Handelns. Immer mehr Menschen sehen es beispielsweise als legitimes Lebensziel, schnell reich zu werden und dann nicht mehr zu arbeiten, dafür aber das Leben zu genießen, sich vielleicht ein Kind zuzulegen – quasi als „Lifestyle-Accessoire" – und in der verbleibenden zweiten Lebenshälfte nur noch nach dem Lustprinzip zu leben. Glück und Genuss sind scheinbar zu moralisch legitimierten Maximalzielen geworden und haben der protestantischen Arbeitsethik den Laufpass gegeben. Wir leben nicht mehr, um zu arbeiten, sondern wir arbeiten, um zu leben.

In diesem Übergang von einer modernen Leistungsgesellschaft in eine postmoderne Genusskultur erhält Gesundheit einen zentralen Stellenwert. Nur wer gesund ist, oder sich gesund fühlt, kann das Leben genießen und umgekehrt trägt Genuss zur Gesundheit bei. Wenn es um Gesundheit geht, versteht sich der Mensch von heute nicht nur als Körper, sondern als eine psychosoziale Ganzheit, die **Lebensgenuss durch Gesundheit** und **Gesundheit durch Lebensgenuss** erwartet. Das Gesundheitsverständnis weitet sich damit aus.

Individualisierung

Am nachhaltigsten beeinflusst die anhaltende Individualisierung der Gesellschaft den Gesundheitskonsum. Was ist uns heute wichtiger als wir selbst? Wofür geben wir mehr Geld aus als für uns selbst? Die Investitionen in die eigene Person nehmen laufend zu. Aus- und Weiterbildung, Outfit und Selbstdarstellung und natürlich Förderung und Verbesserung der Gesundheit beanspruchen einen immer größeren Anteil unserer Ressourcen. Kein Wunder, dass wir für uns selbst so viel Geld und Zeit ausgeben. Denn uns sind die alternativen Investitionsfelder abhanden kommen. Institutionen, Ordnung stiftende Einbettungen wie Religion oder Staat verlieren zusehends an Bedeutung. Die Kirche sorgt nicht mehr für Amt und Würde, und der Militärdienst verhilft nicht zu beruflichem Erfolg oder gesellschaftlicher Anerkennung. Auch traditionelle Sozialformen zerfallen, soziale Klassen werden unbedeutend, religiöse Gemeinschaften verlieren Anhänger, und die traditionelle Familie wird durch neue Formen des Zusammenlebens abgelöst.

In der heutigen pluralisierten Gesellschaft, in der niemandem mehr eine klare Lebenslaufbahn vorgeschrieben ist, wird konsequenterweise jeder Einzelne seines Glückes Schmied – ob er will oder nicht. Je mehr jeder Einzelne für seinen Erfolg im Leben verantwortlich ist, desto mehr wird er auch in sich selbst, in die eigene Person investieren.

Unsere These lautet: Das Individuum wird zum wichtigsten Investitionsobjekt des 21. Jahrhunderts.

Die Investitionsschwerpunkte werden sein:
- Aus- und Weiterbildung
- berufliche und private Netzwerke und natürlich
- Gesundheit.

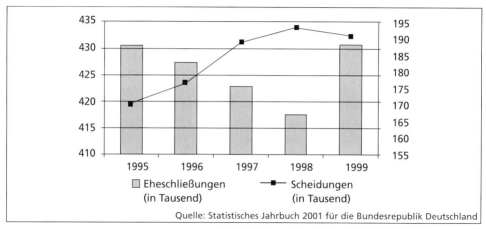

Abb. 27: Eheschließungen und Scheidungen in Deutschland 1995-1999

MERKE!

In der Konsequenz der individualisierten Gesellschaft wird die eigene Person zum lohnendsten Investitionsobjekt. Und damit sich diese Investition rechnet, muss eine Voraussetzung sichergestellt sein: die eigene Gesundheit.

Neue Standards von Gesundheit

Gesundheit wird machbar – Krankheit zu einer Folge von individuellem Fehlverhalten. Das ist die Konsequenz der Fortschritte und Erfolge in der modernen Medizin. Die Messlatte für Gesundheit kommt immer höher zu liegen. Wer mit dreißig Jahren einen Herzinfarkt in den nächsten zwanzig Jahren diagnostiziert bekommt und die angebotene medikamentöse Prävention (aus welchem Grund auch immer) nicht mitmacht, darf kein Mitleid erwarten, wenn es ihn dann mit fünfzig wirklich erwischt. Haarausfall ist nicht mehr ein Leiden, das viele Männer in der Mitte des Lebens befällt, sondern ein vermeidbarer biologischer Prozess. Dagegen gibt es nämlich Medikamente, die den Haarausfall als Krankheit ins letzte Jahrhundert verbannen. Auch nachlassende Potenz ist nicht mehr ein tabuisiertes Leiden in der späten Lebensblüte, sondern ein mit Medikamenten wie Viagra vermeidbares Handicap.

Natürliche körperliche und geistige Einschränkungen, mit denen jeder – spätestens mit zunehmendem Alter – zu kämpfen hat, werden zu Krankheiten, sobald es dafür „Heilung" gibt. Wenn wir mit einer Pille schöner, gesünder, leistungsfähiger oder intelligenter werden können, dann bewegen wir uns ohne Pillen bereits im Bereich der Krankheit respektive der nicht optimierten Gesundheit.

Jedes neue Medikament, jeder medizinische Fortschritt schafft neue Krankheiten. Was gestern noch als gesund galt, ist heute bereits eine Krankheit. Als Krankheiten gelten deshalb künftig auch Alter, Hässlichkeit und natürliche Leistungsgrenzen/natürlicher Leistungsabbau. Denn das Idealbild in Wirtschaft und Gesellschaft ist noch immer die von den Medien dominant präsentierte makellose Jugend. Abweichungen von diesem Idealbild gelten immer mehr als „krank". Das Fazit: Je höher der gesellschaftliche Standard für Gesundheit wird, desto unerbittlicher bestraft die Gesellschaft Menschen, die darauf nicht reagieren können oder reagieren wollen. Die Kehrseite: Kaum jemand vermag dem Idealbild des gesunden, jugendlichen Menschen zu entsprechen. Nicht erst ältere Menschen erfahren dieses Defizit, sondern in alarmierender Weise jüngere Menschen. Der Schlankheitswahn und die enorme Zunahme von Essstörungen sind Zeugnis dafür. Das Ausmaß dieses kompetitiven Drucks in der Gesellschaft zeigt sich beispielsweise in der Unzufriedenheit junger Menschen mit ihrem Körpergewicht (siehe Abb. 28).

Parallel dazu wird die Bewertung von Krankheit und Gesundheit, insbesondere die Bewertung von so genannten Zivilisationskrankheiten immer unerbittlicher. Wenn wir uns dazu die medial vermittelten Standards des idealen Körpers vorstellen, ist es kein Wunder, dass beispielsweise Übergewicht immer weniger gesellschaftliche Akzeptanz findet. Ein Beispiel aus der Schweiz verdeutlicht dies:

Auf Sparmöglichkeiten im Gesundheitswesen angesprochen, schlugen 2001 51 % der befragten Schweizerinnen und Schweizer vor, bei Beschwerden infolge von Übergewicht den Patienten einen höheren Selbstbehalt und/oder gar die Selbstübernahme der Behandlungskosten abzuverlangen. Nur Alkoholiker wurden noch härter abgeurteilt.

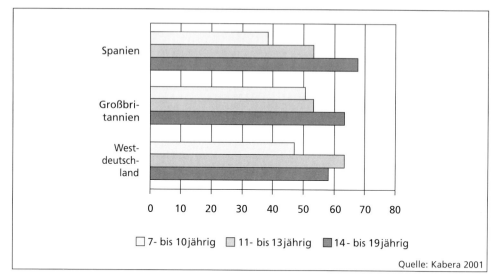

Abb. 28: Prozentsätze der Mädchen, die lieber dünner sein wollen

Frage: „Ich nenne Ihnen im Folgenden ein paar Behandlungssituationen, für welche Kosten entstehen. Bitte sagen Sie mir bei jeder, wann Ihrer Ansicht nach der Betroffene selbst vollumfänglich die Leistungen bezahlen sollte, oder wann der Betroffene durch einen höheren Selbstbehalt einen Teil der Kosten übernehmen sollte." (Quelle: GfS Forschungsinstitut repr. Bevölkerungsbefragung Schweiz, 2001)
- Schlechte Compliance von Alkoholikern 61 % (höherer Selbstbehalt)
- Beschwerden infolge Übergewicht 51 % (selber bezahlen und/oder höherer Selbstbehalt)
- Ungewollte Kinderlosigkeit 46 % (selber bezahlen und/oder höherer Selbstbehalt)
- Schlechte Compliance von Zuckerkranken 44 % (höherer Selbstbehalt)
- Beschwerden, die durch Stress verursacht sind 38 % (selber bezahlen und/oder höherer Selbstbehalt)
- Ungewollte Schwangerschaft 36 % (selber bezahlen und/oder höherer Selbstbehalt)

Übergewicht wird momentan gesellschaftlich stärker geächtet denn je. Die Intoleranz gegenüber dicken Menschen wird sich unserer Meinung nach in ähnlichem Maß entwickeln wie wir das heute beim Rauchen erleben. Allerdings wird auch eine gegenteilige Entwicklung sichtbar: Je mehr Menschen übergewichtig sind, desto weniger fällt Übergewicht auf. Während früher dicke Kinder von den normalgewichtigen Kindern gehänselt wurden, könnte in Zukunft schon bald das Gegenteil der Fall sein: Die Normalgewichtigen werden zur Ausnahme. So ist momentan nicht abschließend vorauszusagen, wie sehr Übergewicht in Zukunft sozial geächtet oder eben in gegenteiliger Weise integriert wird.

Überalterung der Gesellschaft

Eine der momentan am schnellsten wachsenden Bevölkerungsgruppen sind die über 80jährigen. Ihre Zahl hat sich in der Schweiz zwischen 1950 und 1999 vervierfacht. Am zweitschnellsten wächst die Altersgruppe der über 64jährigen mit einer glatten Verdoppelung in den letzten fünfzig Jahren. Das heißt nun nicht, dass die Menschen immer älter werden, denn schon vor hundert Jahren erreichten Menschen dieses Alter, nur – heute werden immer mehr Menschen so alt. Achtzigjährige sind immer weniger eine Ausnahmeerscheinung, sondern die Normalität. Wer heute geboren wird, hat potenziell einige Jahrzehnte mehr „Leben" vor sich als jemand, der noch vor hundert Jahren geboren wurde. In Deutschland sieht die demografische Entwicklung analog aus. Die Bevölkerungsgruppe der 60- bis 65jährigen und über 65jährigen wächst deutlich am schnellsten (siehe Abb. 29).

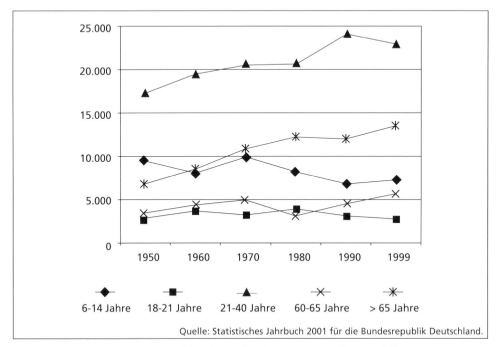

Abb. 29: Bevölkerung Deutschlands nach Altersgruppen (Auswahl)

Gleichzeitig kommen in den westlichen Industrienationen immer weniger Kinder zur Welt. 1950 lag die durchschnittliche Geburtenrate in den industrialisierten Regionen bei 2,84 Kinder pro Frau. 1990 belief sich diese auf 1,89 Kinder. Für das Jahr 2020 schätzen die Vereinten Nationen einen weiteren Rückgang auf 1,76 Kinder (United Nations, 1991).

Etwa im Jahr 2010 wird ein Viertel der schweizerischen Bevölkerung 65 Jahre und älter sein. Heute macht diese Gruppe gerade mal 15,5 % der Bevölkerung aus. Die Vergreisung der Gesellschaft ist der bedeutendste und alles dominierende Faktor des zukünftigen Gesundheits- und Krankheitsmarktes. Und dies hat vielfältige Folgen für das Thema Ernährung im Alter.

Während früher die Zielsetzung der Medizin darin bestand, Leben zu verlängern, steht heute im Vordergrund, die Lebensqualität so lange wie möglich auf einem hohen Niveau zu halten. Dazu bedarf es nicht nur der Hilfe der Medizin. Auch viele Umweltfaktoren und insbesondere die Ernährung spielen dabei eine bedeutende Rolle. Spätestens bei den ersten Alarmzeichen bezüglich der Cholesterinwerte wird vielen Menschen bewusst, dass der Körper letztlich so gesund ist wie er isst. Das Bewusstsein für die Bedeutung einer gesunden, ausgewogenen Ernährung nimmt mit zunehmendem Alter zu. Aber auch die Schwierigkeiten, sich gesund zu ernähren, nehmen zu. Immer mehr alte Menschen leben alleine. Da macht Kochen oder auch Einkaufen keinen Spaß mehr oder ist gar aufgrund physischer Beeinträchtigung nicht mehr alleine zu bewältigen. Auch finanzielle Restriktionen beschränken die Möglichkeiten, sich ausgewogen und gesund zu ernähren.

Ältere Menschen essen nicht alleine aus gesundheitlichen Gründen anders als junge Menschen. Viele Faktoren bestimmen das Ernährungsverhalten von Senioren. Nicht außer Acht lassen darf man beispielsweise das Thema Genuss. Interessanterweise ist Essen wie Sexualität mit einer starken hedonistischen und Genussdimension verbunden, die Menschen zu entsprechendem Verhalten motivieren. Essen gehört zu den wichtigsten Aktivitäten des Menschen, die ihm Genuss verschaffen, und steht in Deutschland an vierter Stelle der Genusshierarchie. Mit zunehmendem Alter wird Essen gar höher eingestuft zu Lasten ursprünglich höher eingestufter Genüsse wie Flirten, Sex und Liebe.

Genuss und Gesundheitsaspekte bilden gerade bei älteren Konsumenten ein starkes Spannungsfeld, dessen sich „gesunde" Angebote bewusst sein müssen. Einige weitere Faktoren des Alters und deren Konsequenzen auf das Ess- und Ernährungsverhalten haben wir in Tabelle 8 aufgeführt:

Tab. 8: Dimensionen des Alterungsprozesses sowie Implikationen für Essverhalten/-bedürfnisse (Darstellung b&f concepts):

Dimensionen Alterungsprozess	Neue Ess- und Ernährungsbedürfnisse und -verhalten
Abnehmende physische und psychische Leistungsfähigkeit	Leistungserhaltung, Power Food
Ausscheiden aus dem Beruf	Ersatz für die soziale Verzehrumgebung „Kantine"
Partieller Rückzug aus sozialen Rollen (z. B. Arbeitskollege, fürsorgverpflichtete Mutter, Vater)	Essen nach Lust und Laune ohne Rücksicht auf andere
Verschlechterung des Gesundheitszustands	Diätetischer Fokus auf die neuen Leiden/Risiken
Abnehmende Anpassungsbereitschaft	Bewährtes und Bekanntes (Produkte, Marken, Zubereitungsarten, Küchengeräte)
Verlust von Bezugspersonen	Mit-Esser gesucht. Unlust, für sich selbst zu kochen
Abnehmende Bedeutung von Körperkriterien für soziale Anziehungskraft	Genießen
Abnehmende Mobilität	Essen (kaufen, verzehren) in der Nähe
Verändertes individuelles Zeitbudget	Informieren sich besser, vergleichen mehr, wissen mehr über Food-Angebote (Preis, Qualität, Exklusivität)

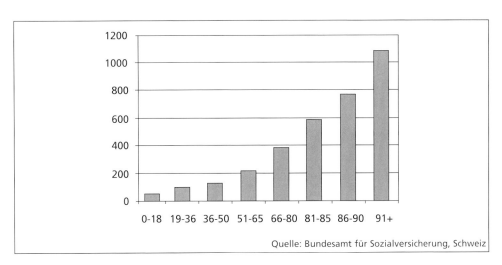

Abb. 30: Bruttokosten pro Versicherungsmonat in Franken nach Altersgruppen (Schweiz 2000)

Jugend bewahren

Gesundheit, Wohlbefinden und Leistungsfähigkeit werden dank neuestem medizinischen Wissen und technischen Fortschritten zunehmend als machbar empfunden. Das Alter mit seinen leidigen Nebenerscheinungen wird damit immer mehr zu einer Krankheit, die ältere Menschen mit allen Mitteln vermeiden möchten. Sie wollen jung sein und jung aussehen – mindestens so jung, wie sie sich fühlen. Medizinische Fortschritte und ein verändertes Gesundheitsbewusstsein, mehr Bildung sowie ein höherer Lebensstandard sorgen dafür, dass die Menschen mindestens ein Drittel ihres Lebens als Ältere verbringen. Im Vergleich zu früheren Generationen werden sie chronisch älter, aber subjektiv empfinden sie sich jünger, auch gerade hinsichtlich ihrer Leistungsfähigkeit. Die Älteren halten sich für jünger, sie sehen jünger aus, sind hinsichtlich ihrer Gesundheit, ihrer Selbstständigkeit und Kompetenz jünger und vitaler als frühere Generationen. Im gleichen Maß, wie die Gesellschaft älter wird, machen sich die Menschen „jünger".

Für die große, selbstbewusste Konsumentengruppe der Babyboomer, die jetzt mit ersten Altersgebrechen zu kämpfen hat, muss Alter künftig vor allem eines sein: angenehm. Sie wollen sich in ihren Körpern wohl fühlen, sich weiterhin amüsieren können und all das genießen, was sie sich im Verlaufe ihres Lebens erarbeitet haben. Ein alternder Körper ist da ein Hindernis, jedoch ein vermeidbares: Plastische Chirurgie, Faltencremes, Anti-Aging-Kuren und Hormontherapie schaffen bereits heute Linderung, und die Gentechnik verspricht gar das ewige Leben. Die Ablehnung gegenüber der medizinischen Gentechnik wird wohl bald abnehmen, wenn damit ein paar zusätzliche, beschwerdefreie Jahre möglich werden.

Der Kampf gegen das Alter und die damit verbundene Nachfrage im Gesundheitsmarkt ist aber nicht nur – wie man fälschlicherweise annehmen könnte – eine Sache für ältere Menschen. Denn der Alterungsprozess beginnt schon in der Jugend. Deshalb ist es quasi nie zu früh, sich gegen das Altern zu wehren. Verschärft wird diese Entwicklung mit den zunehmend besseren Diagnosemöglichkeiten.

MERKE!

Zukünftige Krankheiten und Krankheitsdispositionen lassen sich immer früher voraussagen, was nicht nur ein Segen, sondern auch das Verdikt für eine lebenslange Prävention sein kann.

Jugend ist machbar, Alter vermeidbar – davon sind die Prediger der Lebensverlängerung überzeugt. Nur: Man muss in der Jugend damit beginnen. Dieses Bewusstsein dringt immer mehr in die Gesamtbevölkerung. Wellnessferien oder Kuren sind schon lange nicht mehr die Domäne alter Menschen, und was die Schönheit betrifft, ist niemand zu jung, sich jung zu erhalten. Gemäß der amerikanischen Gesellschaft der plastischen Chirurgen haben sich im Jahr 2000 rund 30 000 US-Teenager unters Messer von Schönheitschirurgen gelegt. Nicht die über 50jährigen (22 %), sondern die 35- bis 50jährigen (43 %) sind die größte Gruppe Menschen, die sich in den USA einer Schönheitsoperation unterziehen, gefolgt von den 19- bis 34jährigen (26 %).

Im Bereich Wellness sieht es ähnlich aus. Längst haben auch jüngere Menschen die Annehmlichkeiten von Wellnesshotels entdeckt. Gemäß einer groß angelegten Studie der Universität Bern 1999 sind 55 % aller Wellnessbesucher in der Schweiz jünger als 50 Jahre (siehe Abb. 31).

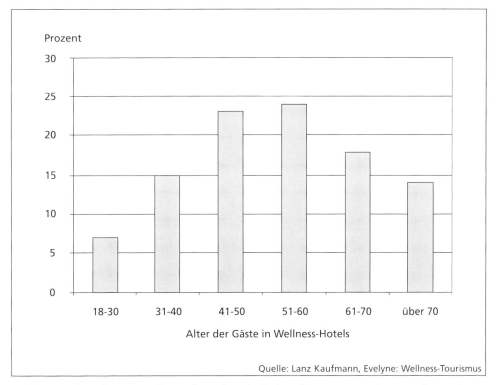

Abb. 31: Alter der Gäste in Wellnesshotels (Schweiz, prozentuale Verteilung der Gruppen)

Aber: Nicht nur immer mehr junge Menschen machen das, was bisher eher eine ältere Klientel angesprochen hat, auch betätigen sich vermehrt ältere Menschen in vermeintlich der Jugend vorbehaltenen Domänen. Fitness und Sport gehören immer mehr zum Alltag älterer Menschen. Erklärbar ist dies nicht mit der besseren Fitness der heutigen Alten. Wie das schweizerische Forschungsprojekt „Alter" herausgefunden hat, hängt dies damit zusammen, dass die neuen Alten bereits mit Sport aufgewachsen sind und nun im Alter einfach fortführen, was sie schon immer gemacht haben. Es ist deshalb zu erwarten, dass die neuen Alten, seit nunmehr 20 Jahren mit Aerobic und Bodyforming bestens vertraut, diese Tätigkeiten im Alter – vielleicht noch intensiver als bisher – betreiben werden.

2.2 Reaktion und Entwicklung: Gesundheit wird zum dominanten Kaufmotiv

Vom Krankheits- zum Gesundheitsmarkt

Der moderne Gesundheitsbegriff lässt sich schwer fassen, weil jeder Begriff von Gesundheit letztlich eine bestimmte, individuelle und soziale Konstruktion der Wirklichkeit ist. Die wissenschaftliche Bestimmung von Gesundheit ist nicht klarer. Was gut tut, was krank macht, was jung hält, was Wunder wirkt, bleibt trotz medizinischer Fortschritte meist ungewiss. Wissenschaftliche Erklärungsmodelle erstrecken sich vom biomedizinischen, systemfunktionalistischen, systemtheoretischen, handlungstheoretischen, wissenssoziologischen über den sozialökologischen Ansatz in so ziemlich alle wissenschaftlichen Teildisziplinen mit jeweils anderen Schwerpunkten.

Die populärste, aber reichlich hoch gefasste und von einem unrealistischen Machbarkeitsgedanken getragene Definition von Gesundheit stammt von der Weltgesundheitsorganisation aus dem Jahr 1948: „Gesundheit ist ein Zustand vollkommenen körperlichen, seelischen und sozialen Wohlbefindens und nicht nur die Abwesenheit von Krankheit und Gebrechlichkeit." Diese Definition legte den Grundstein zu einer salutogenetischen, nämlich das Gesunde und nicht nur das Kranke (pathogenetisch) betonenden Sicht der Gesundheitsthematik.

Ein moderneres Verständnis von Gesundheit geht von einem dynamischen Prozess aus, in dem das Individuum ständig versucht, mit seiner Umwelt ein fließendes Gleichgewicht herzustellen und somit sein Wohlbefinden zu optimieren. Beeinflusst wird der Gesundheitszustand dabei von den hier dargestellten vier Hauptfaktoren (siehe Abb. 32):

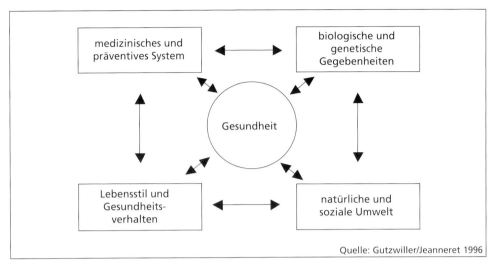

Abb. 32: Hauptbeeinflussungsfaktoren der Gesundheit

Was heißt das für den Gesundheitsmarkt? – Der Markt, den wir klassischerweise als Gesundheitsmarkt verstehen, deckt in erster Linie das Feld „Medizinisches und präventives System" ab. Der klassische Gesundheitsmarkt stellt Produkte, Services und Dienstleistungen bereit, welche die physische und psychische Gesundheit wieder herstellen oder präventiv erhalten. Die bipolare Referenz ist Krankheit. Man könnte diesen Markt also etwas vereinfacht, aber zutreffender als „Krankheitsmarkt" bezeichnen; in ihm wird vor allem mit kranken Menschen Geld verdient (siehe Abb. 33).

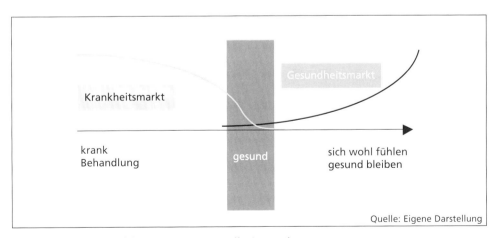

Abb. 33: Vom Krankheits- zum Gesundheitsmarkt

Der „Krankheitsmarkt" ist heute in allen Ländern stark reglementiert und wird das auch für lange Zeit bleiben. Eigentliche Marktmechanismen, ein echter Wettbewerb unter den Anbietern und die Macht der Konsumenten können sich erst partiell ausbreiten. Aber die Entwicklung in Richtung mehr Markt ist nicht mehr rückgängig zu machen, letztlich werden daran auch staatlich reglementierte sowie private Krankenversicherungen nichts ändern. Wenn Gesundheit immer wichtiger wird und wir bereit sind, immer mehr für unsere Gesundheit auszugeben respektive aus der eigenen Tasche zu bezahlen, dann erhöht sich auch das potenzielle Angebot an medizinischen Dienstleistungen und Produkten, was wiederum den **Wettbewerb unter den verschiedenen Anbietern** anheizt. (Wie sich die gesteigerte Nachfrage nach Gesundheit letztlich ökonomisch, sozial gerecht und ethisch legitimiert finanzieren lässt, ist heute leider nicht absehbar.) Krankenhäuser konkurrieren über die Landesgrenze hinweg miteinander, Apotheken und Drogerien verlieren ihre Vormachtstellung im Gesundheitsmarkt an Speciality-Retailer, die unter einem Dach alles, was mit Gesundheit zu tun hat, kompetent, preiswert und in einer großen Auswahl anbieten.

Im Herbst 2002 hat ASDA in Großbritannien angekündigt, allen ihren Kundinnen und Kunden die Grippeimpfung zum landesweit tiefsten Preis anzubieten. Impfen im Supermarkt – welche Reaktion hätte diese Schlagzeile vor fünf Jahren ausgelöst?

Ärzte stehen unter Druck, den gesteigerten Ansprüchen der Patienten zu genügen, mit weniger Wartezeiten, 24-Stunden-Service oder telefonischer Beratung. Konkurrenz erwächst ihnen von Ärztenetzwerken, Triage-Angeboten von privater Seite oder von Seiten der Krankenkassen. Zudem genügt vielen Konsumenten ein Arzt nicht. Alternative Diagnosen und Behandlungen werden immer mehr nachgefragt. Immer mehr Menschen suchen auch alternative Glaubenssysteme bezüglich Gesundheit, fernöstliche Philosophien und Rituale. Viele Ärzte sind sich nicht bewusst, in welchem Konkurrenzfeld sie sich bewegen respektive welche Alternativen die Patienten wahrnehmen können.

In den USA ist die häufigste Alternative zur klassischen Schulmedizin Beten. Das zeigt: Die Schulmedizin steht nicht primär in Konkurrenz zum Homöopathen oder zum Akupunkteur, sondern zu anderen Glaubenssystemen.

Tab. 9: Bisherige und neue Player im Gesundheitsmarkt

Bisherige Player im Krankheitsmarkt	Neue Player im Gesundheitsmarkt
Patienten	Konsumenten
Ärzte, Therapeuten	Health-Coaches, Lebensberater
Spitäler, Kliniken, ambulante Einrichtungen	Wellness-Hotels, Ruheoasen und Energietankstellen
Apotheken, Drogerien	Speciality-Retailer, Wellness- und Well-Being-Stores
Pharmaindustrie	Foodproduzenten
Medizintechnik	Beautyindustrie
Sozialversicherungen	Sport- und Freizeitindustrie
Staat	Glaubenssysteme, Religion

Quelle: Feldmann, 2001

Der Gesundheitsmarkt existiert primär in den Köpfen der Konsumenten. Sie bestimmen, welche Produkte, Dienstleistungen und Services sie brauchen, damit sie sich gesund und wohl fühlen. Das Potenzial in diesem Markt setzt beim „gesunden" Menschen an. Im Gegensatz zum Krankheitsmarkt haben wir es hier nicht mit kranken oder von einer Krankheit bedrohten Patienten, sondern mit Konsumenten zu tun. Und damit ändern sich die Spielregeln: Aus abhängigen Patienten sind **selbstbewusste Kunden** geworden. Diese wollen keine Krankheiten geheilt, sondern Bedürfnisse befriedigt haben. Im Gesundheitsmarkt bezahlen die Kunden die meisten Leistungen selbst. Weil der Gesundheitsbegriff immer weiter gefasst wird und die Gesundheit in allen Lebensbereichen einen immer höheren Stellenwert erhält, ist in diesem Markt ein enormes Wachstum zu erwarten – nicht ein absolutes Wachstum innerhalb des bisherigen Marktes, sondern die **Ausdehnung der Marktgrenzen** des „Gesundheitsmarktes" in andere Märkte.

Ein Kilo Gesundheit, bitte

Die Bedeutung der Gesundheit für den Einzelnen wirkt sich nachhaltig auf den individuellen Konsum aus.

Welchen Anteil hat Gesundheit an der Brieftasche des Kunden? Je nach Betrachtung erhält man ganz unterschiedliche Antworten. Gemäß amtlichen Zahlen zur Struktur der Konsumausgaben der deutschen Haushalte gaben die deutschen Konsumentinnen und Konsumenten 2003 lediglich 3 % ihres verfügbaren Einkommens für Gesundheitspflege aus (siehe Abb. 34).

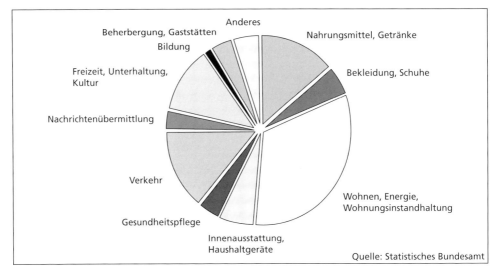

Abb: 34: Aufwendungen und Struktur des Privaten Konsums privater Haushalte im 1. Halbjahr 2003 in Deutschland

Aber: Statistiker wissen nur, welche Produkte und Leistungen konsumiert werden, die Gründe dafür kennen sie nicht.

Die entscheidende Frage lautet: Welche Ausgaben verbuchen die Konsumenten für sich selbst unter der Rubrik „Gesundheit"? Verbuchen sie ihr neues Fahrrad geistig wirklich unter der Rubrik „Verkehrsmittel"? Oder haben sie es gekauft, um sich fit zu halten? Und wie sieht es aus mit den Erholungsferien, den Mehrausgaben für Biogemüse oder für ein Functional-Food-Produkt? Oder wie begründen sie den Kauf des teuren Handys – mit den unzähligen zusätzlichen technischen Features oder damit, dass dessen Strahlenbelastung geringer ist und dadurch die mögliche gesundheitliche Gefährdung niedriger wird?

MERKE!

Gesundheit ist offensichtlich für eine große Anzahl von Konsumenten ein dominantes Kaufmotiv. Das heißt: Die Kunden kaufen immer mehr Produkte in erster Linie wegen ihres gesundheitlichen Zusatznutzens.

Gesundheit, Entspannung und Erholung werden immer mehr zentrale Reisemotive, wie die jährliche Reiseanalyse der Forschungsgemeinschaft Urlaub und Reisen (F.U.R.) in Deutschland ergibt. Bei den ausdifferenzierten Urlaubsmotiven ist über die letzten Jahre gesehen für die Motive „Etwas für die Gesundheit tun" und „Sich verwöhnen lassen" die stärkste Zunahme zu beobachten.

Das Schweizer Textilprüfinstitut Testex, das Kleider auf ihre Hautfreundlichkeit überprüft, verzeichnet seit Jahren eine exponentielle Nachfrage nach Zertifizierungen. Ende 2000 belief sich die Anzahl der ausgestellten Zertifikate weltweit auf über 20 000 Textilien, 1995 waren es noch keine 5000. Das lässt, zumindest indirekt, auf eine immer stärker gesundheits- respektive schadstoffsensibilisierte Kundschaft schließen, die bereit ist, für „gesunde" Kleider mehr Geld auszugeben. Einschränkend ist zu erwähnen, dass gemäß IHA/GfK-Konsumentenpanel in der Schweiz die Umsätze mit Ökotextilien in den letzten Jahren anscheinend stagnieren.

Ähnliches gilt für den Beautymarkt: Nicht Hautpflege, sondern Gesundheitspflege wird verkauft. Putz- und Pflegemittel versprechen nicht mehr in erster Linie Sauberkeit, sondern Gesundheit durch Hygiene. Oder T-Shirts, mit speziellen Zusätzen ausgerüstet, versprechen nicht nur den richtigen Look beim Beach-Volleyball, sondern erhöhen auch den Hautschutz. Gartenzubehör ist nicht mehr primär Hilfsmittel, um den eigenen Salat zu pflanzen, sondern Accessoire für die „Entspannungsinsel Garten". Matratzen sind nicht mehr Mobiliar, sondern Gesundheitsprodukte. Die Beispiele ließen sich beliebig fortsetzen.

Gesundheit ist offensichtlich ein dominantes Kaufmotiv. Die Konsequenz ist, dass höchst unterschiedliche Märkte, die bisher kaum etwas mit Gesundheit zu tun hatten, unter dem Label eines erweiterten Gesundheitsverständnisses konvergieren. Im Lebensmittelsektor ist diese Konvergenz wohl am weitesten fortgeschritten. Functional Food, biologische Nahrungsmittel, Diäten und Spezialernährung – immer häufiger steht die Gesundheit und weniger der Hunger im Mittelpunkt der Ernährung.

2.3 Konsequenzen für Foodmarkte: Essen macht krank versus Essen macht gesund

Das Kaufmotiv „Gesundheit" ist, gerade im Zusammenhang mit dem Thema Ernährung, zweischneidig. Die Problematik des Themas ergibt sich aus einem besonderen Umstand: Essen kann gesund machen resp. die Gesundheit fördern, und gleichzeitig kann Essen der Gesundheit auch schaden.

Ob Kunden etwas essen, um ihrer Gesundheit nicht zu schaden, oder ob sie etwas essen, um ihrer Gesundheit etwas Gutes zu tun, das sind zwei verschiedene Paar

Schuhe. Dieser Situation wird unserer Ansicht nach viel zu wenig Bedeutung beigemessen. Wir meinen, dass wir – zumindest in der Optik der Kunden analog unserer Ausführungen zum Gesundheits- und Krankheitsmarkt – von zwei unterschiedlichen Food-Märkten sprechen können, von einem „Food-Gesundheits-" und einem „Food-Krankheitsmarkt".

Das Hauptmotiv der Kunden im Gesundheitsmarkt ist es, ihre Gesundheit durch Ernährung aktiv zu verbessern.

Das Hauptmotiv der Kunden im Krankheitsmarkt hingegen besteht darin, die Gesundheit nicht durch die Ernährung zu gefährden.

Diese differenzierte Perspektive ermöglicht es, Produkte und Leistungen (Markterscheinungen) im Bereich Food & Gesundheit ziemlich klar dem einen oder anderen Markt zuzuteilen (vgl. Abb. 35).

Es gibt dabei keine gute oder schlechte Positionierung. Beide Märkte weisen ein großes Zukunftpotenzial auf. Jedoch ist es unabdingbar, sich der unterschiedlichen Faktoren bewusst zu sein, welche die Bedürfnisse und Verhaltensweisen der Kunden im jeweiligen Markt fördern oder hemmen. Einige dieser Faktoren haben wir in den vorangegangenen Kapiteln zum Thema Gesundheit betrachtet, weitere sollen in der Folge ausgeleuchtet werden.

Abb. 35: Food-Krankheitsmarkt versus Food-Gesundheitsmarkt

Das Bedürfnis nach „gesunder" Ernährung nimmt in jeder Altersgruppe zu

Die geschilderten Zusammenhänge zwischen dem gesellschaftlichen Bedeutungszuwachs von Gesundheit, dem Wunsch und Zwang, jung und leistungsfähig zu bleiben, den grundsätzlichen Motiven der Kunden, durch bestimmtes Ernährungsverhalten nicht krank zu werden oder aber die Gesundheit zu verbessern, sowie eine generelle Alterung der Gesellschaft lassen das Bedürfnis nach so genannt gesunder Ernährung laufend wachsen.

Es lassen sich im Zusammenhang von Food & Gesundheit in unterschiedlichen Altersgruppen verschiedene Motiv-Schwerpunkte feststellen (siehe Abb. 36).

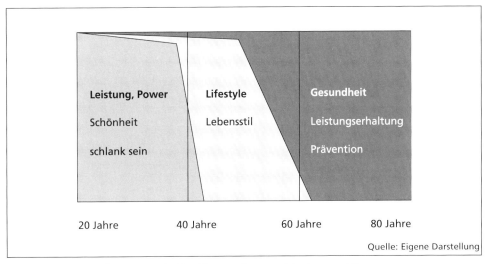

Abb. 36: Motive für gesunde Ernährung in verschiedenen Altersgruppen

Power für die Jugend

Jugendliche und junge Menschen sehen in gesundem Essen eine Möglichkeit, ihre hohe Leistungsfähigkeit in Beruf und Sport zu optimieren. Power-Getränke, vitaminisierte Säfte oder Leistungsnahrung für Sport sind für diese Altersgruppe von besonderem Reiz. Diese Kundengruppe ist stark über die Motive im Food-Gesundheitsmarkt anzusprechen. Jugend, Schönheit und Leistungsfähigkeit setzen die Benchmark für körperliche und geistige Leistungsfähigkeit hoch. Schmerzmittel, Beruhigungstabletten, Lifestyle-Drogen und Energiespender helfen weiter. Sie dehnen die Grenzen der natürlichen Leistungsfähigkeit aus. Nicht mitzumachen können sich immer weniger Menschen erlauben. Selbstverbesserung wird immer mehr zu einem Zwang: Vitamine und Mineralstoffe bei nachlassender Energie, Viagra, wenn die Manneskraft erlischt, Rogaine bei Haarausfall, Leptin oder Xenical bei Gewichtsproblemen oder Ritalin bei Konzentrationsmängeln. Auch die Bereitschaft zur Selbstmedikation mit Psychodrogen nimmt zu. Sie ist die Folge einer auf Flexibilität und Mobilität ausgerichteten Gesellschaft. Medikamente als Möglichkeit des „Human Engineerings", der Selbstverbesserung, sind notwendig, um die Arbeitsleistungen laufend zu steigern. Die ältere Generation mag durch ein moralisches Verdikt von einem Missbrauch von Psychopharmaka abgehalten werden, die Jungen sicher nicht. Die erbarmungslose Selbstverantwortung der postmodernen Gesellschaft ist, auf den Konsum von Psychopharmaka übertragen, mit der „Lizenz zur Selbstmedikation" gleichzusetzen. Drogen werden zu unverzichtbaren Lifestyle-Accessoires. Functional Food mit einem klaren Wirkungsversprechen und OTC-Produkte setzen bei den beschriebenen Kundenmechanismen ein.

Stilelement für die Mittvierziger

Etwa ab vierzig steht nicht mehr primär die Leistungsfähigkeit im Vordergrund. Man ist bereits zu alt, um mit den wirklich Jungen mitzuhalten. Was nun zählt, das ist ein gereiftes erwachsenes Profil, ein individueller Lebensstil. Die Beschäftigung mit der Gesundheit dient immer auch der eigenen Selbstdarstellung. Die Frage lautet nicht, ob wir gesund sind, sondern wie wir gesund sind und gesund bleiben. Wir haben immer mehr Zeit und Geld, um uns um unsere Gesundheit zu kümmern, sogar wenn wir nicht krank sind. Die Beschäftigung mit der eigenen Gesundheit verspricht nicht nur Wohlbefinden, sondern auch Glück, Erfolg und soziale Kontakte. Über Gesundheit oder Krankheit können wir reden, ganz nach dem Motto: „Lieber ein Problem als gar keinen Gesprächsstoff." Wir berichten von den Wellnessferien, preisen eine neue Diät an, schwärmen von fernöstlichen Gesundheitsritualen, ziehen über Raucher oder Nichtraucher her, erläutern den eigenen gesunden Lebensstil, sprechen in Selbsthilfegruppen über reale oder eingebildete Krankheiten, oder wir tauschen, wenn wir in die Jahre kommen, Adressen der besten plastischen Chirurgen aus. Mit dem Besuch einer bestimmten Schönheitsfarm oder Anti-Aging-Klinik definieren wir uns ebenso wie mit der Wahl eines speziellen Hotels oder dem Kauf einer prestigeträchtigen Automarke.

Gesunde Ernährung ist denn immer auch eine Frage des Lebensstils. Lifestyle-Diäten, Nahrungsergänzungspräparate, kombiniert mit einer entsprechenden Ernährungsberatung oder -therapie, sind Möglichkeiten, nach außen hin die eigene Lebensauffassung, die eigene Werthaltung zu demonstrieren. Geld ist in aller Regel nicht mehr ein gleich großes Problem wie in jungen Jahren. Es können nun durchaus hochwertige Produkte oder teure Restaurants sein, womit man den persönlichen Qualitätsstandard der Ernährung hebt. Während man sich in jüngeren Jahren wenig Gedanken um die kulturellen und sozialen Aspekte des Essens gemacht hat, wird dies in der Lebensmitte wichtiger. Die eigene Familie sensibilisiert für die soziale Funktion des Familientisches, viele soziale Kontakte mit Freunden werden ums Essen herum zelebriert. Essen wird zu einem sozialen Mittel- und Treffpunkt, wo man sich profilieren und positionieren kann. Der Gourmet, die Vegetarierin, die Weinkennerin, der Trennköster oder der ambitionierte Fischkoch: Ernährung – und natürlich auch gesunde Ernährung – wird ein wichtiges Stilelement im eigenen Lifestyle. Hochwertige, teure Spezialprodukte, Diäten mit kulturellem oder (pseudo-) wissenschaftlichem Background stehen im Vordergrund gesunder Ernährung.

Gesundheit & Wohlbefinden für die neuen Alten

Mit fünfzig oder sechzig erlebt man immer mehr den unmittelbaren Zusammenhang von Essen und Gesundheit. Beim Arzt wird ein zu hoher Cholesterinspiegel diagnostiziert, Übergewicht und Stress haben den ersten Herzinfarkt oder ein Krebsleiden verursacht. Essen macht jetzt wirklich krank, aber Essen kann nun auch wirklich gesund machen. Langfristig angelegte Diäten und Spezialernährung werden für diese Altersgruppe wichtig und erhalten den Stellenwert von Therapien. Die Hauptmotive für gesunde Ernährung in diesem Kundensegment liegen im Wesentlichen im Food-Krankheitsmarkt.

Gerade im Foodbusiness wird der Umgang mit älteren Kunden nicht einfacher. Die Bedeutung gesunder Ernährung ist diesen Kunden sehr wohl bewusst, aber sie verspüren wenig Lust, sich quasi klinisch gesund zu ernähren. Die heutige 50plus-Generation ist die Generation der Babyboomer, und diese wollen auch in ihrem jetzigen Lebensabschnitt nicht auf die Freuden und Genüsse des Lebens verzichten. Zudem haben sie in ihrem Leben enorme Konsumerfahrung gesammelt. Sie legen Wert auf Qualität und Service des Angebotes und lassen sich nicht so sehr von Marken und Werbeversprechen verleiten. Wenn diese Kunden also in fortschreitendem Alter gesunde Ernährung, Diäten und Spezialernährung nachfragen, dann in der Qualität und in demselben Ambiente, wie sie es gewohnt sind.

Diäten sind in der Regel mit einem zusätzlichen Einkaufs-, Zubereitungs- und Verzehraufwand verbunden. Die neuen Alten möchten sich jedoch ihren Appetit nicht mit solchem Ballast verderben. Es wird immer wichtiger werden, neben gesunden Produkten auch gesunde Ernährungslösungen anzubieten; Ernährungsprogramme, die den sozialen und emotionalen Aspekt von Essen ebenso berücksichtigen wie das Bedürfnis nach Convenience. In der Außer-Haus-Verpflegung werden sich Angebote etablieren, die auf spezifische gesunde Ernährungsweisen eingestellt sind;

Restaurants, in denen kein Kunde schräg angestarrt wird, wenn er „ausgefallene" Diätwünsche äußert. Heute bieten erst Krankenhausküchen und Restaurants in Kurbetrieben diese Dienstleistung an.

Bezüglich Convenience werden die Themen Fertigmahlzeiten und Heimlieferung wichtig. Diätprogramme in Form von mehrwöchigen Fertigmenüs, frei Haus geliefert, so wie das die Firma Diäko in Deutschland erfolgreich anbietet, werden an Bedeutung gewinnen. Dabei ist es wichtig, auf die spezifischen Handicaps oder Bedürfnisse älterer Kunden zu achten. Es ist beispielsweise nicht sinnvoll, Mikrowellen-Menüs für ältere Menschen anzubieten, wenn die wenigsten dieser Kundengruppe ein Mikrowellengerät besitzen oder wenn sie diese Geräte nicht richtig bedienen können. Ein zusätzlicher Service für ältere Menschen könnte sein, dass die vorrätigen Lebensmittel auf ihre Haltbarkeit überprüft, wenn nötig automatisch ersetzt werden. Diese Dienstleistung wird heute beispielsweise von einigen Apotheken angeboten. Die Kundinnen und Kunden werden per Telefon auf das Ablaufdatum von Medikamenten hingewiesen und bei Bedarf werden Ersatzmedikamente geliefert.

Ein weiteres Problem älterer Menschen ist, dass sie gewisse Speisen weder beißen noch zerschneiden können. Die Krankenpflegepraxis Birgit Klein Schlechtingen (www.klein-schlechtingen.de) bietet heute einen Service an, den ältere Kunden morgen von jedem Foodlieferanten erwarten. So sehen die Stomach-Lösungen der Krankenpflegepraxis folgendermaßen aus: „Wir liefern täglich warme Speisen – à la carte – an unsere Kunden. (...) Wir richten die Essen auf Wunsch auch gerne auf einem Teller an und wenn es gewünscht ist, schneiden wir selbstverständlich auch das Fleisch klein. Sie können auch tiefgefrorene Mahlzeiten bei uns bestellen, die Sie dann in einem Servthermgerät (durch uns zu beziehen) oder im Backofen mit Heißluft erwärmen können."

Gesunde Ernährung hat viele Feinde

Der großen Anzahl gewichtiger Treiber, welche das Bedürfnis nach gesunder, ausgewogener Ernährung ansteigen lässt, steht ein ebenso starkes wenn nicht gar stärkeres Faktorenbündel entgegen, das uns heute davon abhält, uns durchschnittlich gesünder zu ernähren als bisher. Die weitgehend fruchtlosen Präventionsbemühungen im Bereich Ernährung zeigen, wie schwierig es ist, Menschen zu gesunder Ernährung zu bewegen. Die wichtigsten Gründe:
- Das Abstinenzprinzip (z. B. nicht Rauchen) ist für Ernährung nicht realisierbar. Ernährungsprävention heißt Verhaltensänderung. Dies ist viel schwieriger kommunizier- und realisierbar als eine Alles-oder-Nichts-Präventionskampagne.

- Essen und Trinken sind elementare Verhaltensweisen mit hoher Frequenz und ständiger Wiederholung. Die Folge: Es ist entsprechend schwierig, eine Verhaltensänderung zu bewirken.
- Essverhalten steht in der Genusshierarchie zuvorderst. Daher besteht eine hohe Resistenz gegenüber Änderungen, da diese mit einer Genusseinbuße verbunden werden.
- Die Risiken von Fehlernährung sind nicht direkt erlebbar (nicht wie der Kater am Morgen nach zu hohem Alkoholkonsum).
- Gesundheitsrelevante Kriterien der Ernährung (ernährungsphysiologische Parameter) sind mit den Sinnen nicht erfahrbar. Ein gesundheitsgerechtes Ernährungsverhalten setzt fortlaufende kognitive Steuerung anhand abstrakter Kennwerte voraus.
- Es gibt keine gesunden oder ungesunden Lebensmittel. Entscheidend ist die Zusammenstellung und Dosierung über eine lange Zeitspanne.

Die Schweizer Gesundheitsbefragung fragt seit mehreren Jahren nach den Hindernissen einer gesunden Ernährung. Die Ergebnisse schließen an die obigen Punkte an. Neben dem als zu teuer bezeichneten Preis gesunden Essens sind insbesondere folgende Gründe genannt, welche eine gesunde Ernährung behindern: Gewohnheit und Zwänge des Alltags, große Vorliebe für gutes Essen, hoher Zeitaufwand für Einkauf und Zubereitung gesunden Essens, zu wenig Angebote in Restaurants oder Kantinen etc., fehlender Wille, fehlender Glaube am Erfolg.

Weitere wichtige Faktoren, welche die Bestrebungen, sich gesund und ausgewogen zu ernähren, hemmen, sind:

- ***Chronologie des Berufslebens***
Der Berufsalltag erlaubt immer weniger, insbesondere in Familien mit zwei berufstätigen Erwachsenen, gemeinsam zu Hause zu essen. Während Mitte der 90er Jahre noch 82 % der Hauptmahlzeiten zu Hause eingenommen wurden (Iglo-Forum 1995), nahmen Ende der 90er Jahre schon durchschnittlich die Hälfte der Deutschen die Hauptmahlzeiten außer Haus ein (Binder et. al. 2000). Die ZMP/CMA erhob 2001 gar einen Wert von 66 %.

- ***Zeitknappheit, Anstieg Convenience-Nachfrage und Außer-Haus-Verzehr***
Essen einkaufen und zubereiten ist ein großer Zeitfresser. Logisch wird hier gespart, so viel es geht. Das Problem bei allen „Abkürzungen" der Kauf- und Zubereitungszeit ist, dass für die Kunden die Schwierigkeit zunimmt, über die Ausgewogenheit der Mahlzeiten den Überblick zu behalten. Den gesundheitlichen

Wert von Convenience-Produkten zu bestimmen fällt der Kundschaft schwer. Auch im Restaurant ist es schwierig, sich ein Bild über die Nährwerte des Gegessenen zu machen.

- **Haushalts- und Familienstrukturen**
Kleinere Haushalte, Familien mit zwei berufstätigen Elternteilen, Patchwork-Familien usw. verlieren zusehends eine kontrollierende und steuernde Instanz in Sachen Ernährung, wie das früher oft die klassische Hausfrau war.

- **Angebotsqualität, Zahlungsbereitschaft**
Das Angebot an niedrigpreisigem Fast Food nimmt kontinuierlich zu. Immer mehr billige Lebensmittel von ungenügendem ernährungsphysiologischen Wert überschwemmen den Markt – und werden von den Kunden nachgefragt.

- **Sinkende Ernährungskompetenz**
Viele Menschen wissen heute zwar mehr über Lebensmittel und Gesundheit, und auch die Produkte sind immer ausführlicher gekennzeichnet. Mehr Wissen bedeutet aber nicht gleichzeitig mehr Kompetenz, das eigene Ernährungsverhalten positiv zu beeinflussen. Es gibt deutliche Anzeichen dafür, dass die Kompetenz der Konsumenten im Bereich Ernährung nachlässt, d. h. die Fähigkeit, theoretisches Wissen und praktische Fertigkeiten in Bezug auf Ernährung in Ernährungssituationen in adäquates Handeln umzusetzen. Bekannt ist beispielsweise, dass es an Wissen über den optimalen Aufbewahrungsort, die optimale Aufbewahrungstemperatur und die maximale Aufbewahrungsdauer von Lebensmitteln mangelt. Klassische Orte der Vermittlung von Ernährungskompetenzen (Familie und Schule) verlieren an Bedeutung.

Bessere Alternativen, die Gesundheit zu fördern?

Gesundheit zu fördern ist meist langwierig und verlangt von einem selbst mehr Disziplin, als lediglich eine Krankheit auszukurieren: sich genügend bewegen, aufs Rauchen verzichten, eine ausgewogene Diät einhalten … Wenn möglich, versuchen Kunden, diese anstrengenden Verhaltensweisen zu vermeiden oder abzukürzen. Denn gesund sein wollen ist kein Bedürfnis per se, sondern Mittel zum Zweck, beispielsweise um gut (schlank) auszusehen oder physisch, mental und psychisch für Höchstleistungen im Beruf bereit zu sein. Die Frage stellt sich für den Konsumenten ganz einfach: Welches ist das schnellste, praktischste, vielleicht auch preiswerteste Mittel, um meine Gesundheit zu fördern? Das, was wir heute gemeinhin unter dem Begriff „Functional Food" verstehen, schneidet in dieser kritischen Kundenoptik nicht gerade blendend ab. Als praktische Alternative zur täglich massenhaft zu verwendenden Margarine, die einen niedrigen Cholesterinspiegel verspricht, anerbietet sich dem Kunden das Schlucken einer kleinen Pille. Entscheiden Sie selbst, was Sie als einfacher und praktischer empfinden, und überlegen Sie sich, bei welcher Variante Sie eher auf eine Wirkung vertrauen.

Wirkt es oder schadet es?

Wirkung ist das große Stichwort im Thema Food & Gesundheit, insbesondere für Functional-Food-Angebote. Denn die Einstellungen der Menschen zur Wirkung ist zweischneidig. Es geht dabei nicht mehr um das Thema „Nützt's nicht, so schadet es nichts", sondern es geht darum, dass eine kleine Menge von etwas eine große Wirkung in uns entfacht. Das ist wünschenswert, solange wir davon überzeugt sind, dass uns diese Wirkung auch wirklich zugute kommt.

Nun ist es für den Kunden, aufgewachsen in einer Welt der Pharmazie-Wirkung im Milligrammbereich, schwierig, an konkrete gesundheitsrelevante Wirkungen von Functional Food zu glauben und die Dosierung dieser Wirksubstanzen in Eigenregie übernehmen zu müssen – allenfalls leidlich unterstützt durch Angaben wie „X Gramm von Produkt Y decken Ihren Tagesbedarf an Z", oder „3mal täglich von Produkt A fördert die Funktion von B".

Dazu gesellt sich eine allgemeine Verunsicherung der Kunden gegenüber industriell verarbeiteten Lebensmitteln, die mit jedem Lebensmittelskandal oder in der Diskussion um gentechnisch veränderte Lebensmittel neue Nahrung erhält. Auch heute noch fällt die Bewertung von Gen-/Biotechnologie im Bereich Food europaweit negativ aus. Die Kunden sehen bei Food primär Risiken, wohingegen Gen-Tech in anderen Anwendungsbereichen wie z. B. in der Enzymforschung oder der Xenotransplantation auch mit Chancen-Denken verbunden ist (vgl. Ergebnisse des Eurobarometer 58.0, 2003).

2.4 Zwei strategische Optionen im Markt Food & Gesundheit

Die Nachfrage nach Produkten im Food-Gesundheits- wie auch im Food-Krankheitsmarkt ist vorhanden, wie die vorherigen Ausführungen belegen. Allerdings sind in beiden Märkten die Hemmnisse, welche der Entwicklung dieser Märkte aus Kundensicht entgegenstehen, ebenfalls groß.

Wichtig aus unserer Sicht ist in erster Linie die Entscheidung, ob man mit seinen Produkten oder Dienstleistungen im Gesundheits- oder im Krankheitsmarkt positioniert sein möchte. Viele Unternehmen haben heute diese Entscheidung noch nicht bewusst getroffen. Das ist aber unumgänglich, denn die beiden Märkte funktionieren sehr unterschiedlich, wie wir auf den vorangegangenen Seiten dargelegt haben.

Sowohl für den Gesundheits- wie auch für den Krankheitsmarkt sehen wir erfolgversprechende strategische Optionen. In der Folge skizzieren wir diese in konzentrierter Form:

Option 1: Programm anstatt Produkt

Heute setzen die Foodmärkte beim Thema „Gesundes Essen" auf so genannt gesündere, das heißt insbesondere fett- und kalorienreduzierte Produkte sowie kleinere Portionen, aber auch auf biologische Produkte.

Aber die zentralen Hemmnisse, weshalb sich Kunden trotz gesunder Produkte ungesund ernähren, werden mit Produkten alleine nicht beseitigt.

Der durchschnittliche Kunde weiß heute zwar mehr über gesunde Ernährung, er hat aber weniger denn je den Überblick darüber, was er eigentlich isst, da ...
- immer seltener eine Person (i.e. die klassische Hausfrau) alleine den Großteil der Ernährung steuert
- immer Unterschiedlicheres gekauft und gegessen wird (Explosion des Produkteangebots)
- immer unregelmäßiger gegessen wird
- immer häufiger vorgefertigte Mahlzeiten gegessen werden (sind Spinat-Ravioli gesund, da Gemüsefüllung, oder ungesund, da Weißmehl?).

Für gesunde Foodlösungen werden Programme, nicht Produkte benötigt. Nur langfristige, alltagstaugliche, nicht einschränkende Angebote haben die Chance, nachhaltige Wirkung auf das Ernährungsverhalten und die Gesundheit zu nehmen. Dienstleistungs- und Produktinnovationen müssen diese Aussage beherzigen. Hier zwei Beispiele, in welche Richtung wir uns mögliche Leistungen vorstellen können:

Beispiel: Von den Kundendaten zu den Daten-Kunden

Während heute beinahe jeder Händler/Anbieter Kundendaten sammelt und somit auch immer mehr über seine Kunden weiß, geht dem Kunden viel Wissen verloren. Wie erwähnt, ist es heute für Kunden schwierig, über einen längeren Zeitraum hinweg zu überblicken, was sie gegessen haben. Nun, irgendeine Kundendatenbank weiß genau dies – aber der Kunde hat keine Möglichkeit, an dieses Wissen heranzukommen. Dabei wäre alles so einfach: Der Kunde bezahlt mit seiner Kredit- oder Kundenkarte, und per Monatsende erhält er seine Einkaufsdaten zurück, und zwar „veredelt", indem seine Einkäufe nach ernährungsphysiologischen Komponenten ausgewertet und in anschaulicher Weise die Ausgewogenheit des Einkaufskorbs dargestellt wurden. Der Kunde erhält so nicht nur neue Produktangebote aufgrund seiner beim Händler gespeicherten Kundendaten, sondern er erhält als Kunde seine Daten als Dienstleistungsprodukt zurück. Der Konsument wird zum Daten-Kunden (vgl. dazu Teil IV, Kapitel 1.2, Konzeptidee 2: „Retail-Health-Programm").

Beispiel: Personal Coaching für Ernährung und Gesundheit

Nebst technologischer Möglichkeiten der Kontrolle von Einkauf und Nahrungszusammensetzung sehen wir auch in der persönlichen Betreuung durch Ernährungs-/Gesundheits-Coaches ein Zukunftspotenzial. Heute sind diese Art von persönlichen Coaching-Leistungen eine elitäre und teure Angelegenheit. Wir meinen aber, dass ein gut durchdachtes Franchising-System solche Coaching-Leistungen für den Durchschnittsbürger erschwinglich machen wird. Die spannende Frage dabei wird sein: Wer wird dieses Franchise-System aufbauen und betreuen? Wird das ein Unternehmen der Foodbranche sein oder ein Player aus dem heutigen Gesundheitsmarkt (Spitäler, Kliniken, Ärztenetzwerke, Ernährungsberatungsinstitute)?

Option 2: Vom Functional Food zur Food Function

Wirkung im Produkt verkaufen, nicht Produkt mit Wirkung verkaufen (= heutiger Functional-Food-Ansatz), so lautet die Globalstrategie für den Food-Gesundheitsmarkt. Was meinen wir damit?

Der heutige Food-Gesundheitsmarkt, insbesondere der Functional-Food-Markt funktioniert folgendermaßen: Die Kunden kaufen Lebensmittelprodukte ein, die neben der eigentlichen Sättigung oder dem Geschmackserlebnis auch noch eine gesundheitsfördernde Wirkung versprechen. Wir glauben, genau darin liegt das Problem vieler bisher gescheiterter Functional-Food-Produkte. Denn Kunden kaufen primär *entweder* Genuss *oder* Sättigung oder Wirkung ein. So haben sich bis heute auch nur solche Functional-Food-Angebote durchgesetzt, die auf der Basis von bereits als „gesund" verankerten und somit im Bereich „Wirkung" verankerten Produkten aufbauen. Im Food-Gesundheitsmarkt muss künftig in erster Linie „Wirkung" verkauft werden. Den Bezug von Wirkung und Lebensmitteln sehen wir in Themen wie „Konzentrat", „Food-Sensorik" und „Pharma-Wirkung".

Drei Beispiele:

Beispiel: Zwei-Komponenten-Produkte

Wie lässt sich Wirkung im Produkt am deutlichsten darstellen? Indem Sie die Wirkkomponenten und das Basisprodukt voneinander trennen. Was wir heute von Joghurts kennen, in welche der Kunde mit einem Knack die Müesli-Flocken hineinschütten kann, lässt sich auch auf Produkte mit Funktion übertragen. Ein Click, und die im Saftdeckel deutlich als kleine rote Masse erkennbaren zusätzlichen fünf Milligramm Vitamine sind im Fruchtsaft.

Beispiel: Vom Abschmecken zum Anreichern

Die Beigabe von Jod im Salz ist heute Alltag, von vielen Menschen überhaupt nicht mehr bewusst wahrgenommen. Dennoch: Mit jedem Salzstreu tun wir etwas für die Gesundheit. Es gibt einige weitere, regelmäßig verwendete Würz- oder Beigabestoffe, denen möglicherweise zukünftig zusätzliche Wirkung beigegeben werden kann. Denken Sie an die Süßstoff-Tabs für den Kaffee oder Tee. Die Nähe zu Themen wie Pharmazie oder Pille ist ja schon rein optisch gegeben, weshalb sollten wir nicht zusätzlich mit jeder Süß-Tablette gleichzeitig etwas zur Stärkung unserer Knochen beitragen, weshalb nicht mit einem Tropfen Gewürzextrakt etwas für das körperliche Abwehrsystem leisten? Wir können uns vorstellen, dass es in Zukunft nicht mehr wie bis anhin heißt: „Ich salze noch schnell die Suppe nach", sondern „Ich mineralsalze noch kurz meine Suppe!".

Beispiel: Konzentrierte Wirkung

Karotten sind gut für die Augen, das weiß jedes Kind, Brokkoli kann das Krebsrisiko senken, so lesen wir zumindest in Gesundheitszeitschriften. Pflanzen enthalten eine große Zahl von unbekannten organischen Verbindungen, so genannte sekundäre Pflanzenstoffe. In diese setzt die Forschung heute große Hoffnung, allerdings ist bisher offen, ob sich die Wirkungsweise dieser Verbindungen im menschlichen Organismus letztlich präzise aufschlüsseln lässt. Abgesehen von den wissenschaftlichen Hürden ist zu fragen: Wie können Kunden diese erhofften positiven Eigenschaften von Nahrungsmitteln nutzen? Wie viele Karotten pro Tag sollte man essen, damit man auch wirklich den „Durchblick" behält? Verliert der Brokkoli seine Wirkung, wenn er gekocht wird? Fragen über Fragen, welche sich die Kunden meist nur einmal stellen und beim Ausbleiben einer einfachen Antwort vom Thema ablassen. Was ist heute die Alternative? Natürlich kann sich jeder eine Carotin-Kapsel kaufen. Nur, der Bezug zur Karotte ist dabei kaum noch sichtbar. Und so profitiert die Carotin-Kapsel auch nicht vom gesunden Image von

Gemüse. Wir sehen eine Alternative darin, dass Foodunternehmen mit starken Marken und einer hohen Lebensmitteltechnologie-Kompetenz den Zusammenhang zwischen Wirkung und Lebensmittel in Form von Konzentraten hervorheben. Als Beispiel: Nicht die bekömmliche, gesunde Brokkoli-Suppe von Knorr, sondern das flüssige 12cl Brokkoli-Konzentrat wird als funktionelles Lebensmittel positioniert. Geschmack und Sensorik des Konzentrats entsprechen den Ansprüchen eines hochwertigen Lebensmittels, die Wirkung derjenigen eines Phytopharmaka-Produktes.

Während bisher primär Pharmaunternehmen den „Konzentrate-Markt" besetzten, aber in der Kundenwahrnehmung immer im Krankheitsmarkt positioniert waren, können in Zukunft Foodunternehmen die gleiche Wirkung verkaufen, jedoch positioniert über Lustaspekte und Genuss. Damit werden diese Angebote automatisch im Gesundheitsmarkt positioniert sein.

Die Firma Fuchs (weltweit Nr. 2 im Gewürzmarkt hinter McCormick) steigt ins „Wirkungs"-Geschäft ein. Die neu gegründete Tochterfirma Phyto Sana verkauft Gesundheitsprodukte wie Dusch- und Körpergels, Cremes oder Nahrungsergänzungsmittel. Dreh- und Angelpunkt dieses Geschäftsfeldes ist die Kompetenz des Unternehmens rund um die Wirkung von Gewürzen. Teilweise jahrhundertealtes Wissen über Wirk- und Heilkräfte von Gewürzen wie Knoblauch, Kurkuma oder Thymian dient dabei als Basis.

3 Konsum-Megatrend Vertrauen

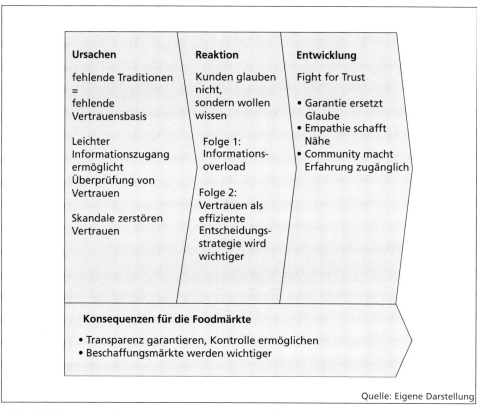

Abb. 37: Zusammenfassung Konsum-Megatrend Kundenvertrauen

Urvertrauen oder Vertrauen in die Welt sind anthropologische Grundkonstanten, die uns das Leben erleichtern. Gewisse Dinge hinterfragen wir einfach nicht, weil sie immer schon so waren. Mit diesem fundamentalen Vertrauensfilter reduzieren wir die Komplexität der Welt schon einmal zu einem beträchtlichen Maß. Wo dieses Vertrauen fehlt, versuchen wir mittels Glauben oder mit Wissen den gleichen Reduktionseffekt zu erhalten. Vertrauen, Glauben und Wissen dienen uns als Navigations- und Orientierungshilfen durch den Alltag. Sie ermöglichen uns, Entscheidungen nicht nur schneller und besser, sondern überhaupt zu treffen.

3.1 Ursachen: Weshalb Vertrauen zum „key asset" wird

Die **Wirkung des Glaubens** (Traditionen, Rituale und Religion) als Orientierungshilfe hat sich in den letzten Jahrzehnten dramatisch zersetzt. Soziale und ökonomische Strukturen haben sich in einem Tempo verändert, welches in der Geschichte der Menschheit bisher seinesgleichen sucht. Die soziale Mobilität in der demokratischen Gesellschaft nimmt ständig zu, die Auflösung traditioneller Strukturen des Zusammenlebens (Familie, Verwandtschaft) schreitet voran und ersetzt hergebrachte Lebenskonzepte durch eine Vielzahl neuer, ausdifferenzierter, individueller Lebensentwürfe. Keine Tradition, die nicht hinterfragt wird, kein Tabu, das nicht gebrochen wird, kein Glaubenssystem und keine Religion, die ihren Anspruch auf Alleingültigkeit aufrechterhalten kann. Wissenschaftliche Erkenntnisse und Fortschritte in der Informationstechnologie, der Materialtechnologie und der Gentechnologie lassen bisher Undenkbares plötzlich in den Bereich des theoretisch Machbaren vordringen.

Damit sind uns stabile Orientierungspunkte verloren gegangen, die uns viele Entscheidungen im Leben einfach gemacht haben. Große Fragen wie „Was ist gut, was ist böse?" sind damit ebenso gemeint wie profane Alltagsentscheidungen wie „Kaufe ich das Brot bei X oder bei Y?". War früher der eine Bäcker katholisch, der andere reformiert, dann nahm das einem bereits die Kaufentscheidung ab. Trug man Jeans und keinen Anzug, brauchte man keinen Vorwand, weshalb man nicht in die Oper ging.

Was ich wissen kann, muss ich nicht glauben!

Seit der Aufklärung konkurrieren Verstand und Logik mit dem Glauben. Wer etwas verstandesmäßig wissen kann, muss es nicht mehr glauben. Nach drei Jahrhunderten Predigt der reinen Vernunft zeigen sich jedoch die negativen Folgen. Wir sind vollkommen überfordert von der unendlichen Menge an Wissen, die wir theoretisch haben könnten. Informationen als Rohstoff für Wissen sind heute praktisch zum Nulltarif erhältlich. Wir wissen also nicht nur immer mehr, wir sind auch verdammt dazu, immer mehr zu wissen. In einer nach rationalökonomischen Kriterien bewerteten und strukturierten Welt haben wir die **Fähigkeit zu vertrauen** in vielen Bereichen verloren. Wer traut einem Discountanbieter, der behauptet, die billigsten Angebote zu haben, wenn diese Behauptung mit drei Mausclicks im Internet widerlegt werden kann? Hierin liegt jedoch genau das Problem der Kunden von heute: Wer hat denn Lust, die Behauptung des Discounters im Internet zu überprüfen? Lust haben wohl die wenigsten, aber man ist ja selber blöd, wenn man nicht nachschaut. Die Möglichkeit zu wissen überfordert uns im Alltag zunehmend. Mehr Wissen heißt eben auch mehr Möglichkeiten, mehr entscheiden und somit noch mehr Zeitaufwand.

Nicht nur Wissen, sondern auch der Glaube in das vermeintliche Wissen hat an Glanz verloren. Ganz besonders im Bereich der Wirtschaft herrschte lange Zeit die Meinung vor, dass Wissen alleine der Rohstoff von Wachstum und Prosperität sei. Die Unternehmen mit den besten Wissensarbeitern (Knowledge Worker) und dem cleversten Knowledge Management schienen alleine den Erfolg für sich gepachtet zu haben. Natürlich ist das alles richtig, nur nicht so unabdingbar, wie wir das im letzten Jahrzehnt geglaubt haben. Die Krisen- und Skandalmeldungen der vergangenen Jahre belehrten uns eines Besseren. Mehr Wissen im Unternehmen, besseres Wissen über Unternehmen, Vierteljahresbilanzen mit der Offenheit der angelsächsischen Bilanzierungspraxis haben uns allesamt nicht vor den großen Unternehmenspleiten gerettet. Sie haben keine Skandale von abzockenden Managern verhindert.

Wissen ist anstrengend und aufwändig und, wie wir immer deutlicher erfahren, eine nur scheinbar verlässliche Orientierungs- und Entscheidungsgrundlage. Wir sind jedoch ein Leben lang geprägt worden von einem rationalen Weltbild, so dass wir vergessen haben oder nie erfahren konnten, welche ökonomischen Vorteile Vertrauen mit sich bringen kann. Ein Beispiel für die Dynamik und Eleganz von Vertrauen als effiziente Orientierungs- und Entscheidungsgrundlage ist das asiatische Geldüberweisungssystem **Hawala** (Hawala in Indien, Hundi in Pakistan und Afghanistan, Fei Chien in China). Dieses System funktioniert ganz ohne Papier und schriftliche Bestätigung. Alles, was es braucht, ist ein Code. Sie müssen sich das wie folgt vorstellen: Ein Händler in Peshawar erhält aus London die Nachricht: „Gib hundert Meter Wolle an P-8". Der Pakistaner wird umgehend 100.000 Rupien an die Vertrauensperson im achten Bezirk zahlen. Denn 100 Meter stehen für 100.000, Wolle für die pakistanische Währung Rupie und P-8 für den achten Bezirk. Obschon dieses Zahlungssystem offiziell verboten ist, ist es in Staaten wie Indien, Pakistan, Afghanistan sowie anderen arabischen und afrikanischen Ländern weit verbreitet. In Indien alleine werden jährlich nach Schätzungen 10 bis 14 Milliarden Euro auf diesem Weg verschoben. Weltweit schätzen Experten das Handelsvolumen des Hawala-Systems auf bis zu 200 Milliarden Dollar jährlich. Das gesamte System basiert auf Vertrauen. Ethnische oder religiöse Zugehörigkeit sowie langjährige Geschäftspartnerschaften sind die Grundsteine dieses Vertrauens. Die Effizienz des Systems zeigt sich in der **Win-Win-Situation für alle**: Der Auftraggeber spart hohe Auslandsüberweisungsgebühren, der Intermediator erhält seine Provision und der Begünstigte bekommt allgemein ca. ein bis zwei Prozent mehr Geld ausbezahlt, als es der offizielle Wechselkurs vorsieht. Der Empfänger muss zu keinem Bankschalter gehen, das Geld wird sogar nach Hause geliefert. Das System funktioniert 365 Tage im Jahr, 24 Stunden pro Tag, und die Transferdauer des Geldes beträgt wenige Minuten.

3.2 Reaktion und Entwicklung: Märkte werden zu Vertrauensmärkten

Weder Glauben noch Wissen haben sich im modernen Alltag als die alleinige optimale Bewältigungsstrategie zur Komplexitätsreduktion erwiesen. Im Gegenteil, Informationsoverload und die Individualisierung der Gesellschaft machen beide Strategien unzulänglich, denn die Komplexität in allen Lebensbereichen nimmt stetig zu und macht uns handlungsunfähig. Das Bedürfnis nach Vertrauen als drittem Weg der Komplexitätsreduktion manifestiert sich immer deutlicher. Vertrauen wird also immer wichtiger, um in einer ständig komplexer und dynamischer werdenden Welt handlungs-, entscheidungs- und entschlussfähig zu bleiben. Sei es als Unternehmen oder als Konsument, Vertrauen ist die beste Basis für effizientes Entscheiden (siehe Abb. 38).

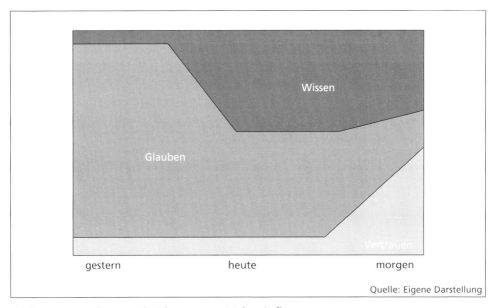

Abb. 38: Was die Entscheidung am POS beeinflusst

Kundenvertrauen schaffen als zukünftige Kernaufgabe – doch wie?

Vergessen Sie blindes Vertrauen. Diese Zeiten sind vorbei. Kunden von morgen vertrauen nur, wenn sie die Möglichkeit haben zu kontrollieren; die Möglichkeit, wohlgemerkt, denn Kontrolle ist aufwändig. Wissen und Vertrauen sind heute aufs engste miteinander verknüpft, mit Glauben hat Vertrauen nicht mehr viel gemeinsam. Wer das Vertrauen der Kunden gewinnen möchte, sollte diesem Sachverhalt größte Aufmerksamkeit schenken (siehe Abb. 39).

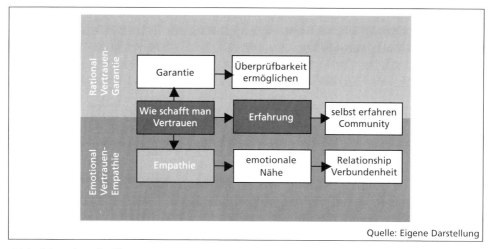

Quelle: Eigene Darstellung

Abb. 39: Wie schafft man Vertrauen?

Garantie ermöglichen

Das Vertrauen der Kunden ist eine Art Kredit, welchen sie einem Unternehmen geben. Der Vertrauensvorschuss der Kunden bewahrt das Unternehmen davor, bei jeder Transaktion eine lückenlose Beweisführung der Redlichkeit des Angebots zu erbringen. Wie für Kredite üblich, sollte ein Unternehmen den Kunden aber auch eine jederzeit überprüfbare Garantie abgeben. Dabei darf die Überprüfung der Garantie für die Kunden nicht zu einem Spießrutenlauf werden. Wer die billigsten Preise verspricht, sollte dem Kunden auch die Möglichkeit geben, dies sofort zu überprüfen.

Das könnte beispielsweise wie folgt aussehen: Ein Anbieter von HiFi-Geräten garantiert seinen Kunden einen konkurrenzlos tiefen Preis. In der Mitte des Geschäfts steht auf einem Sockel ein rotes Telefon, daneben eine Telefonliste mit den Telefonnummern sämtlicher Konkurrenzunternehmen in der Region. Ein großes Hinweisschild macht die Kunden darauf aufmerksam, dass sie jederzeit kostenlos telefonisch das Angebot im Laden mit dem Angebot der Konkurrenz vergleichen können.

So viel uns bekannt ist, gibt es diese vertrauensbildende Maßnahme bis heute noch in keinem Geschäft. Wir wollen damit lediglich verdeutlichen, was es heißt, eine Garantie abzugeben und was es braucht, dass diese Garantie überprüfbar wird und letztlich Vertrauen schafft.

Empathie zeigen

Vertrauen ist nicht nur als Teil eines rationalökonomischen Handelns zu verstehen. Vertrauen hat auch eine starke emotionale Komponente. Vertrauen ist eine emotionale Einstellung gegenüber einem Anbieter in einer bestimmten Situation, in der beide interagieren. Der Kunde schreibt dem Anbieter Ziele und Überzeugungen zu sowie die Fähigkeit, diese zu reflektieren und sein Handeln danach zu richten. Der Kunde sieht sich mit dem Anbieter verbunden, da er dessen normative Überzeugungen teilt. Einfacher gesagt: Wir vertrauen dem, den wir mögen und der die gleichen Ansichten hat wie wir.

Enttäuscht der Anbieter den Kunden, reagiert dieser emotional abweisend, unter Umständen viel dramatischer, als sich das sachlich begründen ließe. So kann das starke Asset Vertrauen auch immer eine große Gefahr darstellen, Kunden nachhaltig zu verlieren. Je emotionaler die Beziehung zwischen Kunden und Anbieter ist, desto bewusster muss dieser Vertrauensbeziehung Sorge gegeben werden. Eine starke emotionale Vertrauensbeziehung zwischen Kunden und Anbieter ist beispielsweise im Bereich biologischer Lebensmittel nachzuzeichnen. Lebensmittel sind per se eine Vertrauenssache, sind es doch Produkte, die man in den eigenen Körper lässt. Gesundheit und Wohlbefinden hängen unmittelbar mit der Ernährung zusammen. Biologische Lebensmittel haben von vielen Kunden einen emotionalen Vertrauensvorschuss. Gerade starke Bio-Label, hinter denen man Menschen vermutet oder kennt, die konsequent für eine bestimmte Lebens- und Ernährungsphilosophie einstehen, schaffen langfristiges Vertrauen auf der Basis von gemeinsamen Wertvorstellungen.

Ein **aktuelles Beispiel** aus der Schweiz illustriert dies:
In der Schweiz hat sich das Knospe-Label von Bio Suisse als starkes, vertrauenswürdiges Bio-Label etabliert. Der Knospe-Slogan: „Ist die Knospe drauf, ist Bio drin"

fasst exakt zusammen, was die Stärke der Marke ausmacht – absolutes Vertrauen. Ohne dass wir uns „en detail" mit biologischer Produktion, agronomischen Sachverhalten oder Ökobilanzparametern auskennen, setze ich in das Knospe-Label mein vollstes Vertrauen, dass ich gesunde und natürliche Lebensmittel erhalte. Dieses Vertrauen hat sich in den vergangenen Jahren aufgebaut, schrittweise ein wenig mehr mit jeder Meldung von unbeirrbaren, überzeugten, ja starrköpfigen Produzenten, die jenseits statistisch feststellbarer Absatzmarktentwicklungen für ihre Überzeugungen eingestanden sind. Die oft als fundamentalistisch verschriene Haltung der Bio-Pioniere in der Schweiz hat, aus Marketingsicht, der Marke gerade das gegeben, wonach heute jede Marke lechzt: Authentizität. Dieses Kronjuwel steht nun bei jeder Marktentscheidung von Bio Suisse zur Disposition. So auch bei der Entscheidung im Frühjahr 2002, ab November 2002 biologischer Milch, die ultrahoch erhitzt wird (UHT-Milch), die Knospe zu verleihen. Das Vertrauen in die Knospe ist ein fragiles Asset, das Bio Suisse in den Köpfen der Konsumentinnen und Konsumenten aufgebaut hat. Die Stärke der Marke liegt weniger im faktischen denn im emotionalen Bereich, und entsprechend muss dies unter Markenführungsaspekten berücksichtigt werden. Die Entscheidung der Bio Suisse, UHT-Milch mit der Knospe auszustatten, ist faktisch begründbar. Im neuartigen UHT-Direktverfahren sehen die Bioproduzenten die Bio-Suisse-Philosophie der schonenden Verarbeitung als hinreichend erfüllt, anders als mit dem herkömmlichen UHT-Verfahren. (UHT-Direktverfahren: kurze Erhitzung der Milch während rund 2-4 Sekunden auf 140-150 Grad, schnelle Abkühlung. Folge: Geschmacksechtheit bleibt bestehen, jedoch verlangt der Produktionsprozess den größeren Energieverbrauch.) Nur – dies den Kunden zu kommunizieren ist eine sehr undankbare und wahrscheinlich hoffnungslose Aufgabe. Emotional wird die Knospe als Marke an Wert verlieren, egal wie gut sich die Entscheidung faktisch begründen lässt.

Um Kundenvertrauen zu gewinnen, müssen Unternehmen ihren Kunden gegenüber Empathie zeigen, sie sollten sich für die Kunden interessieren. Empathie zeigen heißt immer auch: miteinander reden, zuhören. Anbieter sollten dazu echte Möglichkeiten schaffen, sie müssen versuchen, die persönliche Nähe zu ihren Kunden zu verkürzen – und sie brauchen den direkten Kundenkontakt.

Erfahrung ermöglichen

Erfahrung ist die dritte wichtige Komponente, um Kundenvertrauen zu schaffen. Vertrauen baut sich erst über einen gewissen Zeitraum auf. Vertrauen ist langfristig und nachhaltig. Gute Erfahrungen in einer konkreten Situation schaffen die Basis für Vertrauen, wenn wir erneut in eine ähnliche Situation kommen. Dieser Mechanismus lässt sich generalisieren. Eine Fußballmannschaft, welche wichtige Spiele gewonnen hat, geht mit mehr Vertrauen in die nächste Begegnung. Ein unerfahrener Referent referiert nach einem erfolgreichen ersten Auftritt mit mehr Selbstvertrauen als beim ersten Mal. Einer Automarke, mit deren Produkt ich langjährige positive Erfahrungen gemacht habe, gebe ich beim nächsten Autokauf den Vorzug.

Um durch Erfahrung Vertrauen zu gewinnen, muss man nicht selber die Erfahrung gemacht haben. Wenn Papa sein Leben lang zufriedener BMW-Fahrer war, dann wird sich ein gewisses Vertrauen in die Marke auch auf den Sohn übertragen. Wenn die Nachbarin K. von ihren Tupperwareprodukten schwärmt, ist das unter Umständen bei Nachbarin M. vertrauensfördernd. Vertrauen kann man also immer auch durch Erfahrung der eigenen Umwelt machen. Und diese Umwelt von Gleichgesinnten ist im Internetzeitalter explosionsartig angewachsen. Beim Kauf einer Digitalkamera muss ich mich nicht alleine auf die zwei, drei Meinungen und Empfehlungen meiner Familienmitglieder, Bürofreunde oder Nachbarn verlassen, sondern ich kann weltweit auf Meinungen und Erfahrungsberichte von unzähligen Menschen zurückgreifen. Das Internet als neutrale Diskussionsplattform schafft neue Möglichkeiten, das Vertrauen der Kunden zu gewinnen. Andererseits deckt es auch schonungslos auf, wenn Versprechen und Garantien nicht konsequent und ehrlich gehandhabt werden.

Eine Umfrage der Beratungsfirma accenture im Jahr 2002 bei 107 Top-Managern und Experten aus dem deutschsprachigen Lebensmitteleinzelhandel ergab, dass 68 % der Befragten überzeugt sind, bis 2010 Informationen aus internet-basierten Brand-Communities systematisch auszuschöpfen, um ihre Kunden besser kennen zu lernen und die Communities als neuen Marketingkanal zu benutzen (accenture, 2002).

3.3 Konsequenzen für Foodmärkte: „Fight for Trust"

Lebensmittel sind Mittel zum Leben, sehr intim und daher Vertrauenssache. Foodmärkte sind deshalb immer auch Vertrauensmärkte. Diese Tendenz verstärkt sich zudem stetig. Vertrauen ist immer da notwendig, wo Wissen fehlt oder wo der Zeit- und Kostenaufwand zu groß ist, sich Wissen zu beschaffen. Früher gab es für Konsumenten wenig Unsicherheit bezüglich ihres Essens, lediglich die Unsicherheit, ob genügend da sein wird oder man sich ausreichend Nahrungsmittel kaufen konnte. Ansonsten wusste man ziemlich alles: woher das Essen kam (nämlich vom Bauern in der Gegend, vom Händler auf dem Markt etc.), wie und wo die Lebensmittel verarbeitet worden waren (das Brot beim Bäcker im Ort und nicht in einer anonymen Großbäckerei in einem anderen Landesteil), die meisten Lebensmittel kaufte man sowieso unverarbeitet ein. Man wusste auch, was wie verarbeitet, gekocht und haltbar gemacht wird. Heute ist uns ein großer Teil dieses Wissens abhanden gekommen. Allgemeines Kochwissen geht verloren, wird nicht mehr von der Mutter oder Großmutter auf die Tochter übertragen, die meisten Lebensmittel beziehen wir mehr oder weniger verarbeitet im Lebensmitteleinzelhandel, weit weg von ihrer Produktions- oder Verarbeitungsstätte. Was dem Konsumenten an Foodwissen verloren gegangen ist, liegt irgendwo verstreut in den Foodmärkten. Jeder produzierende, verarbeitende oder verkaufende Foodbetrieb weiß sehr viel über sein Business, hat Spezialkenntnisse, die weit über das rudimentäre Konsumentenwissen hinausreichen. Aber das Wissen liegt eben weit zerstreut, für die Kunden kaum erreichbar, irgendwo in den Foodmärkten. Kunden müssen auf die Richtigkeit des Wissens, auf die Redlichkeit der Mitspieler in den Foodmärkten vertrauen, etwas, das mit jedem neuen Lebensmittelskandal schwieriger wird.

Was wir heute auf den Foodmärkten erleben, ist ein **„Fight for Trust"**, der Kampf um das Vertrauen, den im Moment alle zu verlieren scheinen. Während Jahrzehnten konnte sich die industrielle Lebensmittelverarbeitung breiter Akzeptanz erfreuen. Kunden vertrauten der modernen Lebensmittelindustrie, bessere Lebensmittel herzustellen als je zuvor. Gleich bleibende Qualität, tiefe Preise und große Versprechen der Foodgiganten fanden breite Resonanz in der Bevölkerung. Seit einigen Jahren ist dieses Vertrauen geschwunden. Der Anstieg von Allergien, Meldungen über Krebs erregende Zusatzstoffe in Lebensmitteln, Übergewicht als Volkskrankheit und natürlich all die Lebensmittelskandale der vergangenen Jahre haben die industrielle Lebensmittelproduktion in ein schiefes Licht gerückt (siehe Tab. 10). Den Höhepunkt des Vertrauensverlusts bedeutete die Ende der 90er Jahre aufkommende Diskussion in der Öffentlichkeit über die grüne Gentechnologie (Gentechnologie im Pflanzenbereich).

Der Nitrofenskandal in Deutschland hat gar noch die letzte Food-Vertrauensinsel erschüttert: Biologische Produkte, lange ein vermeintlich sicherer, wenn auch etwas teurer Hafen für ernährungsbewusste Konsumenten, haben sich als ebenso verletzlich gezeigt. Wo auch immer die Gründe liegen, bei einer mangelhaften Ausgangsqualität von Lebensmitteln, bei Verunreinigungen von Lebensmitteln, bei fehlender Kommunikationskompetenz in Krisensituationen: Vertrauen geht jedes Mal ein Stück verloren. Der konkrete Sachverhalt ist in emotionalen Vertrauenskrisen in aller Regel sekundär. Die großen Diskussionen über Lebensmittelverunreinigungen stehen faktisch nämlich in einem krassen Missverhältnis zur Nichtthematisierung ungesunder Ernährungsweisen im Alltag. So konstatiert der Ernährungsbericht 2000 der Deutschen Gesellschaft für Ernährung zu Recht, dass insbesondere das Ernährungsverhalten jedes Einzelnen und nicht die Rückstände oder Zusatzstoffe in den Nahrungsmitteln für den Hauptteil der ernährungsbedingten Krankheiten verantwortlich ist.

Tab. 10: Unvollständige Chronologie von Lebensmittelskandalen der letzten Jahre

2000	Stiftung Warentest entdeckt Fäkalkeime im Bierschinken. In Flundern und Fischkonserven aus der Nordsee wird Tributylzinn (TBT) entdeckt. Hochgradig mit Polychlorierten Biphenylen (PCB) verseuchtes Tierfutter taucht im Handel auf. Eine für Lebensmittel nicht zugelassene GVO-Maissorte wird in Taco-Chips und 300 weiteren Produkten identifiziert.
2001	Krimineller Handel mit illegalen Medikamenten und Wachstumsförderern in der Schweinemast. Rückstände des in der EU verbotenen und giftigen Chloramphenicol (CAP) wird in Shrimps nachgewiesen. In Futterkleie wurden trotz Verbots von Tiermehl Knochensplitter gefunden. Obst vom Bodensee mit Qualitätssiegel wurde mit nicht zugelassenen Spritzmitteln behandelt.
2002	Ein Labor hatte 40.000 BSE-Tests durchgeführt und positiv getestetes Fleisch trotzdem für den Handel freigegeben. 5000 t Industriefette aus Holland wurden in spanischen Futtermühlen untergemischt. Hohe Konzentrationen des verbotenen Unkrautvernichtungsmittels Nitrofen gelangen über die Nahrungskette in Bio-Eier und Fleisch.
2003	Eine schwedische Studie weist das giftige Acrylamid in Nahrungsmitteln nach. Die von der deutschen Firma „Humana" hergestellte Soya-Babymilch enthält kein Vitamin B1, obwohl deklariert. Durch Sabotage vergiftetes Mineralwasser verunsichert Konsumenten.

Ernährung, ganz besonders im Zusammenhang mit Gesundheit und Wohlergehen, ist immer ein emotionales Thema. Die Foodmärkte der Zukunft werden deshalb von Vertrauen und Emotion dominiert sein, nicht von Wissen und Technik. Wie gewinnt man also den Fight for trust in den Foodmärkten von morgen?

Transparenz bis zum Beschaffungsmarkt

Garantien gibt es eigentlich schon viele im Lebensmittelbereich: amtliche Gütesiegel, Labels von Verbänden und NGOs, Mindesthaltbarkeitsgarantie oder Garantie der schonenden Zubereitung. Die Kunden setzen diese Garantien heute voraus. Sie wollen aber noch mehr garantiert haben: Garantien für hundertprozentige Produktsicherheit, Garantien dafür, dass immer die besten und nicht die günstigsten Rohstoffe eingesetzt werden, Garantien dafür, dass in der ganzen Beschaffungskette keine Kinderarbeit, keine Umweltgefährdungen anfallen. Eigentlich kein Problem – oder?! Das Problem liegt darin, dass Kunden solchen Garantieversprechungen nicht trauen, denn sie haben keine Möglichkeit, solche Garantien zu überprüfen. Anstatt zu vertrauen müssten sie glauben und das widerspricht den aufgeklärten Kunden von heute.

Die **Überprüfbarkeit von Garantien** ist die große Herausforderung im Foodmarkt von morgen. Dabei geht es nicht darum, noch mehr Informationen auf die Verpackungen im Regal zu drucken. Was es braucht, sind Möglichkeiten für den Kunden, die Garantie des Anbieters mit eigenen Augen zu sehen oder mit eigenen Händen zu spüren. Der Beschaffungs- und Produktionsprozess muss transparenter werden. Foodfirmen werden Kundenreisen zu den Plantagen in Afrika ermöglichen müssen, weshalb nicht in Zusammenarbeit mit unabhängigen Umwelt- oder Menschenrechtsorganisationen?

Das Schweizer Unternehmen Ricola hat einen Schritt in diese Richtung gemacht. Die Welt (und die Marke) der Ricola-Kräuter lassen sich in mittlerweile fünf Ricola-Kräutergärten erleben und überprüfen. Wanderer und Naturfreunde können sich hier über den Anbau und die Herkunft der Ricola-Kräuter informieren und deren wohltuende Aromen und Düfte in natura entdecken.

In Deutschland hat Ende 2003 die Firma Riesa, der größte Teigwarenhersteller in den neuen Bundesländern, seine „gläserne Produktion" geöffnet. In diesem Nudel-Center können Besucher die Entstehung der Riesa-Pasta vom ersten bis zum letzten Schritt miterleben. Innerhalb der ersten 10 Monate besuchten mehr als 30.000 Besucher diese „öffentliche" Fabrik, und das bei einem Eintrittspreis von 3 Euro!

Nicht nur die Absatzmärkte, sondern auch die Beschaffungsmärkte werden zu einem Fall für die Markenführung. Auf dem Absatzmarkt reden wir vom Unsichtbaren – vom ideellen Mehrwert oder der Marke. Erfolgreiche Produkte verkaufen eben immer auch eine Geschichte. Das gleiche Prinzip gilt für den Beschaffungsmarkt – jeder Rohstoff, den wir einkaufen, hat eine Geschichte: manchmal eine schlechte, die uns einholt, meistens eine gute, die wir nicht kennen und nicht nutzen. „Story buying" ersetzt „Supply chain management", wenn es um den Aufbau von Kundenvertrauen geht. Während sich das Discountsegment darauf spezialisiert, zum tiefstmöglichen Preis einzukaufen, wird in den Premiummärkten der Einkauf der richtigen, das heißt der zum garantierten Versprechen passenden Geschichten zur Kernkompetenz. Diese Geschichten erlebbar zu machen, wird ein Fall fürs Marketing. So werden in Zukunft vielleicht firmeneigene Bauernhöfe gebrandet werden, um das Garantieversprechen nach reinen, naturbelassenen Rohprodukten sichtbar zu machen.

Näher zum Kunden

Vertrauen geht einher mit Vertrautheit. Jemanden, den wir kennen, dem wir schon öfter begegnet sind, trauen wir – sofern die Begegnungen einen positiven Eindruck bei uns hinterlassen haben. Um diese Vertrautheit bei Kunden zu schaffen, müssen Anbieter näher und öfter an ihre Abnehmer herangehen. Und dies nicht mit mehr Produkten, sondern mit Haltungen und Engagements in Bereichen, die auch den Kunden wichtig sind.

Wer im Foodmarkt tätig ist, hat den großen Vorteil, eigentlich immer mit Themen beschäftigt zu sein, die den Kunden wichtig sind: gesundes Essen, Selbstverbesserung mit Functional Food, Geschmackserlebnis mit Spezialitäten, ökologisch nachhaltig produzierte Lebensmittel, Geselligkeit beim Essen. Hinter diesen Themen steckt immer mehr als lediglich ein Produkt, dahinter verbergen sich Lebenseinstellungen, Ängste, Selbstverwirklichungswünsche, soziale Bedürfnisse oder ethische Verantwortung. Dafür müssen sich Firmen interessieren, wenn sie eine Vertrautheit zwischen ihnen und den Kunden schaffen wollen. Die Themen, welche Konsumenten rund ums Essen beschäftigen, sind die Anknüpfungspunkte für ein Unternehmen, auch neben dem Regal oder außerhalb des Restaurants mit den Kunden zu sprechen.

Nestlé hat als gutes Beispiel mit dem Forschungslabor in Vevey eine weltweit anerkannte Wissensplattform zum Thema „Gesunde Ernährung" geschaffen. Mit einer großen Publikationsreihe macht das Unternehmen regelmäßig Ergebnisse der Studien- und Forschungsarbeiten einer breiten Öffentlichkeit zugänglich. Zwar versuchen viele Foodfirmen in ähnlicher Weise auf ihren Internetseiten mit den Kunden rund ums Thema Ernährung in einen Dialog zu treten, aber viele dieser Bemühungen nehmen sich als seichte PR-Texte aus. Kochrezepte alleine genügen immer weniger, um das Interesse und Vertrauen der Kunden zu gewinnen.

Damit Vertrauen aufgebaut werden kann, muss der **Dialog mit den Kunden** immer auch persönlich erfolgen; nicht nur via Direct Mailing oder mit einer computersimulierten Stimme im Call Center, sondern von Angesicht zu Angesicht. In den einen Foodkanälen, zum Beispiel in der Gastronomie, ist diese direkte Kommunikation kein Problem. In anderen Kanälen ist der direkte Kundenkontakt schwieriger zu bewerkstelligen, insbesondere dann, wenn man kein eigenes Vertriebssystem zum Endkunden besitzt. Sicher ist auf alle Fälle, dass der direkte Kundenkontakt die beste, aber auch die herausforderndste Möglichkeit ist, Kundenbeziehungen und -vertrauen aufzubauen. Und wie sieht die Realität aus? Diejenigen Personen, welche im direkten Kundenkontakt stehen, sind in aller Regel die am schlechtesten ausgebildeten und bezahlten Arbeitnehmer im gesamten Unternehmen! Die Probleme, welche sich daraus ergeben, sind offensichtlich. Ein Lebensmitteleinzelhändler, der beispielsweise durch ein großes Sortiment an biologischen Lebensmitteln das Vertrauen des Kunden gewinnen möchte, wird dieses Vertrauen spätestens dann aufs Spiel setzen, wenn der Kunde vom Angestellten eine Auskunft möchte. Die bekommt er nämlich kaum, weil der Angestellte fürs Auffüllen der Regale eingestellt wurde und nicht dafür, Kundenkontakte zu pflegen.

Vertrauen als Basis für Wachstum

Das Thema Vertrauen und Sicherheit bei Foodprodukten ist im Bereich Babynahrung von besonderer Relevanz. Kein Wunder, dass gerade in dieser Kategorie der Anteil biologischer Rohstoffe extrem hoch ist. Für Babynahrung haben Foodproduzenten Stomach Competence entwickelt. Viele Eltern sind heute mangels überlieferten Wissens, mangels Zeit oder Selbstvertrauen nicht mehr in der Lage, die Verantwortung für eine gesunde Kleinkinderernährung zu übernehmen. Babynahrungshersteller bieten mit ihren Produkten echte Lösungen für diese Kunden. Marken, die sich in dieser Kategorie etabliert haben, sind echte Vertrauensmarken. Letztlich vertraut man diesen sein wertvollstes Gut, nämlich das eigene Kind, ein Stück weit an. Erstaunlich, dass auf diesem Vertrauenskapital nicht aufgebaut wird. Kaum sind die Kinder etwas älter, überlässt man den Eltern wieder die alleinige Verantwortung für die Kinderernährung. Dabei ist es für Eltern gerade ab dem Zeitpunkt schwierig, die Kinder ausgewogen zu ernähren, wo diese nicht mehr einen „All inclusive-Brei" zu sich nehmen. Gesunde Ernährung wird komplizierter, je mehr Kinder essen können und wollen. Nestlé Alete hat als einer der ersten Produzenten reagiert. Neben den Babynahrungsmitteln hat Alete auch Produkte für Klein- und Kindergartenkinder auf den deutschen Markt gebracht. Das ist aber nicht die einzige Zielgruppe, die mit einer Foodvertrauensmarke im Gesundheitsbereich angegangen werden kann. Tatsache ist, dass bereits heute viele Senioren Babyprodukte essen. Was liegt näher, diese Produkte im Geschmack und in der Konsistenz den Bedürfnissen dieser Zielgruppe anzupassen? Ferdinand Haschke, Vorsitzender der Geschäftsführung von Nestlé Nutrition GmbH, verriet bereits 2002 in einem Interview in der Lebensmittel-Praxis (17. September 2002), wie das Unternehmen in diese neuen Zielgruppen wachsen sollte: „Wir werden in naher Zukunft Produkte für den gesundheitsbewussten Verbraucher generell auf den Markt bringen. Diese Produkte sind maßgeschneidert für die spezifischen Ernährungsbedürfnisse in der jeweiligen Lebensphase des Verbrauchers und haben als Benefit ein Ernährungsplus. Diese Produktangebote sind für Schwangere, für die Frau ab 40 und für die Golden Agers, also Verbraucher ab 50 Jahren. Als Nutrition-Company bieten wir dann Produkte für den gesamten Lebenszyklus des Verbrauchers an: vom Baby über den gesundheitsbewussten Verbraucher generell bis zum Senior."

4 Konsum-Megatrend Emotion

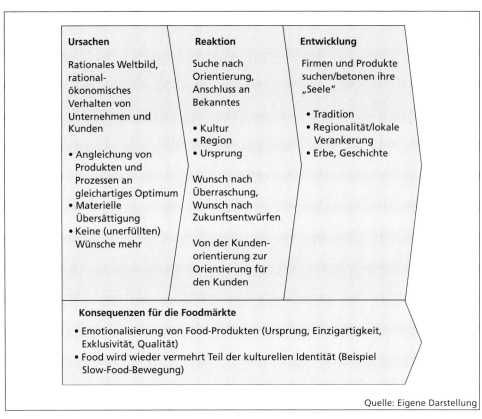

Abb. 40: Zusammenfassung Konsum-Megatrend Emotion

4.1 Ursachen: Weshalb die Nachfrage nach emotionalem Konsum steigt

Seit der zweiten Hälfte des 18. Jahrhunderts hat uns die Aufklärung das Primat der „reinen Vernunft" aufgedrängt. Was einst die Sache einer kleinen „wissenden" Elite war, ist heute zum Allgemeingut geworden. Vernunft und Logik sind die allgemein gültigen Prinzipien, insbesondere dann, wenn es um die Ökonomie, oder anders, ums Geld geht. Vernunftmäßig hat sich denn auch viel Geld verdienen lassen. Das durchrationalisierte Unternehmen der Massenproduktion, der Economy of Scales, der Prozessvereinfachung und Standardisierung hat sich in den letzten Jahrzehnten gesundgestoßen – aber langsam bröckelt der Glanz ab. Denn es gibt nur eine rationale Vernunft, und somit gibt es auch nur eine rational beste Lösung, ein rational bestes Produkt, eine rational beste Dienstleistung. Viele Unternehmen haben sich genau auf diesen Punkt hin zu bewegt, mit der Folge, dass sich Angebote heute kaum mehr voneinander unterscheiden. Unser Hunger nach Wohlstand ist gesättigt, ja übersättigt, nur sind wir damit nicht zufrieden.

Wenn die Kunden von allem genug haben, was wollen sie dann? Marketingstrategen versuchen, dieser Frage mit immer ausgefeilteren Methoden auf den Grund zu gehen. Mit Marktanalysen, Kundenbefragungen oder Datamining versuchen sie, bisher unbekannte Verhaltensmuster der Kunden zu finden, deren Wünsche zu erfahren und mit entsprechenden Angeboten zu ködern. Dabei zielen sie am eigentlichen Wunsch der Kunden vorbei, denn: Die Kunden von heute wünschen sich nichts mehr als das: **Wünsche**.

Ja, uns sind die Wünsche ausgegangen, weil so ziemlich alles, von dem wir einst geträumt haben, zur Selbstverständlichkeit geworden ist. Luxusreise auf dem Kreuzschiff – schon gemacht. BMW 3er Reihe – schon gekauft. Billigmöbel mit Designappeal – bei Ikea gefunden. Die Konsumerfahrungen der vergangenen Jahre haben uns gelehrt, dass wir unsere materiellen Ziele in aller Regel erreichen können. Nur, ist es erstrebenswert, diese Ziele zu erreichen? Und was, wenn wir sie alle erreicht haben?

> **MERKE**
>
> **Ein indisches Sprichwort sagt: „Wer Ziele hat, hüte sich, sie zu erreichen."**

Wünsche und Ziele geben uns eine Richtung vor, motivieren und kanalisieren unsere Entscheidungen – auch unsere Konsumentscheidungen. Was motiviert uns einzukaufen, wenn wir schon alles besitzen? Welche **Überraschung** erleben wir dabei noch, was wird uns geboten, das wir bisher nicht erreichen konnten, welche **Sehnsüchte** werden geweckt, die wir bisher gar nicht verspürt haben? Welche Wünsche entstehen in uns, wenn wir durch die Einkaufsstraßen bummeln, welche **Lebensziele** erscheinen uns auf einmal erstrebenswert? Genau nach diesen Erfahrungen sehnen sich heute die Kunden immer mehr. Kunden möchten nicht Bedürfnisse gestillt haben. Bedürfnisse sind materiell, bedeuten Besitz. Kunden sind auf der Suche nach Wünschen und Sehnsüchten. Diese sind immateriell, sind Traum, beziehen sich auf innere Vorstellungen und brauchen möglicherweise nicht wirkliche Befriedigung, aber immer den Versuch, diese Befriedigung zu erlangen.

Mit Marktforschung ist dieser Sehnsucht der Kunden nicht beizukommen. Die Menschen brauchen immer weniger das, was sie bereits erwarten, was sie als Wünsche in einer Befragung artikulieren können. Und um das in Erfahrung zu bringen, von dem sie noch gar nicht wissen, dass sie es in Wirklichkeit brauchen könnten, helfen auch psychologisch oder tiefenpsychologisch angelegte Interviews kaum.

Damit sind die Grenzen der so genannten Kundenorientierung aufgezeigt. Kunden werden nicht glücklicher, wenn Produkte immer genauer ihre vermeintlichen Bedürfnisse treffen. Wir haben zwar immer mehr Daten über Kunden und deren Kaufverhalten, aber es ist fraglich, ob sich daraus echte emotionale Mehrwerte für die Kunden schaffen lassen. Wo bleibt die Überraschung, wenn alle Anbieter aufgrund meiner Einkaufsdaten mir dasselbe, auf mein Datenprofil zugeschnittene Angebot präsentieren? Was veranlasst mich, das Angebot der Firma X demjenigen der Firma Y vorzuziehen? Ja – einen Grund kann es dafür geben, den Preis. Ein weiterer Gedanke, der die Grenzen von Kundendaten zeigt: Wäre es nicht interessanter zu wissen, was Kunden nicht kaufen, und aus welchen Gründen sie es nicht kaufen? Vielleicht gibt es das gar nicht, was sie kaufen möchten, und der Kauf eines anderen Produktes ist eine reine Verlegenheitslösung. In dieser Situation erreicht man mit Datamining nur, dass der Kunde das nächste Mal eine noch perfektere Verlegenheitslösung kaufen wird.

Erhebung und Auswertung von Kundendaten sind wichtig und richtig, aber sind für sich alleine gesehen nicht ausreichend, die eigentlichen Bedürfnisse der Kunden zu erfüllen. Neben die Kundenorientierung muss vermehrt die Orientierung für die Kunden treten. Das heißt nichts anderes, als dass Unternehmen, Produkte und Dienstleistungen wieder eine „Seele" bekommen sollten. Sie dürfen nicht alleine Surrogate bruchstückhafter Kundenprofile sein, sondern sie brauchen eine eigene Geschichte, eine originale, ursprüngliche Idee. Sie müssen sichtbar sein, dem Kunden gegenüber ein unverwechselbares Profil zeigen, an dem er sich orientieren kann. Unternehmen sollten nicht nur fragen, wie sie dem Kunden am besten gefallen, sondern die Kunden müssen selber entscheiden können: „Dieses Unternehmen gefällt mir, jenes nicht."

4.2 Reaktion und Entwicklung: Produkte suchen ihre Geschichte

Wir leben in einer entwurzelten Gesellschaft, in der wir immer weniger von Religionen oder sozialen Ordnungen vorgegebene Lebensziele haben, sondern uns tagtäglich nach dem Sinn des Lebens fragen müssen. In dieser haltlosen Welt wird der Wunsch nach stabilen Faktoren, an denen wir uns orientieren können, größer. Allerdings heißt das nicht einfach „zurück zum Alten und Bewährten". Was wir suchen, ist das Neue, das Überraschende, eine gute Idee, die unser Leben bereichert – aber immer auch etwas Neues, das uns irgendwie bekannt ist, das wir begreifen können und verstehen. Wir suchen ästhetische Überraschungen und emotionales Involvement, aber immer als Ausdruck eines Zeitgeistes, in dem wir selber leben und den wir mitprägen. Als Kunde wehren wir uns, wenn der Ursprung von Produkten, Materialien, Geschichten, Menschen und Unternehmen immer häufiger verleugnet und einer global standardisierten Vereinfachung geopfert wird. Wir schätzen zwar die funktionale Perfektion von Produkten zu unschlagbaren Preisen, aber wir können keine emotionale Beziehung zu solchen Dingen schaffen. Da helfen auch straffe Corporate-Identity(CI)-Verordnungen nicht weiter. Wenn jeder Kontakt mit Kunden einheitlich gestaltet wird, vom Schriftbild, dem Schriftstil, der Farbgebung von Unterlagen und Präsentationen bis hin zur Kleiderordnung, macht das natürlich alles Sinn, bis zu einem gewissen Grad. Das Unternehmen stellt so ein einheitliches, qualitativ genormtes Bild gegen außen dar. Manche CI-Normen (von den Autoren selber erlebt) gehen aber noch weiter und regeln auch präzise, wie der Umgang mit Kunden zu erfolgen hat, auch beispielsweise, in welche Restaurants man mit Kunden essen gehen darf. Sogar für die Auswahl des richtigen Weines gibt es „Empfehlungen". Wir sind ganz sicher, kein Kunde einer solchen Firma kann sich beklagen, er hätte in einem schlechten Restaurant essen müssen. Keiner kann sich über die falsche Weinwahl des Gastgebers amüsieren. Aber – wahrscheinlich denkt auch keiner der Kunden, etwas Einmaliges erlebt zu haben! Überlegen Sie sich im Gegenzug das folgende fiktive Beispiel: Was bleibt bei einem Kunden hängen, wenn Sie ihn mit in den Supermarkt nehmen, dort Dinge für ein Picknick einkaufen und zu einer Feuerstelle im Naherholungsgebiet fahren? Dorthin, wo Sie an den Wochenenden mit Ihrer Familie ausspannen? Etwas bleibt ganz sicher hängen, ein bleibender Eindruck eines einzigartigen Erlebnisses.

Damit wir hier nicht falsch verstanden werden: Nicht das erwähnte Picknick ist das Erlebnis, sondern die Tatsache, dass in diesem Beispiel jemand den Mut hat, etwas zu tun, das ihm selbst gefällt und das er mit der entsprechenden Begeisterung vermitteln kann. Es ist die Tatsache, dass sich eine Person mit den eigenen Ansichten, mit einem eigenständigen Profil zu erkennen gibt, dadurch aber auch verletzlich wird für Kritik – aber letztlich mit einer klaren Position dem Gegenüber Orientierung bietet.

Produkte sollen wieder eine Seele erhalten

Die Konsumgüterbranche treibt momentan genau in die entgegengesetzte Richtung. Produkte und Marken werden vereinheitlicht, aus vielen regionalen Marken werden wenige globale Brands, die mit entsprechend großen Werbebudgets in den Köpfe der Kunden verankert werden. Das macht viel Sinn in einer von immer neuen Produktinnovationen überladenen Welt. Aber es führt auch unweigerlich dahin, dass sich die Produkte immer ähnlicher werden, dass der dank der Bekanntheit der Marke erzielte Mehrerlös immer kleiner wird und die Differenzierung zur Konkurrenz nur noch über den Preis geschehen kann.

MERKE!

Globalisierung führt auf den Konsumgütermärkten langfristig zwangsläufig zu einer Discountisierung.

Und wie sieht diese Entwicklung für die Kunden aus? Kalle Lasn, der Herausgeber der Zeitschrift „adbusters", sieht das Problem wie folgt: „Achte einmal darauf, was du fährst, was du trägst, rauchst und liest. Sind diese Dinge du? Wäre ein Anthropologe in der Lage, anhand all deiner materiellen Besitztümer ein angemessenes Porträt deiner Persönlichkeit zu zeichnen? Würde dieses Porträt ein echtes Original oder nur einen bestimmten Typ Mensch zeigen?"

Nach der unbegrenzten Konsum-Euphorie der 80er und 90er Jahre merken immer mehr Menschen, dass sie mit Marken und Produkten nicht mehr Identität, sondern lediglich mehr Standardisierung erworben haben. Was sie kaufen, ist nicht Teil ihrer eigenen Geschichte, einer Geschichte, die weitererzählt und gelebt werden kann. Nein, es ist die Geschichte einer cleveren Werbeagentur, die nur weitergeht, wenn die nächste Folge in demselben Kreativbüro geschrieben wird. Auf Gedeih und Verderb sind Kunden heute wie Figuren einer Soap-Opera dem massenmarkttauglichen Skript des Serienautors ausgeliefert.

Der Wunsch der Kunden nach wahren Geschichten, die ihnen auch etwas bedeuten, wächst, und damit wächst auch die Bereitschaft, dafür Geld auszugeben. Es gibt sie, die erfolgreichen Beispiele von Unternehmen, die an dieser Sehnsucht der

Kunden anknüpfen. Vorbildlich hat beispielsweise die Firma Manufactum aus Deutschland (www.manufactum.de) den **Wunsch nach Authentizität und Ursprünglichkeit** als Unternehmensphilosophie aufgenommen. Manufactum-Produkte haben eine Seele, eine Geschichte, die in den Katalogen sehr aufwändig und sorgfältig für alle einzelnen Produkte erzählt wird. Worum es Manufactum geht, wird in den folgenden Sätzen klar: „Zumindest im Konsumgüterbereich erscheint uns ein Großteil der Innovationen der letzten 30 Jahre als durchaus fragwürdige Neuerung. Gab es zunächst noch einen immerhin wahrnehmbaren, wenn auch zweifelhaften Gewinn an ‚Komfort' (durch Elektronik) und ‚Pflegeleichtigkeit' (durch Chemie), so ist der ‚Fortschritt' bei Konsumgütern inzwischen zur nerventötenden Landplage geworden, der die Produkte nur noch ‚witziger', ‚farbiger' oder eben – ‚Innovation' als Selbstzweck – nur irgendwie ‚neuer' macht. Unter technischen Gesichtspunkten steht dem ein dramatischer Verlust an Qualität, Funktionssicherheit, Reparierbarkeit und Langlebigkeit und unter kulturellen Gesichtspunkten ein – vielleicht ebenso dramatischer – Verlust an ‚Geschichtlichkeit' gegenüber" (www.manufactum.de).

Die Gegenüberstellung eines Manufactum-Laufschuhs und eines Sneakers der Powerbrand Nike zeigt die Unterschiede der „Geschichtenerzählung" beider Unternehmen:

Geschichte des Manufactum Laufschuhs	*Geschichte des Nike Bowermann-Laufschuhs Air Skylon*
„Brütting. Ein echter Laufschuh. Seit 30 Jahren. *Seit Ende der 60er Jahre wird der Brütting-Sportschuh gebaut, der bei Kennern und Leistungssportlern als Geheimtipp gilt. Er wurde damals in enger Zusammenarbeit des Nürnberger Schuhmachers Eugen Brütting mit Trainern und Aktiven entwickelt und ist auch heute noch ‚and made in Germany'.* *Aus Leder – auf dem Leisten gearbeitet. Die Schuhe sind auf einem (stärker*	*„Vier Jahre hat die Entwicklung dieses ultraleichten Laufschuhs (296 g inkl. Schnürsenkel) mit ausgezeichneter Dämpfung gedauert, der unter einem leichten Obermaterial mit exzellenter Passform eine Mittel-/Außensohle aus Phylite verbirgt."* *„Bill Bowermann, Mitbegründer von Nike, hatte die Idee, eine Außensohle für Laufschuhe zu fertigen, indem er Kautschuk in ein Waffeleisen goss. Er stellte Obermaterial aus Fischhaut her und rechnete aus, wie man ein kleines*

als üblich gebogenen) Sichelleisten aufgebaut. Der Fuß wird an der Ferse von einem weich anliegenden Bordürenfutter umfasst, Sohlenrand und Hinterkappe sind gummiverstärkt. Die Sohlenkonstruktion sieht von heute üblichen Verfahren (aufgeschäumter Kunststoff mit Luft- oder Gel-Einschluss usw.) ab und löst die Aufgabe der Dämpfung des Laufschrittes auf konventionelle, eben schuhmacherische Weise: Der dreischichtige Aufbau mit abriebfester Gummilaufsohle, Keil und durchgehender Zwischensohle aus Zellgummi und die chromgegerbte Lederbrandsohle sorgen für einen mittelharten Auftritt (redlicherweise darf bei dieser Konstruktion kein butterweiches ‚Einsinken' wie bei den heutigen Schaumstoffschuhen erwartet werden)." (www.manufactum.de)

bisschen Gewicht am Schuh wegnehmen und so einem Läufer ganze Pfunde sparen kann.
1971 trat Bill als Mitbegründer von Nike in Erscheinung. Dreißig Jahre später kreierte Nike die Bowermann-Line, eine Serie hoch entwickelter Laufschuhe mit präzisem Design." (www.nike.com)

Sowohl Nike wie Manufactum erzählen eine Geschichte zu ihrem Produkt. Jedoch werden die Geschichten unterschiedlich empfangen. Was bei Manufactum nach Liebe zum Handwerk klingt, tönt bei Nike nach aalglatter Werbebotschaft, in irgendeinem gestylten Werbeoffice getextet. Warum? Weil wir von Nike auch ganz andere Dinge zu hören bekommen: Kinderarbeit, Niedriglöhne, Missstände in Zulieferbetrieben, sexuelle Belästigungen am Arbeitsplatz, Ausbeutung. Egal, ob diese Meldungen zutreffend sind oder nicht, wir glauben den schönen Werbegeschichten Nikes und anderer großen Markenfirmen wenig, da sie nicht wahrnehmbar gelebt werden.

Eine Geschichte zu einem Produkt ist gut, ja ist unabdingbar für Emotionalität, aber eine Geschichte muss glaubwürdig sein, für die Kunden erlebbar und überprüfbar gemacht werden. Genau diese Transparenz, diese Ehrlichkeit vermissen Konsumenten heute bei vielen Unternehmen. Je größer und globaler die Konzerne, je weniger lokal verwurzelt und kulturell eingebettet die Firmen sind, desto schwieriger wird es für Kunden, Vertrauen zu bilden. So zitierte die Financial Times Deutschland 2001 zutreffend: „Die globalen Unternehmen repräsentieren gegenwärtig nicht mehr das, wonach Menschen verlangen, sondern immer stärker das, was wir fürchten – oder gar verabscheuen. Konsumenten wollen nicht werbetechnisch überrannt werden, sondern suchen nach Anhaltspunkten, dass sie den globalen Firmen wieder trauen können."

Kritische Konsumentinnen und Konsumenten oder auch Konsumverweigerer sind via Internet immer besser vernetzt. Das hat sich erheblich auf die Protestkraft dieser Gruppen ausgewirkt. Boykottdrohungen oder Protestaktionen lassen sich kostengünstig und ortsunabhängig planen, Informationen, Gerüchte und Fakten in Realtime austauschen. Protestbücher wie „No Logo" (Naomi Klein) oder das „Schwarzbuch Markenfirmen" (Klaus Werner und Hans Weiss), welche unethisches Verhalten von Großkonzernen anprangern, sind vor allem deswegen so stark beachtet worden, weil sich um diese Publikationen und die darin enthaltenen Vorwürfe wilde Diskussionen im Internet entfaltet haben.

Mit Glaubwürdigkeitsproblemen haben heute viele große Unternehmen zu kämpfen, insbesondere dann, wenn die Geschichten, die sie den Kunden erzählen, nicht mit dem übereinstimmen, was diese von den Firmen wahrnehmen. Klaus Werner und Hans Weiss haben in ihrem „Schwarzbuch Markenfirmen" die Diskrepanz von „Geschichte" (hier: mission statement) und „Realität" (hier: öffentliche Vorwürfe an die Unternehmen) einiger multinationaler Unternehmen recherchiert. Die hier wiedergegebene Liste der Vorwürfe basiert auf Angaben der Autoren des Buches (Werner/Weiss, 2001). Die Vorwürfe sind von uns nicht nachrecherchiert worden, daher bürgen wir nicht für deren Richtigkeit.

Einige Unternehmen versuchen aus diesen Gründen, Transparenz und Kontrollmöglichkeiten zu schaffen. Royal Dutch/Shell beispielsweise fördert die alternative Energiegewinnung in Asien, das Pharmaunternehmen Merck kämpft gegen Aids in Afrika, Nike lässt die Arbeitsbedingungen in seinen Fabriken von NGOs überwachen. Künftig werden Großunternehmen jedoch noch viel stärker darauf reagieren müssen, dass bei den Konsumenten das Bewusstsein für die „Nebeneffekte" ihrer Arbeit stetig wächst. Geschichten von Produkten oder Marken können immer nur so glaubwürdig sein wie die dahinter stehenden Unternehmen und Menschen.

Tab. 11: Diskrepanz zwischen Mission Statement und öffentlichen Vorwürfen

Mission Statement	Vorwürfe an das Unternehmen
Nestlé S.A. „Good Food – Good Life"	Anwendung international geächteter Vermarktungsmethoden im Handel mit Babynahrung, Ausbeutung von Agrararbeitern durch Rohstofflieferanten
Mitsubishi Corporation „Verantwortung für die Gesellschaft"	Zerstörung von Regenwäldern
McDonald's Corporation „Unser Anspruch: Überall auf der Welt der beste Arbeitgeber zu sein"	Kinderarbeit, Ausbeutung und katastrophale Arbeitsbedingungen in Zulieferbetrieben, exzessiver Fleischverbrauch mit negativen ökologischen und sozialen Folgen
GlaxoSmithKline „Der Gesundheit und dem Wohlbefinden von Menschen in Entwicklungsländern verpflichtet"	Finanzierung unethischer Medikamentenversuche, Behinderung eines Entwicklungslandes bei der Herstellung und Vermarktung lebenswichtiger Medikamente, Vermarktung eines fragwürdigen Medikaments
Gap Inc. „Factory workers to be treated with dignity and respect"	Ausbeutung von Arbeitern in Zulieferbetrieben

Quelle: http://www.markenfirmen.com

4.3 Konsequenzen für Foodmärkte: Dem Essen Sinn geben

Kulturgeschichtliche Abhandlungen über das Essen, Filme und Theater, Romane und Performances zeigen: Essen war schon immer mehr als reine Nahrungszufuhr. Von der Nahrungsmittelproduktion über den Kauf, die Zubereitung bis hin zum Verzehr finden sich unzählige biografisch-individuelle, kulturelle und soziale Wechselbeziehungen. Essen ist und war immer Teil unserer eigenen Geschichte, der Kitt im Sozialgefüge der Familie, die Würze zu Beginn einer romantischen Liaison oder die Kür eines sozialen Ereignisses. Nichts lassen wir freiwillig so nahe an uns heran – oder besser in uns hinein – wie Nahrungsmittel. Unsere Beziehung zu Essen ist persönlich und emotional, geprägt von unseren gelebten Erfahrungen und gehörten Geschichten. Nun sind aber gerade das Essen, Lebensmittelproduktion und -verkauf oder auch die Gastronomie Gebiete, in denen Orientierung und Authentizität verloren gehen. Die Globalisierung oder faktische „Amerikanisierung" von

Essen und Küche, die Versuche, global homogenisierte Standards bei Nutzpflanzen, der Lebensmittelherstellung für Supermärkte und dem Restaurantangebot einzuführen, lassen uns den Verlust emotionaler Werte im Zusammenhang mit Essen schmerzlich spüren. Mit dem Verlust der kulturellen und sozialen Bezüge zu Nahrungsmitteln, dem Wissen über deren Zubereitung und der Aufgabe von Verzehrkultur verlieren wir auch an intuitiver Sicherheit. Konsumenten müssen Diätkochbücher oder Gesundheits-Tipps in Magazinen konsultieren, um sicher zu sein, etwas Gesundes zu essen. Immer mehr eignen sie sich gleich auch die ideologischen, kulturellen oder religiösen Glaubenssysteme bestimmter Ernährungsweisen an. Wir wissen nicht mehr, wann welche heimischen Gemüse Saison haben, dafür kennen wir die Feinheiten der Fünf-Elementen-Küche. Aber dieses Wissen bringt keine Sicherheit. Es ist so volatil wie die schnell wechselnden Moden von Diäten, Therapien oder Fitness-Methoden. Das macht sich bemerkbar: **Food-Konsum schafft keinen Sinn mehr**. Aber genau danach streben wir, nämlich dass Konsum als Teil unseres Lebensinhalts auch in Zukunft Sinn macht, in einer Zukunft, wo wir alles besitzen; dass Konsum uns nicht mit genormten, optimierten Produkten, sondern mit der kulturellen Eigenart und Einzigartigkeit von Objekten beschenkt.

Die Slow-Food-Bewegung ist ein treffendes Beispiel für die Suche nach Emotion, nach Sinn und Verständnis im Zusammenhang mit Nahrungsmitteln. Slow-Food ist 1986 in Italien als Reaktion auf die Eröffnung des ersten McDonald's im Herzen der historischen Altstadt von Rom entstanden. Heute zählen über 60.000 Mitglieder in 45 Ländern zu Slow-Food.

Slow-Food ist nicht einfach nur als eine Gegenbewegung zu Fast-Food und den guten alten Hamburgern zu verstehen, sondern ist eine Auseinandersetzung mit unserer eigenen Entfremdung. „Es geht darum, wie durch die Vorherrschaft des Effizienzgedankens unsere Genussfähigkeit verloren gegangen ist, Geschmacksvielfalt und Biodiversität unserer Rohstoffe fast vernichtet wurden und wir alle unsere Lebensbereiche funktionalisiert haben, anstatt eine Harmonie zwischen ihnen herzustellen. Damit haben wir unsere Lebensabläufe, seien sie beruflich oder privat, dem Diktat der Zeit unterworfen, was eine kontinuierliche Beschleunigung unseres Lebens zur Folge hat." (Slow-Food-Mitbegründer Giacomo Mojoli anlässlich der von Realise (www.realise.de) und dem Gottlieb Duttweiler Institut (ww.gdi.ch) organisierten Konferenz „Emozioni" 2001)

Essen ist eng mit Emotionen und Ritualen verknüpft, insbesondere mit dem Bild der guten Mutter, die rundum für einen sorgt. Die „Küche der Mutter" ist natürlich auch effizient, aber in einer Weise, die eine Nachhaltigkeit der Wertschöpfungskette sicherstellt, während die Effizienz in unserem täglichen Leben nicht auf Ganzheitlichkeit, sondern auf einer Zersplitterung unseres Lebens in einzelne Aktivitäten beruht.

„Die Küche der Mutter steht für Hausmannkost, Herd und den ‚Geschmack von daheim'. Die globalisierte Welt konnte den Bürgern dieser Erde bisher nicht Heimat sein, da sie sich alleine auf wirtschaftliche Werte konzentriert hat. Ihr Programm berücksichtigte nicht den Aufbau eines gemeinsamen Grundverständnisses des Menschseins nach anthropologischen Universalkriterien. So ist die globalisierte Menschheit in Wirklichkeit eine ‚Patchwork-Menschheit', die sich auch in ihrer Essenskultur widerspiegelt mit Döner, Chop Suey und Sushi sowie mit Pizza und Hamburger in allen Lifestyle-Variationen. Doch anstatt die Vielfältigkeit und Diversität unserer Welt durch regionale kulinarische Kulturen zu bereichern, betonen wir die globale Homogenisierung unseres Konsumumfeldes. In der Küche ist heute Fusion angesagt, eine Küche mit einem individualisierbaren Speisen- und Warenangebot, das keinen eigenen Geschmack mehr hat und daher die Kraft verloren hat, in uns Widerhall und Resonanz auszulösen. Jedes Produkt, jedes Gericht, jeder Restaurantbesuch ist formal anders, aber im Wesentlichen nicht unterschiedlich. Sind wir nicht alle zu Waisen von Mutters Küche geworden und ist Fast-Food – sei es nun lässig oder elegant – in Wahrheit nicht Ausdruck einer Sehnsucht des globalisierten Menschen?" (Christian Votava, Realise, anlässlich der Konferenz „Emozioni" 2001)

Die Leitideen von Slow-Food sind einfach und geben über den ganzen Nahrungsprozess hinweg hervorragende Ansatzpunkte zur Emotionalisierung von Essen:
- Weniger und langsamer produzieren
- Konsum und Vermarktung regionalisieren
- Lebensmittelherstellung mit Region, Tradition und Identität verknüpfen

Wer im Foodbusiness nicht in die Discountfalle tappen will, wird sich die eine oder andere Idee von Slow-Food einverleiben müssen. Anders wird man im Foodbusiness mit den Kunden kaum eine emotionale Beziehung aufbauen können.

Methoden

1 Stomach Share – Vom Marktanteil zum Magenanteil

Wachstum für Foodunternehmen ist, wie in Teil I, Kapitel 1 beschrieben, auf drei Wegen möglich: im bestehenden Foodkanal, über alle Foodkanäle hinweg und in weitere Konsummärkte hinein. Die Entscheidung für die eine oder andere Wachstumsstrategie hängt nicht zuletzt damit zusammen, wie gut man die potenziellen Wachstumschancen einschätzen kann. Im klassischen Kanalwachstum (d. h. Marktanteil im bestehenden Kanal erhöhen) fällt das relativ einfach. Man verfügt über genaue Angaben bezüglich Marktvolumen, dessen Entwicklung in den vergangenen Jahren und man kennt die Konkurrenten.

Die heutige quantitative Marktforschung untersucht denn auch folgerichtig Absatzkanäle (Beispiel Lebensmitteleinzelhandel) und Produktgruppen (Beispiel Fertiggerichte). Die Foodmärkte werden dabei in der Regel in die zwei Segmente Einzelhandel und Außer-Haus-Markt unterteilt. Die meisten Firmen haben ihre Organisation entsprechend ausgerichtet. Es gibt die „Foodservice Division" und die „Retail Unit" oder die „Einzelhandelsabteilung" und die „übrigen". Der Einzelhandel wird häufig weiter unterteilt, in der Schweiz beispielsweise in „Filialisierter Einzelhandel" und „Fachhandel"; der Außer-Haus-Markt in Segmente wie „Bediente Restauration", „Betriebsverpflegung" etc. Ein von einem Marktforschungsinstitut ermittelter hoher Marktanteil gibt heute beispielsweise Auskunft über die quantitative Bedeutung eines Produktes innerhalb einer definierten Produktgruppe, innerhalb eines definierten Absatzkanals, innerhalb einer definierten Mitbewerberkonstellation. Das ist gut und recht. Welchen Anteil wir jedoch beim Kunden haben, ist uns unbekannt. Dabei können wir erst auf der Ebene des Kunden abschließend beurteilen, wie groß das effektive Potenzial für unser Produkt oder unsere Warengruppe ist. Nehmen Sie das Beispiel Kaffee. Wie aussagekräftig ist die Information, dass Ihr Unternehmen 40 % Marktanteil am Kaffeeumsatz im Einzelhandel hat? Angenommen, der Kunde trinkt den meisten Kaffee außer Haus, dann haben Sie auch mit 100 % Marktanteil im Einzelhandel den effektiven Markt noch lange nicht ausgeschöpft. Auch wissen Sie nichts darüber, ob die Kunden allgemein mehr oder weniger Kaffee trinken. Sie erhalten lediglich die Information, wie sich der Kaffeekonsum innerhalb eines einzelnen Kanals entwickelt. Wachstumsprobleme sind deshalb nicht immer auf verminderte Konsumlust der Verbraucher zurückzuführen, sondern können auch lediglich Schwierigkeiten des Kanals sein.

Aus diesem Grund gehört unserer Meinung nach der Kunde und sein Magen in den Mittelpunkt aller Wachstumsüberlegungen. Die zentrale Frage für alle, die über mehrere Kanäle hinweg wachsen wollen, lautet: **Wie groß ist mein Anteil am Magen des Kunden**? Um das herauszufinden, braucht es neue Marktforschungsinstrumente. Die bisherige Marktforschung erhebt keine vergleichbaren Daten über alle Kanäle hinweg. Deshalb haben wir in Kooperation mit den Marktforschungsinstituten IHA/GfM AG, Grossopanel AG und Marketingold AG „Stomach Share" entwickelt. „Stomach Share" ist ein Marktforschungsinstrument, das nicht mehr die Bedeutung eines einzelnen Kanals, sondern die quantitative Konstellation sämtlicher existierender Kanäle erhebt. Stomach Share gibt Auskunft über die Totalmenge an Food und Getränken, die in den Mägen der Kunden landen, und Stomach Share gibt auch Auskunft, wie viel davon anteilsmäßig über die verschiedenen Foodkanäle in den Magen gelangt.

Wir haben erstmalig für den Schweizer Markt diese Gesamtdaten zusammengetragen. Die Stomach-Share-Methodik lässt sich ohne weiteres auch auf andere Länder übertragen. Für die Schweiz haben wir die absoluten Frankenbeträge für die **Gesamtmenge** (Food *und* Getränke), *nur* für **Food** und *nur* für **Getränke** (unterteilt in alkoholische und nicht-alkoholische Getränke), erfasst (siehe Abb. 41). Die Stomach-Share-Analyse ließe sich natürlich auch für spezifische Warengruppen oder Produkte durchführen.

Ein Rechenbeispiel zum Mitmachen: Wer seinen heutigen Umsatz in der Schweiz den einzelnen Kanälen zuteilt und die vorliegenden Gesamtzahlen (nämlich der „Gesamtmagen" aller Schweizer Kunden) als Gesamtmarkt betrachtet, der wird garantiert künftige Wachstumspotenziale erkennen – vielleicht jedoch nicht im Kanal, in dem man sich zur Zeit befindet. Aus 30 % (Kanal-)Marktanteil können mit dieser Betrachtung schnell einmal 3 % Magenanteil werden!

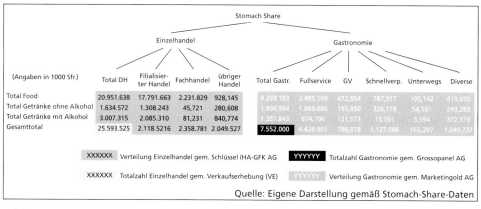

Abb. 41: Stomach-Share-Daten

1.1 In zwei Schritten zu Stomach-Share-Daten

Das große Problem bestehender Marktforschungsdaten zu den verschiedenen Foodkanälen ist, dass die Zahlen nicht miteinander vergleichbar und somit nicht addierbar sind. Der Umsatz im Einzelhandelskanal kann nicht mit dem Umsatz in der Gastronomie verglichen werden, wenn man den „Magenanteil" errechnen will. Denn im Einzelhandelsumsatz ist keine Wertschöpfung (beziehungsweise die unbezahlte Wertschöpfung der Hausfrau) enthalten, der Gastro-Umsatz hingegen beinhaltet die kommerzielle Wertschöpfung des Kochs. Stomach Share löst dieses Problem, indem die Methode den Food-Markt auf einer gemeinsamen Ebene, nämlich nach dem Lebensmitteleinzelhandel beziehungsweise Großhandel und vor der Wertschöpfung durch die Gastronomie zusammenführt (siehe Abb. 42). Dies bedingt allerdings, dass wir ausnahmsweise einmal vom Hersteller und nicht vom Kunden aus denken.

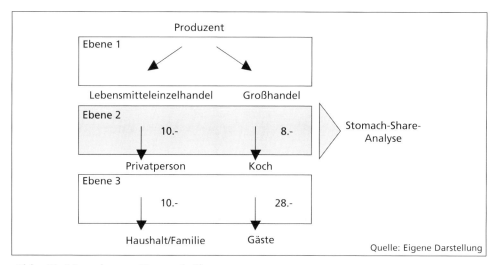

Abb. 42: Messebenen Stomach Share

Schritt 1: Definition Gesamtgröße Einzelhandel und quantitative Bedeutung der einzelnen Einzelhandelssegmente

a) Definition Gesamtgröße Einzelhandel
In unserem Modell entspricht die wertmäßige Gesamtmarktgröße des Schweizerischen Einzelhandels (Food & Beverage) ca. 25,6 Mia. SFR. Diese Zahl stammt von der Verkaufserhebung (VE) des Bundesamtes für Statistik. Die Größe wird allgemein als sehr genau anerkannt. Die von diversen Marktforschungsunternehmen kalkulier-

ten Gesamtdaten (basierend auf Hochrechnungen aus Scannerdaten oder Interviews) sind durchweg kleiner als diese Totalzahl der VE. Der Grund liegt darin, dass Marktforschungsunternehmen nicht alle Regionen und nicht sämtliche möglichen Subkanäle des Einzelhandels abdecken können.

b) Definition Verteilschlüssel für die Einzelhandelssegmente
Mit der Angabe über die Gesamtmarktgröße des Einzelhandels aus der VE haben wir zwar eine sehr genaue und anerkannte Größe, aber wir wissen noch nicht, wie wir diese den einzelnen Kanal-Segmenten zuordnen sollen. Um das herauszufinden, haben wir die Daten und die Marktsegmentierungen der Firma IHA-GFK AG verwendet. Mit den prozentualen Erhebungsdaten von IHA-GfK lässt sich das Einzelhandels-Gesamtvolumen auf die einzelnen Segmente aufschlüsseln (siehe Abb. 41, Zahlen Einzelhandel).

Schritt 2: Definition Gesamtmarktgröße Gastronomie und die quantitative Bedeutung der einzelnen Gastronomie-Segmente

a) Definition Gesamtmarktgröße Gastronomie
Die Marktgröße sämtlicher Gastro-Segmente zusammen beziffern wir auf 7,5 Mia. SFR. Die Zahl stammt von der Firma Grossopanel AG. Daten vom Bundesamt für Statistik sind hier nicht vorhanden. Grossopanel AG erfasst den Großteil der Abverkaufsdaten (Food and Beverage) vom Gastro-Großhandel (incl. C&C) an die Gastronomie. Mittels Hochrechnung lässt sich der Gesamtmarkt definieren (inkl. Einbezug der Direktlieferungen). Wie auch bei den Daten aus der VE fehlt aber auch hier die Verteilung innerhalb der einzelnen Gastro-Segmente.

b) Definition Verteilschlüssel für die Gastro-Segmente
Die Firma Marketingold AG erhebt den Außer-Haus-Konsum in der Schweiz. Mittels einer Jahresstichprobe von 25.000 Interviews (day after call) geben in der Schweiz wohnhafte Frauen und Männer (zwischen 15 und 74 Jahren) an, was sie wo und wann zu welchem Preis konsumiert haben. Die Daten werden von der Marketingold AG gemäß der in Abbildung 41 aufgeführten Gastro-Segmente strukturiert, berechnet und zugeteilt.

Das Gesamtmarktvolumen Gastronomie, erhoben von Grossopanel AG, kann nun mittels prozentualem Verteilschlüssel von Marketingold AG auf die einzelnen Segmente aufgeschlüsselt werden.

2 Stomach Competence – Von Produkten zu Lösungen

Die quantitative Übersicht über sämtliche Foodkanäle, die sich mittels Stomach Share erheben lässt, schafft eine wichtige Voraussetzung für gezieltes Wachstum in Foodmärkten. Die Daten von Stomach Share alleine sind jedoch nicht ausreichend, um die skizzierten Wachstumsmöglichkeiten der „Kanal-Konvergenz" und der „Markt-Konvergenz" auszuschöpfen (vgl. dazu Teil I, Kapitel 3 „Konvergenzen"). Die Daten geben einen mengenmäßigen Ist-Zustand der Foodkanäle wieder. Das kann ausschlaggebend sein für die Entscheidung, in einen zusätzlichen Foodkanal einzusteigen. Sie sagen aber nichts darüber aus, ob die heutigen Foodkanäle auch die richtigen Foodkanäle von morgen sein werden.

Um herauszufinden, wie die Foodkanäle von morgen aussehen könnten, müssen wir den Kundenmagen nicht nur **quantitativ**, sondern auch qualitativ in den Mittelpunkt aller Wachstumsüberlegungen stellen. Es geht mit anderen Worten darum herauszufinden, wie denn vom Kunde aus betrachtet die **ideale Ernährungsweise** aussehen müsste – und zwar nicht nur bezüglich Speisezusammensetzung, sondern auch hinsichtlich Einkauf, Zubereitung, Ambiente, Verzehr, Kosten etc.

Den Kunden vom Magen her verstehen – das ist Stomach Competence. Dazu ist einerseits unabdingbar, die gesellschaftlichen und wirtschaftlichen Entwicklungen, die auf das Alltagsleben der Kunden einwirken, genau und umfassend zu analysieren. Das haben wir in diesem Buch mit der Darstellung der Megatrends getan. Die Analyse von Megatrends geben Einblick in langfristige Entwicklungen und Veränderungen unseres Alltags. Sie helfen, fundamentale Veränderungen im wirtschaftlichen und gesellschaftlichen Gefüge vorauszusehen und konstruktiv mitzugestalten. Allerdings erübrigt die Analyse dieser Trends nicht die eingehende Beschäftigung mit der aktuellen Kundschaft, den Konsumenten, mit denen man es täglich zu tun hat. Welches sind die zentralen Motive, Wünsche, Bedürfnisse und Probleme, welche die tägliche Ernährung der Kunden bestimmen, und wie müsste eine ideale Alltagsernährung aussehen? Um diese Fragen zu klären, haben wir exemplarisch zusammen mit der Firma „next practice" ein Fragedesign für eine qualitative Marktforschungsanalyse entwickelt.

Wir haben die Teilnehmer in unserer qualitativen, nicht repräsentativen Teststudie mit dem ihnen bekannten Problem konfrontiert, dass sie – ob sie wollen oder nicht – mehrmals täglich vor der Aufgabe stehen, sich den Magen zu füllen. Mal treibt sie der Hunger an, mal die reine Gewohnheit, ein anderes Mal ist es die Erwartung der hungrigen Familie, dass etwas auf den Tisch kommt, und wiederum ein anderes Mal wird das Essen zum zentralen Akt eines Treffens mit Freunden oder Geschäftspartnern. Dabei machen sich die Kunden bewusst oder unbewusst eine Reihe von Überlegungen und treffen diverse Entscheidungen: Habe ich Lust und Zeit, etwas selber zu kochen? Habe ich eine Idee, was ich kochen möchte? Kann ich mir dieses Restaurant leisten? Kaufe ich das Fleisch heute beim Dorfmetzger oder im Supermarkt ein, koche ich selber oder lasse ich mir die Fertigpizza nach Hause liefern? Soll es gut schmecken oder möchte ich einfach schnell satt werden?

In einer softwaregestützten Befragung haben die Kunden mit ihren eigenen Begriffen die ideale Magenfüll-Lösung im Alltag beschrieben und jeweils auch beurteilt, wie gut oder schlecht die heute bestehenden Foodkanäle an diese Ideallösung herankommen. In einer Teststudie mit Teilnehmern aus der Deutschschweiz haben wir das Fragedesign getestet. Die Ergebnisse lassen sich weitgehend an die im Teil II beschriebenen Konsum-Megatrends anknüpfen.

Nextexpertizer – ein Verfahren der Firma „next practice" zur Erhebung und Analyse von Soft Facts

Nextexpertizer ist ein EDV-gestütztes Verfahrenstool, dessen vorrangiges Ziel in der Erhebung und der Analyse von Soft Facts besteht. Es handelt sich bei diesen „weichen" Faktoren um die subjektiven und nicht bewussten Einstellungen und Bewertungen, die sich auf die gesamte Breite ökonomischen und sozialen Lebens beziehen können, kurzum auf alles, „zu dem ich eine Auffassung haben kann". Diese wissenschaftlich abgestützte und praktisch anwendbare psychometrische Methode ist bisher in so unterschiedlichen Bereichen wie zum Beispiel der Kulturanalyse in Merger-Prozessen, dem Quality Benchmarking von Internetseiten (IP Top Awards), der Team-Entwicklung, der Projektevaluation und der Markenführung (Emotional Brand Loading) erfolgreich eingesetzt worden.

Basierend auf Annahmen der konstruktivistischen Psychologie, geht Nextexpertizer zurück auf die Repertory-grid-Technik des amerikanischen Psychologen George A. Kelly und dessen Adaption für Gruppen durch den verstorbenen Hamburger Psychologen Dr. Arne Raeithel. Zur Marktreife brachte es schließlich Prof. Dr. Peter Kruse mit seiner next practice GmbH.

Nextexpertizer kombiniert die inhaltliche Tiefe qualitativer Interviews mit der Vergleichbarkeit statistischer Verfahren und nutzt die robuste Technik des assoziati-

ven Paarvergleichs. Nextexpertizer arbeitet Ähnlichkeiten oder Unterschiede ausgewählter Elemente heraus. Die Befragungstechnik ist denkbar einfach. Sie folgt dem Drei-Schritt „Vergleichen – Benennen – Bewerten". Der Proband wird gebeten, zunächst zwei der vorher festgelegten Elemente miteinander zu vergleichen, etwa „Restaurant mit Bedienung" und „Fast-Food-Restaurant". Nun soll der Befragte festlegen, ob die Elemente eher ähnlich oder eher unterschiedlich sind. Im nächsten Schritt bildet der Befragte Begriffe (nach Kelly so genannte Konstrukte), mit denen er die Ähnlichkeit oder den Unterschied beschreibt. Er gibt also Merkmale an wie beispielsweise „zeitsparendes Essen" versus „gemütliche Atmosphäre". Die Merkmalskategorien werden nicht vorgegeben, sondern von den Probanden frei bestimmt. Im dritten Schritt bewertet der Befragte alle weiteren Elemente mit seinen beschriebenen Begriffen. Er entscheidet spontan, ob etwa das Element „Tankstelle/Bahnhofsläden" eher mit „zeitsparendem Essen" oder mit „gemütlicher Atmosphäre" korreliert.

Aus weiteren Paaren gewinnt der Befragte weitere Konstrukte. Es werden schließlich alle Elemente mit allen gebildeten Konstrukten in Beziehung gesetzt und in einer Matrize vereinigt. Nextexpertizer verarbeitet nun die Untersuchungsergebnisse mit Hilfe eines mathematischen Verfahrens, der doppelten Hauptkomponentenanalyse, und stellt die Einzel- und Gruppenergebnisse anschaulich in einem mehrdimensionalen und drehbaren semantischen Raum dar. Bisher verborgen gebliebene Ähnlichkeiten beziehungsweise Unterschiede in den Einstellungen und Bewertungen einer gegebenen Gruppe werden transparent und sichtbar. Dinge, die verschieden sind, liegen räumlich weit auseinander und bilden einen großen Winkel. Elemente, die eher ähnlich sind, liegen räumlich nahe beieinander und bilden einen spitzen Winkel. Aus dem Abstand zwischen einem Element und einem angenommenen Ideal können zudem der Erfüllungsgrad eines Aspekts wie zum Beispiel „sorgfältige Qualität" oder umgekehrt der Verbesserungsbedarf in Prozent errechnet und im Anschluss inhaltlich weiter analysiert werden.

Die Komplexität des Magenfüllens zeigt sich in der Vielzahl von Dimensionen, mit denen Konsumenten ihre ideale Magenfüll-Lösung beschreiben. Der Prozess des Magenfüllens kann ja unterschiedlich lange und komplex sein, je nachdem, wie viel der Kunde im gesamten Prozess an Leistung einkauft oder selber macht. Die Maximalvariante „Selbstversorgung" beispielsweise beginnt – nehmen wir der Einfachheit halber einen Vegetarier als Beispiel – mit dem Pflanzen und Aufziehen der Nahrungsmittel. Ernte, Lagerung, Vorverarbeitung sind je nach Produkt notwendig, bevor an die eigentliche Zubereitung einer Mahlzeit gedacht werden kann.

Die Zubereitung an sich kann aufwändig sein und das Kreieren einer Mahlzeit ohne Halbfertigprodukte bedarf großen Kochwissens und viel, viel Zeit. Der Tisch will gedeckt sein und zum Schluss, auch das darf nicht vergessen werden, muss abgewaschen und das Geschirr weggeräumt werden. Die Minimalvariante ist der Besuch in der Pizzeria ums Eck – oder gar die Lieferung der Pizza auf den heimischen Küchentisch. Keine Planung, kein Einkauf, keine Zubereitung und auch kein Geschirrspülen, aber natürlich der entsprechend tiefe Griff in den Geldbeutel.

In unserer exemplarischen Studie nannten die 32 befragten Personen mehr als 200 Aspekte, mit denen sie Magenfüll-Lösungen umschrieben. Diese ließen sich in vier hauptsächliche Beurteilungsdimensionen der idealen Lösung zusammenfassen, nämlich in die Dimensionen Zeiteinsatz, Besorgung, Qualität und Erlebnis. Die Beurteilungsdimension Zeit ist scheinbar zu jedem Zeitpunkt des Ernährungsprozesses relevant (siehe Abb. 43). Essen wird immer entweder als etwas, das Zeit kostet, bewertet oder, ganz im Gegenteil, als etwas, das der bewusst eingesetzten Zeit einen größeren Wert verleiht. Eine zweite Gruppe von Parametern, welche das Profil der idealen Magenfüll-Lösung mitbestimmen, umschreibt den Besorgungsprozess. Alles, was irgendwann in den Magen gelangt, muss einmal gekauft werden, sei das als Setzling oder Saatgut oder als Fertigpizza. Eine dritte Dimension ist die wahrgenommene Qualität der Produkte respektive des Angebots und in einer vierten Dimension schließlich lässt sich die Qualität des Verzehrs, der Erlebnisgehalt des Essens beschreiben.

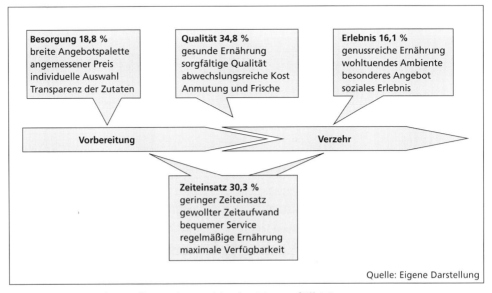

Abb. 43: Beurteilungsdimensionen idealer Magenfüll-Lösungen

2 Stomach Competence – Von Produkten zu Lösungen

Gesunder Menschenverstand wie auch unsere qualitative Teststudie lassen vermuten, dass keiner der heute existierenden Kanäle sämtliche der oben erwähnten Dimensionen der idealen Magenfüll-Lösung bezüglich Besorgung, Qualität, Erlebnisgehalt und Zeiteinsatz optimal erfüllt. Die folgende Abbildung zeigt, wie die Teilnehmer unserer Studie die Performance der verschiedenen Kanäle bezüglich aller relevanten Dimensionen der idealen Magenfüll-Lösung bewertet haben. Je höher der Prozentsatz, desto mehr entspricht der entsprechende Kanal einer spezifischen Leistungsanforderung.

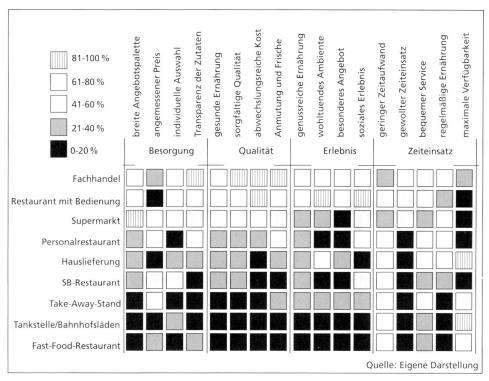

Abb. 44: Beurteilung aller Kanäle im Überblick

Natürlich haben auch nicht alle Menschen dieselbe Vorstellung einer idealen Magenfüll-Lösung. Prioritäten im Zusammenhang mit der Ernährung im Alltag werden, freiwillig oder gezwungenermaßen, unterschiedlich gelegt. Allerdings lassen sich diese verschiedenen Wunschvorstellungen doch in gewissen Clustern zusammenfassen. Die qualitative Befragung hat, auch hier wieder im Einklang mit den im Teil II dargestellten Konsum-Megatrends, drei dominierende Kundenbedürfnisse im Zusammenhang mit der idealen Ernährung ergeben: das Bedürfnis nach gesunder Ernährung (siehe Abb. 45), die Notwendigkeit des praktischen und schnellen

Verpflegens (siehe Abb. 46) und der Wunsch nach angenehmen, emotional reichen, exklusiven und genussreichen Magenfüll-Situationen (siehe Abb. 47). Die Abbildungen zeigen, in welchem Bewertungsraum die drei grundlegenden Lösungsbedürfnisse positioniert sind und wie gut (nahe) oder unzureichend (weit entfernt) die heutigen Foodkanäle die jeweilige Lösung unterstützen.

Die Synthese der Ergebnisse der Megatrend-Analyse und der qualitativen Kundenbefragung mittels der Nextexpertizer-Methode weisen auf drei Magenfüll-Bedürfnisse, die von den heutigen Foodkanälen nicht ausreichend gedeckt sind. Und – unbefriedigte Bedürfnisse sind immer auch Märkte, deshalb sehen wir Wachstumschancen für Foodunternehmen in folgenden drei Bereichen:
- erster Markt „Gesund essen",
- zweiter Markt „Schnell essen" und
- dritter Markt „Food als Erlebnis".

Die wichtigste Aussage der Nextexpertizer-Analyse, die wir als Stomach Competence in die Überlegungen über Wachstumsinnovationen mitnehmen, ist die, dass diese drei Kundenbedürfnisse nicht primär wegen fehlender Produkte, sondern wegen der Unvollkommenheit der heutigen Foodkanäle nicht ausreichend befriedigt sind. Wachstum muss also immer auch über die Kombination, die Neu- und Umgestaltung von Kanälen sowie über die Konvergenz von Kanälen und Märkten erfolgen.

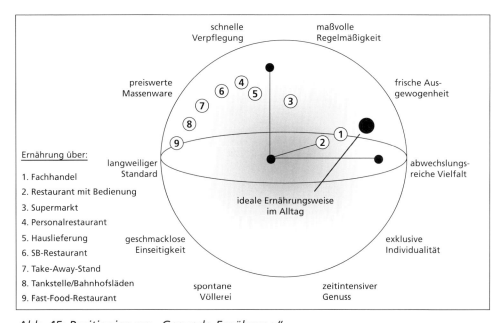

Abb. 45: Positionierung „Gesunde Ernährung"

2 Stomach Competence – Von Produkten zu Lösungen

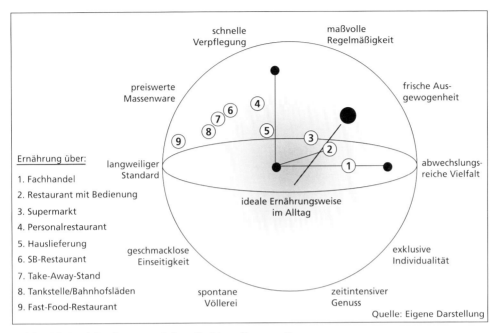

Abb. 46: Positionierung „Schnelle Verpflegung"

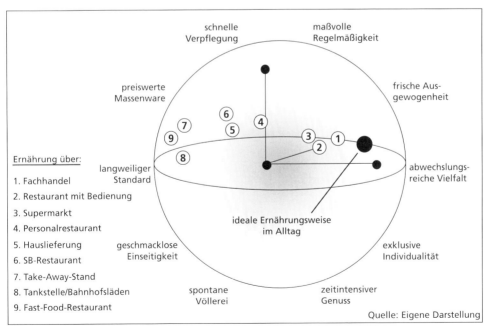

Abb. 47: Positionierung „Angenehmes Erlebnis"

Möglichkeiten

Die Foodmärkte von morgen sind diejenigen Märkte, welche die **Kunden** mit ihren Bedürfnissen bestimmen. Wie oben beschrieben, kreisen diese um die Themen Zeit, Gesundheit und Erlebnis. Wir fühlen im Folgenden den drei Märkten auf den Zahn und beschreiben die wichtigsten Topics, die diese auszeichnen. Und wir zeigen auch mögliche zukünftige Business-Chancen in diesen Märkten auf. Damit nicht alles graue Theorie bleibt, haben wir – ganz im Sinn von Stomach Competence – aus dem Wissen über die Bedürfnisse der Kunden in diesen Märkten pro Markt zwei bis drei zukünftige **Business-Konzepte** erstellt. Die Konzepte sind jeweils in einem knappen Factsheet zusammengefasst. Anschließend lassen wir die Konzeptideen von jeweils zwei bis drei beteiligten (fiktiven) Personen beschreiben. Wir beabsichtigen damit, aus dem abstrakten Wissen praxisnahe Bilder zu generieren und die Idee der Stomach-Competence-Denkweise verständlich und diskutierbar zu machen. In den Berichten unserer fiktiven Personen finden sich die zentralen Überlegungen und Anhaltspunkte der Konzepte in beispielhafter Form. Auch werden die wichtigsten Gründe für und gegen das jeweilige Konzept erwähnt, argumentiert und reflektiert. Natürlich sind die beschriebenen Konzepte nicht als Gebrauchsanweisung zu verstehen und lassen sich nicht eins zu eins umsetzen. Sie sollen jedoch animieren und zum Weiterdenken inspirieren.

Es ist uns bewusst, dass Sie als Branchenspezialist sehr rasch die kritischen, auf den ersten Blick vielleicht auch unlösbaren Problembereiche der Konzepte erkennen werden. Sie werden sehr früh meinen, dass sich das Ganze so nicht rechnen lässt oder beispielsweise nicht mit der aktuellen Gesetzgebung zu vereinbaren ist. Wahrscheinlich haben Sie auch Recht! Aber sowohl Produktangebote, Marktregulierungen als auch die Gesetzgebung sind dynamisch. Sie richten sich immer nach den Entwicklungen in der Gesellschaft aus – wenn auch meistens verzögert. Was also in Zukunft sein wird, ist heute noch offen – wenn aber eine Veränderung stattfindet, dann liegt zwischen dem Heute und der Zukunft immer eine **Idee**.

1 Markt eins: Gesund essen

Die Überalterung der Gesellschaft, stetig ansteigende Kosten des Gesundheitswesens und höhere Ansprüche an medizinische Leistungen sowie erhöhte Standards für die Gesundheit machen uns hypersensibel für alle gesundheitsrelevanten Themen. Gesunde Ernährung ist dabei eines der ganz wichtigen Themen, das jedermann betrifft. Die Verknüpfung von Essen und Gesundheit ist gleich zweifach interessant, denn Essen ist nicht nur einer der großen Krankheitsverursacher, sondern Essen ist auch eine der besten Möglichkeiten, Krankheiten zu verhindern, respektive Gesundheit zu fördern (vgl. Teil II: Megatrend Gesundheit).

Die Ernährung hat einen großen Einfluss auf Gesundheit und Wohlbefinden des Menschen. Als Teil einer gesundheitsfördernden Lebensweise kann sie der Gesundheit dienen und einen Beitrag zur Vermeidung von Krankheiten leisten. Umgekehrt bedeutet falsche Ernährung ein gesundheitliches Risiko. Ernährung ist einer der ausschlaggebenden Faktoren für die beiden bedeutendsten Todesursachen in industrialisierten Ländern, für Krebs- und Herz-Kreislauf-Leiden (siehe Tab. 12). Nicht nur in der Schweiz, sondern weltweit sind in epidemiologischen Studien die Zusammenhänge von ungünstiger Ernährung und Krankheiten (Herz-Kreislauf-Krankheiten, einige häufige Krebsarten, Diabetes mellitus, chronischen Krankheiten der Leber und anderer Verdauungsorgane) immer wieder nachgewiesen worden. Im Jahr 1990 wurde die Summe der jährlich durch ernährungsabhängige Krankheiten entstehenden Kosten in Deutschland mit 83,5 Milliarden DM beziffert (Körtzinger, 1999, S. 1).

Tab. 12: Anteil in % am Total der verlorenen potenziellen Lebensjahre nach Todesursachen und Geschlecht in der Schweiz

1998	Männer	Frauen
Krebs	24,5	41,1
Herz/Kreislauf	17,2	12,1
Unfälle	14,1	8,6

Quelle: Statistisches Jahrbuch der Schweiz 2002

Auch für eines der größten chronischen Gesundheitsprobleme ist die Fehlernährung verantwortlich: **Übergewicht**. In den USA hat sich die Zahl der problematisch Übergewichtigen (Adipositas) im letzten Jahrzehnt beinahe verdoppelt. Im

Dezember 2001 erklärte David Satcher (16th Surgeon General der Vereinigten Staaten 1998-2002), als oberster staatlicher Gesundheitshüter der Vereinigten Staaten, Fettleibigkeit zur nationalen Epidemie. In den meisten westlichen Industrienationen hat der Anteil an übergewichtigen Menschen die 30 %-Hürde überschritten. Je nach Nation verursachen Adipositas und ihre Folgeerkrankungen 5 % bis 10 % der Gesamtkosten des Gesundheitswesens. Für Deutschland ergaben sich in einer Erhebung 1990 Gesamtkosten der Adipositas in Höhe von 14,8 Milliarden DM. Die Kosten für Folgekrankheiten von Adipositas wie koronare Herzkrankheiten, Diabetes mellitus, Hyperlipidämien, Gicht und verschiedene Krebsarten sind dabei nicht in die Kostenkalkulation eingegangen! Ebenso blieben Kosten für Reduktionskost und andere Spezialdiäten, Kochbücher sowie weitere Maßnahmen zur Gewichtsreduktion unberücksichtigt (Körtzinger, 1999).

Egal mit welchen Erhebungsmaßstäben man die Sache angeht, Fettleibigkeit ist eines der teuersten und am schnellsten wachsenden Gesundheitsprobleme westlicher Industriestaaten. Oder aus einem anderen Blickwinkel betrachtet: Der Markt für Produkte und Dienstleistungen, welche Adipositas zu vermeiden oder zu verringern helfen, ist riesig. Aktuell werden in den USA Stimmen laut, die analog zur Besteuerung von Tabakwaren Steuern auf fetthaltige Lebensmittel einführen möchten, um so die volkswirtschaftlichen Folgekosten fettreicher Ernährung abzufangen. Laut der US-Konsumentenorganisation Consumerfreedom (www.consumerfreedom.com) sind aktuell in 25 Bundesstaaten mehr als 140 Gesetzesentwürfe anhängig, die sich mit dem Thema Fettleibigkeit auseinander setzen.

Der Markt für alles, was gesund macht oder gesund erhält, ist immens groß. Ein Vergleich der Wachstumsdynamik zwischen dem heutigen Foodmarkt und den Ausgaben im Gesundheitswesen der Schweiz zeigt Abbildung 48.

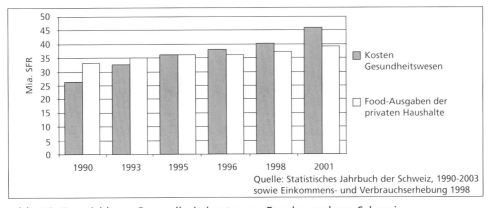

Abb. 48: Entwicklung Gesundheitskosten vs. Foodausgaben, Schweiz

In den letzten Jahren hat der Gesamtaufwand für das Gesundheitswesen die nominale Größe der Foodausgaben der Schweizer erreicht und bereits leicht überflügelt. In der Schweiz betrug der Gesamtaufwand für das Gesundheitswesen 2001 46 Milliarden Franken, über 10 % des Bruttoinlandprodukts; 1960 betrug dieser Anteil erst 5 %! Den größten Teil der Kosten tragen die privaten Haushalte (68 % oder knapp 28 Milliarden Franken an Prämien für Grund- und Zusatzversicherung sowie Ausgaben, die nicht über die Krankenversicherung abgedeckt sind) (Statistisches Jahrbuch Schweiz, 2002/2003). Nimmt man sich der Argumentation an, dass der vom Kunden wahrgenommene Gesundheitsmarkt noch viel größer ist (und eben auch der Kauf eines Fahrrads unter „Gesundheit" abgebucht wird, vgl. Teil II, Kapitel 2.2), ist klar, dass Gesundheit der Megamarkt der Zukunft sein wird. Auch in Deutschland spielen sich die analogen Entwicklungen ab. Die Gesundheitskosten sind von 1994 (180 Mia. Euro) bis ins Jahr 2000 um ganze 21 % gestiegen (2000: 218 Mia. Euro). Die Foodausgaben (Food u. Getränke) stiegen in derselben Zeit lediglich um 11,5 % (Foodausgaben zu laufenden Preisen in Deutschland 1994: 156 Mia. Euro, 2000 174 Mia. Euro) (Statistisches Jahrbuch Deutschland 2002).

Vergegenwärtigt man sich, dass nach konservativen Schätzungen des Bundesamtes für Gesundheit (Schweiz) eine ungesunde Ernährung 30 % der aktuellen Gesundheitskosten verursacht, lässt sich ausrechnen, dass entsprechend viel Geld vorhanden ist für Lösungen, welche diese Kosten durch gesunde Ernährung reduzieren. Für Deutschland bezifferte das Bundesministerium für Gesundheit die durch Fehlernährung bedingten Kosten im Gesundheitswesen 1998 auf 51 Mia. Euro, so festgehalten in der Projektbeschreibung für eine Studie zur Ernährungssituation in der Bundesrepublik Deutschland (Auftragnehmer: Institut für Sozialökonomik des Haushalts der TU München). In der Projektbeschreibung heißt es weiter: „Diese Ernährungsfehler ließen sich vermeiden, wenn die Nährstoffzufuhr den Empfehlungen für die Nährstoffzufuhr der Deutschen Gesellschaft für Ernährung (DGE) entsprechen würde."

Wer also in Deutschland eine gemäß den Empfehlungen der DGE richtige Nährstoffzufuhr garantieren kann, befindet sich potenziell in einem 51-Milliarden-Euro-Markt!

1.1 Gesund essen aus Sicht der Kunden

Wie eben dargelegt, ist das Problem einer gesunden Ernährung mit gesunden Lebensmitteln noch nicht getan. Gesunde Produkte gibt es genügend, von den biologischen Produkten bis zu Functional-Food-Angeboten. Natürlich sind auch „profane" Lebensmittel (weder bio noch functional) gesund, wenn sie in der richtigen Menge, schonend zubereitet und in einer sinnvollen Kombination gegessen werden. Genau dies zu erreichen ist aber eines der großen Probleme der Kunden, wenn sie gesund essen möchten.

Das Profil unten zeigt, welche Kriterien gemäß der Nextexpertizer-Befragung beim Füllen des Magens für die gesundheitsorientierten Kunden von ausschlaggebender Bedeutung sind (Abb. 49). Die Dimensionen, welche im positiven Bereich der Skala liegen, sind für diese Kunden im Verhältnis zu den anderen Befragten besonders wichtig.

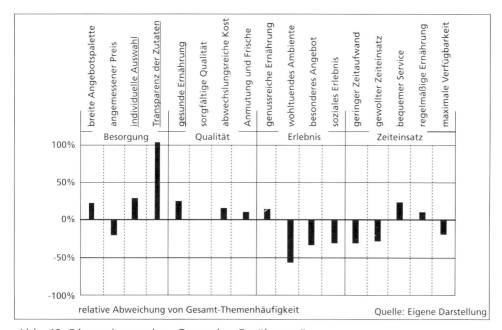

Abb. 49: Dimensionen der „Gesunden Ernährung"

In der Abbildung 50 sind die wichtigsten Kriterien der gesundheitsorientierten Kunden hinsichtlich einer gesunden Ernährungsweise isoliert. Die Grautöne zeigen jeweils, wie sehr die heutigen Foodkanäle die Kriterien bereits erfüllen.

Die Charakterisierung einer gesunden Ernährung aus Sicht der Kunden zeigt, dass neben gesunden Produkten der Genuss und die Bequemlichkeit wichtige Dimensionen sind. Gesund essen darf nicht zur medizinischen Behandlung verkommen, sondern muss Freude bereiten. Die Foodkanäle weisen generell bezüglich Bequemlichkeit und Genuss Defizite auf. Der filialisierte Einzelhandel (hier Supermarkt)

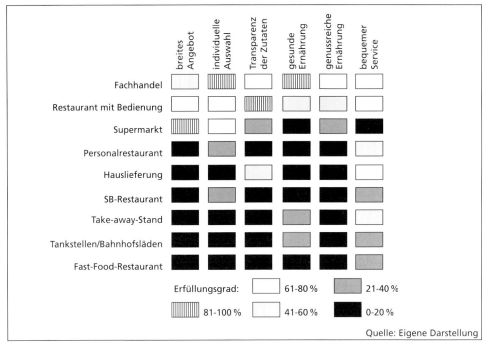

Abb. 50: Bewertung Absatzkanal aus Sicht Gruppe „Gesundheit"

schneidet bezüglich Bequemlichkeit gar miserabel ab. Produkte alleine sind scheinbar keine ausreichende Lösung für gesundes Essen. Ganz wichtig sind den Kunden die individuelle Auswahl von Produkten und die Transparenz der Zutaten. Wer selber auswählen will, traut dem anderen nicht, könnte man hier vorsichtig interpretieren. Dieser Gedanke wird unterstützt durch die Bedeutung der Zutatentransparenz, welche von der gesundheitsorientierten Kundengruppe ganz besonders gewünscht ist. Sämtliche Foodkanäle des Außer-Haus-Verzehrs, mit Ausnahme der bedienten Restaurants, weisen hier in der Wahrnehmung der Kunden gravierende Defizite auf.

Hot Topic: Gesundheit ist Vertrauenssache

Nichts prägt den Gesundheitsmarkt so sehr wie das Thema Vertrauen, respektive, wenn es um Nahrungsmittel geht, Misstrauen! Menschen, die sich gesund ernähren möchten, verlassen sich heute weitgehend nur auf sich selbst. Das zeigt sich in der großen Bedeutung der Dimensionen „individuelle Auswahl" und „Transparenz der Zutaten". Selber auswählen, die Produkte ansehen und anfassen, sich über die Herkunft direkt informieren, die Eigenschaften der Nahrungsmittel kennen – das sind die immer wieder genannten Wünsche gesundheitsbewusster Kunden. Sie möchten das Gefühl haben, eine gewisse Kontrolle bis hin zum Rohprodukt zu besitzen (vgl. Teil II, Kapitel 3 „Konsum-Megatrend Vertrauen").

Gesundheitsbewusste Kunden schätzen die bestehenden Foodkanäle bezüglich Vertrauen sehr kritisch ein. Der Fachhandel, die bedienten Restaurants sowie der Supermarkt bilden die Ausnahme. Sowohl der Fachhandel wie auch der Supermarkt bieten dem Kunden die Möglichkeit, selber die Produkte auszuwählen. Während im Fachhandel Vertrauen auch dank kompetenter Beratung aufgebaut wird, verfügt der Kunde im Supermarkt über eine hohe Entscheidungsautonomie, wenn es darum geht, das eine oder andere Produkt zu kaufen.

Bediente Restaurants besitzen heute ebenfalls einen großen Vertrauensbonus. Zwar ist es um die Produktdeklaration in Restaurants nicht allzu gut bestellt, aber dem professionellen Koch wird noch immer eine hohe Waren- und Verarbeitungskompetenz zugeschrieben. Die Qualität der Zutaten im Restaurant wird generell als hoch angesehen.

Hot Topic: Vom Produkt zum Programm

Sich gesund ernähren ist mit Aufwand verbunden, sowohl was die Planung und den Einkauf betrifft, wie auch bezüglich Zubereitung und Verzehr. Für Letzteres nimmt man sich gerne Zeit. Gesund essen hat auch etwas mit gemütlich essen zu tun. Nur ist das oft schwierig mit unseren Lebensumständen zu vereinbaren. So wird gesund essen oft zur Stress-Situation.

Kunden im Gesundheitsmarkt suchen nach Convenience-Lösungen, die ihnen die große Komplexität des Sich-gesund-Ernährens reduzieren und ihnen genügend Zeit lassen, ihr Essen zu genießen. Zu diesem Ergebnis kam auch die jüngste GfK-Studie zum Essverhalten der Deutschen. Insbesondere die Gruppe der gesundheits- und schlankheitsbewussten Kunden äußerte den starken Wunsch nach Convenience, beispielsweise nach tiefgekühltem Gemüse oder vorverarbeitetem Salat (Food Trends 2001, eine Studie der GfK Marktforschung).

Die Probleme einer gesunden Ernährung sind vielfältig:
- Wissen, welche Produkte in welchen Mengen gesund sind
- Wissen, wo man diese Produkte kaufen kann
- Wissen, wie diese Produkte zubereitet werden
- Zeit und Gelegenheit, diese Produkte zuzubereiten
- Infrastruktur, diese Produkte (schonend) zuzubereiten
- Zeit und Gelegenheit zum Verzehr

- Motivation, sich regelmäßig gesund zu ernähren
- Fehlende Kontrolle, fehlendes Feedback bezüglich der Ernährungsgewohnheiten

Unter dem Convenience-Aspekt schneidet der Fachhandel als Anbieter gesunder Foodangebote nicht mehr brillant ab. Er bietet den Kunden Produkte, aber keine Programme, um sich gesund zu ernähren. Im Gegenteil, sein eingeschränktes Angebot bedeutet für die Kunden Mehraufwand beim Einkaufen. Man bekommt nicht alles an einem Ort. Auch die zeitliche (Öffnungszeiten) und örtliche (Anzahl Outlets) Erreichbarkeit ist beim Fachhandel stark limitiert. Und letztlich muss man alles selber kochen. Restaurants bieten hier die bessere Convenience-Lösung, natürlich zum entsprechenden Preis.

Gesunde Foodlösungen müssen Programmcharakter haben, sie sollen dem Kunden über längere Zeit die Fähigkeit geben und das Umfeld bieten, sich gesund zu ernähren. Die Firma „Diäko" in Deutschland bietet beispielsweise ein solches gesundes Foodprogramm an. Bei dieser Firma lassen sich Diätprogramme für mehrere Tage, z.B. eine Sechs-Tage-Kur mit dem Namen „Feinschmecker", bestellen. „Diäko" liefert tiefgefrorene Diätmenüs, fünf Mahlzeiten pro Tag, direkt an die Haustür. Die oben erwähnten Probleme einer gesunden Ernährung, spezielles Wissen, Zubereitungskenntnisse der Diätmenüs, Gelegenheit zur Zubereitung etc., sind alle gelöst.

Gesunde „Stomach-Lösungen" sind einfach, normal, alltäglich und regelmäßig. Sie bedingen Serviceleistungen wie Erfolgskontrollen, sie bieten wieder erkennbare Marken als Orientierungshilfe oder Vertrauensanker und Convenience-Aspekte als Zeitlösung. Kunden wollen nicht gesunde Produkte kaufen, sondern gesund essen (vgl. dazu auch Teil II, Kap. 2.4).

1.2 Business-Visionen und Konzepte für gesund essen

Konzeptidee 1: „House of WellFood"

Ein Alltagsbericht aus dem Leben von Daniela Kensky

Mein Name ist Daniela Kensky, ich bin 28 Jahre alt. Ich habe vor zwei Jahren mein Studium in Betriebswirtschaft abgeschlossen und arbeite momentan als Beraterin bei einer Agentur, die sich auf Investor Relations spezialisiert hat. Seit einem halben

Factsheet „House of WellFood"

Hintergrund allgemein	Gesundheitsmarkt wächst schneller als Foodmarkt, Fehlernährung ist für ca. 30 % der Krankheitskosten verantwortlich, Überangebot an Diäten
Die Vision	Gesunde Ernährung einfach machen
Die Kunden	
Wer sind die Kunden?	1. Primär Frauen, die eine bestimmte, temporäre Kostform zu sich nehmen wollen, um das persönliche Wohlbefinden/Körpergewicht zu optimieren. 2. Patienten, die dauerhaft oder temporär eine bestimmte Diätform zu sich nehmen müssen (Kinder mit Allergien, alte Menschen mit Diätvorschrift wie z. B. Diabetes).
Basierend auf welchem Megatrend	Gesundheit/Vertrauen
Konkretes Kundenbedürfnis	1. POS, wo ich trendige und gesundheitserhaltende Foodkonzepte (Auswahl, Convenience, Beratung) erhalte. 2. POS, mit Produkten und Beratung zu den 30 wichtigsten Diätformen.
Das Konzept	
Konzeptansatz	Kombination der Fachkompetenz eines Reformhauses mit dem Ambiente eines Delikatessgeschäftes
Konkreter Kundennutzen	Breites Foodangebot in verschiedenen Convenience-Stufen, ergänzt mit Ambiente, Spezialprodukten (klinisch) plus verkaufsorientierte Fachkompetenz des Personals
Wichtigste Player	Krankenhäuser (Zubereitungswissen), Reformhäuser (Fachwissen), Retailer und Restaurateure (Design- und Verkaufswissen)
Wer wird das Konzept lancieren?	Jointventure aus Reformhäusern, Fachgeschäften und Pharmaindustrie
Kommunikationsansatz	*Einfach gesund sein*
To do's	
Personalbedarf	Analog klassischer Einzelhandel, aber höher qualifiziert
Investitionsgröße	Hoch, da komplett neu, Großfläche und Personalschulungsbedarf (Ernährungsberaterinnen zu Verkäuferinnen schulen)
Größtes Risiko	Aus Fachwissen zusätzliches Verkaufswissen machen. Gefahr des Verharrens im Produktambiente oder des Abgleitens ins klassische Reformhausimage.
Größter Realisierungsgrund	Großer und wachsender Markt, immer mehr Spezialernährung, Diäten = Lifestyle, immer mehr chronische Leiden, die spezielle Ernährung verlangen, mehr alte Menschen mit speziellen Ernährungsprogrammen
Multiplikationspotenzial	hoch

Jahr wohne ich wieder zu Hause bei meinen Eltern, natürlich nur vorübergehend. Der Grund: Meine langjährige Partnerschaft ist eben erst in die Brüche gegangen. Alleine in der Wohnung hab ich's dann nicht ausgehalten. Bei meinen Eltern zu Hause ist man nie alleine. Hier wohnen noch immer meine beiden Geschwister Ralf (16 Jahre) und Karin (24 Jahre). Meine Eltern sind beide berufstätig – meine Mutter als Partnerin in einer Anwaltskanzlei und mein Vater als Verkäufer eines weltweit agierenden Maschinenherstellers. Ernährung war bei uns zu Hause nie groß ein Thema. Wir haben als Kinder keinen großen Bezug zu Lebensmitteln und zum Kochen erhalten. Unsere Mutter war nie die großartige Köchin. Sie isst auch heute lieber auswärts oder organisiert Snacks und Fertiggerichte für zu Hause.

Seit einiger Zeit hat sich jedoch unser Bezug zur Ernährung grundlegend geändert. In einem mir bisher völlig unbekannten Reformhaus in unserer Nähe wurde vor kurzem ein „House of WellFood" eröffnet. Dieses ist für unsere ganze Familie zu einem zentralen Ort geworden. Warum?

Ich persönlich finde, dass Erfolg direkt mit dem Aussehen und dem Wohlbefinden zusammenhängt. Der perfekte Körper ist für mich kein Traum – mein BMI beträgt 19. Übergewicht kommt also gar nicht in Frage! Mein Idealgewicht halte ich durch regelmäßigen Sport und mit einer ausgewogenen und frischen Ernährung. Im „House of WellFood" bekomme ich super Informationen, um gesund und fit zu bleiben. Einmal pro Monat abonniere ich mir im „House of WellFood" einen einwöchigen Menüplan mit den entsprechenden Fertigprodukten. Das macht mir auch deshalb sehr viel Spaß, weil wir mittlerweile zu dritt an diesem Programm mitmachen. Meine Freundin und ich haben damit angefangen, und mittlerweile ist auch Denise dazugestoßen. Denise hatte irgendwann genug von ihrer Fast-Food-Figur, die sie sich durch das Alleinsein zu Hause zugezogen hat. Mit „WellFood" kriegt sie ihr physisches und ihr soziales Gewicht wieder ins Lot!

Von den unzähligen und immer wieder neu in Mode kommenden Diäten schaffen es nur ein paar wenige in das „House of WellFood" – die nehmen dort alle Diäten unter die Lupe, und nur die wirksamen und erprobten schaffen es ins Regal! Das ist gut so, denn auf den JOJO-Effekt (schnell abnehmen, um noch schneller wieder das Doppelte zuzunehmen) habe ich null Bock! So ist also garantiert, dass ich die notwendigen Vitamine und Nährstoffe für meine Leistungsfähigkeit erhalte und keine überflüssigen Fettpolster ansetze. Was mir am „House of WellFood" auch gefällt, ist die Stimmung. Viele Farben, jung, modern und irgendwie eine erfolgreiche Ausstrahlung.

Für meinen kleinen Bruder Ralf ist das „House of WellFood" aus einem anderen Grund zentral. Seit seiner Kindheit leidet er an Zuckerkrankheit. Zwar nimmt er regelmäßig Insulintabletten zu sich, aber er kann auch sehr viel über die richtige Ernährung steuern. Regelmäßig geht er ins „House of WellFood", um dort seine Zuckerwerte zu überprüfen und aus dem großen Angebot von möglichen Menüs und Lebensmitteln seine Ernährung lustvoll und abwechslungsreich zu gestalten. Gleichzeitig trifft er dort „Leidensgenossen" und hat auch schon neue Bekannte gewonnen. Der Erfahrungsaustausch im Umgang mit seiner Krankheit macht ihn seither sicherer und zuversichtlicher.

Für meine Mutter ist das „House of WellFood" auch eher aus Krankheitsgründen ein Thema. Sie reagiert mit zunehmendem Alter allergisch auf Gluten. Insgesamt führt das „House of WellFood" fast hundert glutenfreie Lebensmittel sowie eine große Anzahl von Alternativprodukten in den unterschiedlichsten Convenience-Stufen. Richtig kombiniert ergibt sich daraus ein unerschöpfliches Reservoir an Mahlzeiten-Möglichkeiten. Mein Vater ist weder übergewichtig noch allergisch. An Wochenenden schätzt er es einfach, uns hierhin zum Einkaufen zu begleiten. Während wir uns beraten lassen oder kulinarisch bereichern, degustiert er an der Weintheke neue Tropfen unterschiedlicher Provenienzen. Er ist der festen Überzeugung, dass täglich ein Glas Rotwein für die Gesundheit das Beste ist. Im Gegensatz zu klassischen Supermärkten empfindet er das Einkaufserlebnis hier weniger hektisch und viel bewusster.

Für meine Schwester Karin ist das „House of WellFood" das Paradies! Sie war als Kind die Einzige in der Familie, die immer Gemüse essen wollte. Seit Karin häufiger selber einkaufen geht, zu Hause oft für sich alleine isst und manchmal auch für die ganze Familie kocht, setzt sie ausschließlich auf frische und unbehandelte Bioprodukte und Biorohstoffe. Vielleicht hängt das auch mit ihrer Ausbildung zur Physiotherapeutin zusammen. Sie ist der Meinung, dass das Gemüse hier am schönsten aussieht, am besten schmeckt und frischer als irgendwo sonst ist. Sie liebt es, hier einzukaufen, weil sie auch immer wieder ausgefallene Rezeptideen mitnehmen kann. Die meisten Produkte stammen aus der Region, und zum Teil kennt sie die Bauern, die das Gemüse im „House of WellFood" persönlich abliefern. Im Gegensatz zu klassischen Supermärkten schätzt sie die professionelle Beratung durch das Verkaufspersonal.

"House of WellFood" aus Sicht des CEO, Herr Raben

Als Vorsitzender der ehemaligen Reformhauskette „Bio-Medical" stand ich bei Stellenantritt vor mittlerweile fünf Jahren vor der Aufgabe, unsere Geschäfte und die Branche im Allgemeinen in eine erfolgreichere Zukunft zu bringen. Das „House of WellFood" ist im Prinzip eine Relaunch der traditionellen Reformhäuser von „Bio-Medical". Während diese in der Vergangenheit unter dem Wertefokus „Natur" vor allem in den Bereichen „Krankheit" und „Alternativmedizin" positioniert waren, ist der Wertefokus von „WellFood" Spaß und Genuss und die Kernbereiche sind „Gesundheit" und „Ernährung".

Mit den alten Reformhäusern waren wir unglücklich zwischen dem klassischen Einzelhandel und den Drogerien und Apotheken positioniert. Die eine Seite profilierte sich gegenüber unserem Angebot mit günstigeren Lebensmitteln und die andere mit dem Fokus auf den Medizinalbereich. Wir als Reformhäusler hatten von beiden etwas – aber speziell war lediglich unser Ansatz der möglichst großen Naturnähe unserer Produkte. Eigentlich eine gute Sache, auch im Marketing umsetzbar.

Die Zeit hat uns dann aber trotzdem eingeholt. Bis in die 80er Jahre war unsere Kommunikation geprägt durch den erhobenen Zeigefinger. Wir zielten auf das schlechte Gewissen der Konsumenten bezüglich industrieller Foodprodukte und High-Tech-Medizin. Das genügte nicht mehr. Die Gesellschaft und die Konkurrenz haben sich schneller verändert als wir. Die meisten Krankenversicherungen haben heute Produkte der Alternativmedizin in ihrem Vergütungsbereich. Drogerien und Apotheken haben die Chance wahrgenommen und ihre Sortimente und Dienstleistungen auf sanftes Heilen ausgerichtet. Aus einer Nische ist ein Massenmarkt geworden.

Das Gleiche passierte mit Bio- oder generell vollwertigen Lebensmitteln. Heute sind praktisch sämtliche Regale des Einzelhandels voll mit unseren ursprünglichen USP-Produkten! Die steigende Nachfrage nach naturnahen Produkten hat die Produzenten automatisch in diese Distributionskanäle gebracht. Wir liefen also Gefahr, auf allen Ebenen zu verlieren. Das war die Situation, die ich wie gesagt vor ca. fünf Jahren angetroffen habe.

Um gegen die Werbewalzen der „Großen" überhaupt irgendeine Chance zu haben, mussten wir uns wieder eine relevante Einzigartigkeit zulegen.

Für mich waren diesbezüglich folgende drei Überlegungen zentral:
1. *Der „Krankheitsmarkt" war volumenmäßig immens gewachsen. Ich betrachtete die Wahrscheinlichkeit aber als sehr groß, dass dieser in den folgenden Jahren massiv unter Preis- und Kostendruck geraten würde; für uns Kleine also eher uninteressant.*
2. *Der „Gesundheitsmarkt" entwickelte sich schon damals zu einem der größten Märkte überhaupt. Allerdings war dieser Markt nicht klar zu fassen, sondern er war vielmehr ein Tummelplatz, auf dem sich Branchen wie Sport, Freizeit, Wohnen, Hygiene, Ernährung und Kosmetika gegenseitig auf die Zehen traten. Genau das richtige Umfeld, um mit einem klaren Fokus Aufmerksamkeit und Einzigartigkeit zu erlangen.*
3. *Die Mitarbeiter unserer ehemaligen Reformhäuser waren durchweg sehr gut ausgebildet, ihr Fachwissen sehr hoch. Im Vergleich zu Drogerien und Apotheken war das nichts Besonderes. Gegenüber den Verkäuferinnen und Verkäufern des LEH bestand aber ein großer Kompetenzvorsprung.*

Aus dem Gesagten kristallisierte sich dann unsere Strategie heraus: Fischen dort, wo es Fische hat! Wir attackieren den größten Konsumgütermarkt – und das ist nun halt mal der Einzelhandel im Bereich Food – mittels der größeren Fach- und Beratungskompetenz unseres Personals. Die dazu notwendigen Maßnahmen sind im Konzept „WellFood" umgesetzt worden. Mit „WellFood" lebt man gesünder, weil man nicht nur gesunde Produkte, sondern gesund machende und gesund erhaltende Programme kaufen kann.

„WellFood" in der Umsetzung

Natürlich gab es in der Umsetzung zahlreiche Schwierigkeiten und unvorhergesehene Probleme, die wir lösen mussten, beispielsweise die durchschnittlich doppelt so hohen Lohnkosten wie im klassischen Einzelhandel. Unser Lösungsansatz: Umsatzbeteiligung. Ich muss dazu unbedingt erwähnen, dass die „WellFood"-Berater nicht einzelne Produkte verkaufen, sondern ganze Programme. Beratungsgespräche, gerade bei Neukunden, sind also zeitintensiv und müssen deshalb unbedingt zu einem Abschluss führen! Abschlüsse bedeuten dafür aber auch dreistellige Beträge!

Um diese Abschlussfähigkeit garantieren zu können, war ein Umdenken im Verkauf notwendig: Fachwissen ist gut und macht glaubwürdig, es muss aber mit Verkaufstechniken kombiniert werden, um daraus Erfolg zu generieren. Die dazu notwendige Weiterbildung war weder an privaten noch an öffentlichen Institutionen zu finden. Wir mussten die Ausbildung selber konzipieren. Auch schufen wir ganz neu die Funktion eines „Learning Managers" innerhalb der Personalabteilung.

Die permanente Verbesserung der Verkaufskompetenz ist besonders wichtig, weil wir zwei recht unterschiedliche Kundengruppen und somit zwei entsprechend differenzierte und spezialisierte Sortimente und Dienstleistungen haben: Zum einen sind es die medizinischen Foodleistungen wie Produkte und Diät-Programme gegen Allergien, Diabetes etc. (Klinikbereich), zum anderen die gesundheitlich orientierten Leistungen mit Programmen und Produkten zur Entschlackung und zur Gewichtsreduktion (Lifestyle-Bereich). Die Umsätze in den beiden Bereichen teilen sich wie in Abbildung 51 dargestellt auf:

Auffällig ist, dass der Bereich „Tiefkühl" in beiden Segmenten der größte ist und der Bereich „Lifestyle" insgesamt umsatzstärker ist als der Klinikbereich. Es gibt nun mal mehr Menschen, die gesund sind und gesund bleiben möchten, als dass es Kranke gibt.

Unser Angebot an Gesundheits-Foodprogrammen bedingte eine Anpassung in vielen Bereichen der Logistik. Aus insgesamt drei Zentren beliefern wir sowohl unsere Filialen als auch die Endkunden; letztere nur für die Foodprogramme, dafür aber bis direkt in die Küche. Damit die Logistikkosten nicht unsere Produkterträge vernichten, beinhaltet jede Auslieferung mindestens ein Einwochenbedarf. TK-Produkte in TK-Behältern, Chilled-Produkte in Kühlboxen und die Trockenprodukte in einfachen Kartontaschen. Das Ganze geschieht ohne Werbung, große Logokommunikation auf Verpackung oder Lieferwagen – denn der Nachbar braucht ja nicht unbedingt zu sehen, dass man am Abnehmen ist. Sehen soll er nur das Resultat!

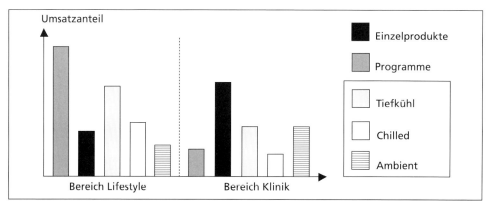

Abb. 51: Umsatzsplitt „House of WellFood"

Konzeptidee 2: „Retail-Health-Programm"

(Hinweis der Autoren: Der folgende Business Case ist auf den Schweizer Markt zugeschnitten. Die Idee lässt sich nicht 1:1 auf Gesundheitsmärkte übertragen, die gesetzlich anders als in der Schweiz reglementiert sind. Allerdings sind unsere Grundüberlegungen in allen Märkten gültig: Überschneidung von Ernährung und Gesundheitskosten und Kundendaten im Lebensmitteleinzelhandel.)

Ein Alltagsbericht aus dem Leben von Frau Xenia Lewis

Mein Name ist Xenia Lewis, ich bin 33 Jahre alt und lebe mit meinem Freund zusammen in einer 3-Zimmer-Wohnung. Wir arbeiten beide ganztags, er als Werbeberater in einer mittelgroßen Agentur und ich als selbstständige Architektin. Kurz nachdem ich mein eigenes Architekturbüro gegründet hatte, bat ich meinen Versicherungsberater, mir eine Situationsanalyse über meine Versicherungs- und Vorsorgeleistungen zu erstellen. Schon bald stellte sich heraus, dass trotz meiner noch sehr kleinen Einkünfte eigentlich keine weiteren Sparmaßnahmen im Versicherungsbereich zu generieren sind. Das gleiche Bild ergab sich auch bei meinem Freund. Bedauerlich, denn insbesondere die stetig anwachsenden Krankenversicherungsprämien machten sich in unserem Budget nachhaltig bemerkbar. Während des Beratungsgesprächs hörte ich zum ersten Mal vom „Retail-Health-Programm" des Einzelhändlers „Wal-Cob".

Seit bald drei Jahren bin ich Mitglied im Kundenclub dieses Lebensmitteleinzelhändlers. Die Firma des Kundenberaters, die Krankenversicherung „Gutleben", bietet zusammen mit „Wal-Cob" ein Programm an, mit welchem ich meine jährlichen Krankenversicherungsprämien um bis zu 10% senken kann – ohne dass mir irgendwelche Mehrkosten entstehen oder die Leistung der Versicherung vermindert würde. Nach längerem Diskutieren, mehrmaligem Hinterfragen und Überlegen habe ich mich schließlich entschieden, dem „Retail-Health-Programm" beizutreten. Was ist dann passiert?

Einige Tage nach dem Besuch des Versicherungsvertreters erhielt ich per Post ein Zielvereinbarungsformular. Mit den bereits bei der Versicherung „Gutleben" vorhandenen Versicherungsdaten (Informationen über Körpergröße, Gewicht, Beruf etc.) konnte „Wal-Cob" mir meinen jährlichen Mindestbedarf an Gemüse, Früchten, Zerealien etc. berechnen. Ebenfalls wurde mir im Begleitbrief erneut die Berechnungsgrundlage erklärt und darauf verwiesen, dass sehr viele Krankheiten wie Herzinfarkt und Darmkrebs auch ernährungsbedingt sein können. Das nun

Factsheet „Retail-Health-Programm"

Hintergrund allgemein	Gesundheitsmarkt wächst stärker als Foodmarkt, Fehlernährung für ca. 30 % der Krankheitskosten verantwortlich, zu hohe Prämienbelastungen der privaten Haushalte
Die Vision	Senkung der Gesundheitskosten bei gleichzeitiger Erhöhung des „Stomach Share"
Die Kunden	
Wer sind die Kunden?	Gesundheitssensible und kostenbewusste Kunden
Basierend auf welchem Megatrend	Gesundheit
Konkretes Kundenbedürfnis	Gesund sein und mehr frei verfügbares Geld haben
Das Konzept	
Konzeptansatz	Krankenkassen geben ein Ernährungsziel vor, Kunden unterschreiben dieses und der Einzelhandel unterstützt und kontrolliert die Zielerreichung. Durch erhöhten „Stomach Share", tiefere Krankheitskosten und günstigere Jahresprämien entsteht eine finanzielle Win-Win-Win-Situation für Kunden, Krankenkassen und Einzelhändler.
Konkreter Kundennutzen	Unterstützung für gesunde Ernährung plus finanzielle Belohnung
Wichtigste Player	Händler, Krankenkassen
Wer wird das Konzept lancieren?	Einzelhändler mit Kundendaten und entsprechender Technologie
Kommunikationsansatz	*Sparen Sie sich gesund*
To do's	
Personalbedarf	Mit bestehenden Organisationen durch neuen Fokus entsteht quantitativ kein zusätzlicher Personalbedarf.
Investitionsgröße	Mittel, dank bestehender IT-Infrastruktur
Größtes Risiko	Privacy-Einwände der Kunden und Gesetzgebung
Größter Realisierungsgrund	Marktpotenzial
Multiplikationspotenzial	Groß, europaweit wachsendes Potenzial

von „Wal-Cop" berechnete Ernährungsziel würde bei Zielerreichung das Risiko solcher Krankheiten massiv verringern.

Seitdem ich diese Zielvereinbarung unterschrieben habe, erhalte ich jeweils per Ende des Monats auf der Monatsabrechnung von „Wal-Cob" den aktuellen Stand resp. die Information, wie viel Kilogramm Gemüse oder Fisch etc. ich bis Ende des Jahres noch konsumieren muss, um das „Retail-Health-Ziel" zu erreichen. Bei „Wal-Cob" stehen mir übrigens innerhalb dieses Programms fast 400 Produkte zur Auswahl: Von der rohen Karotte bis zur fertigen Tiefkühl-Suppe sind alle erdenklichen Produkte und Convenience-Stufen abgedeckt. Und wenn ich einmal nicht mehr weiß, was ich mit frischem Gemüse kochen soll, kann ich als „Retail-Health-Clubmitglied" jederzeit im Internet Gratisrezepte und Menüideen herunterladen. Und das Beste: Zweimal pro Jahr kann ich gratis einen Gesundheitscheck bei meinem Hausarzt beziehen.

Falls ich das Jahresziel erreiche, wird meine Krankenversicherung nächstes Jahr ein schönes Stück billiger! Wenn nicht, bleibt eben alles beim Alten – gekostet hat es mich ja nichts. Verändert hat sich in meinem Alltag auch nicht viel: Ich gehe heute einfach mehr bei „Wal-Cob" einkaufen. Das ist wichtig, weil das Gemüse und die Früchte, die ich irgendwo sonst einkaufe oder konsumiere, nicht im Programm erfasst werden können. Was sich auch noch verändert hat, ist meine Sensibilität bezüglich Gesundheit und Ernährung: Das laufende „Controlling" mittels der Monatsabrechnung von „Wal-Cob" macht mir mittlerweile richtig Spaß und ich fühle mich jeweils – vielleicht ist das nur psychologisch – sehr gesund und sehr gut, wenn ich am Ende des Monats sehe, dass meine Ernährungsweise OK ist. Überhaupt macht es Spaß, ein Ziel zu haben, einen Weg dorthin zu sehen und bei Bedarf die notwendige Unterstützung zu kriegen.

Meine allererste Reaktion auf das Programm, damals im Gespräch mit dem Versicherungsvertreter, hat sich im Nachhinein als gegenstandslos erwiesen. Zuerst hatte ich gedacht, das Programm sei die totale Überwachung, „Wal-Cob" wolle einfach mehr über mich wissen. Aber das stimmt ja gar nicht. „Wal-Cob" erhält keinerlei Daten von mir, die sie nicht schon früher erhalten haben. Ich zeige beim Bezahlen meine Kundenkarte, so wie ich das seit drei Jahren als Mitglied im Loyalitätsprogramm von „Wal-Cob" mache. That's it! Nur, während ich früher mit so genannter „zielgenauer" Werbung bombardiert wurde, profitiere ich heute finanziell und gesundheitlich davon, dass ich „Wal-Cob" wissen lasse, was ich einkaufe.

Das „Retail-Health-Programm" aus Sicht von Herrn Möller, Verkaufsleiter der Firma „Gutleben"

Gemessen an der Anzahl Kunden sind wir einer der führenden Kranken- und Unfallversicherer hierzulande. Die letzten zehn Jahre waren innerhalb unserer Branche von sehr viel Dynamik und etlichen Unsicherheiten geprägt – gerade auch für unsere Kunden.

Die Kosten im Gesundheitswesen sind massiv angestiegen, die Ursachen sind sehr vielfältig. Immer mehr Ärzte mit immer teureren Untersuchungsmethoden in einer immer älter werdenden Gesellschaft mit immer höheren Ansprüchen an die Gesundheit waren die Hauptursachen dieser Entwicklung. Die starke Dynamik in unserem Markt könnte uns ja eigentlich nur recht sein. Allerdings hat sich dadurch unser Geschäft radikal verändert. Wir waren gewohnt, den Kontakt mit den Kunden eher minimal zu halten. Unsere primären Ansprechpartner waren die Gesundheits- und Versicherungsämter. Diese Zeiten sind vorbei. Die Ausgaben für Gesundheit belasten unsere Kunden immer stärker. Folglich beschäftigen sie sich auch ausführlicher mit uns und unserem Angebot. Wir müssen uns viel öfter den Fragen nach Leistungsunterschieden oder Prämienvergleichen stellen. Die Kunden wechseln die Krankenkassen häufig, teilweise gar jährlich – dorthin, wo es gerade am günstigsten ist. Unser administrativer Aufwand explodierte in der Anfangsphase dieser Entwicklung. Wir sind deshalb nicht umhingekommen, dass auch wir uns mit Marketing auseinander setzen mussten.

Um unser Überleben zu garantieren, konzentrierten wir uns auf folgende zwei Ziele:
- *Größere Kundenanzahl bei gleichzeitig tieferen Akquisitionskosten*
- *Unsere Kunden gesund halten (bessere Risiken) und langfristig an uns binden*

Aus dieser Absicht ist dann das „Retail-Health-Programm" entstanden. Die grundlegende Idee des Konzepts ist es, die Bedürfnisse und Kompetenzen von Krankenkassen und Food-LEH (vgl. Tab. 13) zu einem tragfähigen Business-Konzept zusammenzuführen, mit den zwei Zielen:
1) *die Umsätze und die Rentabilität beider Businesspartner (Versicherung/LEH) zu erhöhen,*
2) *die Prämienbelastung des Kunden zu senken und den Gesundheitszustand desselben zu verbessern*

Tab. 13: Bedürfnisse und Kompetenzen von Krankenversicherungen und LEH

	Bedürfnisse	Kompetenzen
Krankenversicherungen	– Anzahl Versicherte erhöhen – Akquisitionskosten senken – Qualität der Risiken verbessern	– Risiko- und Präventionskompetenz, gesundheitsspezifische Kommunikation mit den Kunden
Detailhändler	– Umsatz/Kunde erhöhen – Wachstum jenseits von Produkten, Aufbau von Dienstleistungskompetenz	– Kundendaten, wer isst/kauft welche Lebensmittel in welcher Menge – viele Kundenkontakte, viele POS

Ich weiß, auf den ersten Blick scheint dieses ehrgeizige Vorhaben unmöglich. Allerdings sind wir von Anfang an von der großen Schnittstelle zwischen Gesundheit und Ernährung ausgegangen. Uns war klar: Wenn ca. 30 % der Kosten des Gesundheitswesens durch falsche Ernährung verursacht werden, dann existiert ein riesiger Markt für alle, die bezüglich gesunder Ernährung intelligente Lösungen anbieten können.

Wir überlegten uns in einem ersten Schritt, wie wir unseren Kunden helfen könnten, sich gesünder zu ernähren. Die Ernährungsratschläge, welche wir bisher in unserer Kundenzeitschrift regelmäßig publizierten, und die Ernährungsberatungs-Kurse, die unsere Mitglieder zu günstigen Konditionen besuchen konnten, schienen nicht anzukommen. Wir kamen zur Einsicht, dass nur eine regelmäßige unterstützende Kontrolle des Ernährungsverhaltens nachhaltig Wirkung zeigen würde. Allerdings standen wir vor dem großen Problem, dass wir keine Ahnung hatten, wie sich eine solche Kontrolle ohne große Zusatzaufwendungen unsererseits und für die Kunden vornehmen ließ. Dann kam uns die zündende Idee: Wir brauchten absolut keine neuen Kundendaten zu erheben, wir mussten lediglich die Daten des LEH nutzen. Jeder Foodhändler, der seinen Kunden eine Kundenkarte anbot – und das sind mittlerweile die meisten –, hatte die von uns benötigten Informationen. Da etwa 60 % sämtlicher Lebensmittel, die bei unseren Kunden in den Magen gelangten, über den LEH dorthin kommen, konnten wir mit den Abverkaufsdaten vom POS theoretisch mehr als die Hälfte der Ernährung unserer Kunden nachvollziehen. Über die Mailings an die Loyalitätsprogramm-Kunden hatten wir auch gleich einen Kanal, den Kunden regelmäßig ein Feedback bezüglich ihrer Ernährung zu geben. Die Idee war, die Kunden monatlich über die Zusammensetzung ihrer Foodeinkäufe zu informieren und zu zeigen, bei welchen Nährstoffen sie über und bei welchen sie unter der idealen Ernährungsweise lagen.

Diese Idee besprachen wir mit dem Lebensmittelhändler „Wal-Cob". Zwei Gründe gaben für uns den Ausschlag, mit „Wal-Cob" zusammen zu arbeiten. Erstens besitzt „Wal-Cob" ein Kundenloyalitätsprogramm mit 5,8 Millionen Mitgliedern. Jeder davon ist ein potenzieller Teilnehmer des „Retail-Health-Programms" und somit auch ein potenzieller neuer Kunde für uns. Mit Werbeaktionen über die Kundenzeitschrift des Loyalitätsprogramms von „Wal-Cob" und mit Hinweisen zum „Retail-Health-Programm" an jedem POS bot sich uns eine nie dagewesene kostengünstige Möglichkeit, 5,8 Millionen potenzieller Neukunden direkt anzusprechen. Zweitens war für uns ausschlaggebend, dass „Wal-Cob" bereits eine sehr starke Marke war, die für gesunde und frische Ernährung steht.

„Wal-Cob" war sofort von unserer Idee begeistert. Das Programm versprach ihnen ja auch einen größeren Umsatz pro Kunde, eine bessere Kundenbindung und eine zusätzliche Stärkung ihrer Marke. Nach den ersten Gesprächen folgte die knifflige Arbeit, ein für alle Seiten gewinnbringendes Business-Konzept auf die Beine zu stellen. Die Abbildung 52 zeigt schematisch, wie wir die Sache rechnungsmäßig gelöst haben. Das obere Schema zeigt die bisherige Beziehung zwischen Kunde und uns sowie zwischen Kunde und „Wal-Cob". Wir beide machen mit dem hier dargestellten Kunden 1300 Euro Umsatz. Die untere Darstellung zeigt das Dreiecksverhältnis Kunde-Versicherung-Retailer, wie es im „Retail-Health-Programm" besteht.

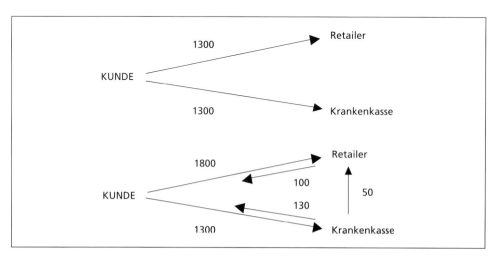

Abb. 52: Dreiecksbeziehung im „Retail-Health-Programm"

Lesebeispiel: Wir fakturieren jährlich den vollen Prämienbetrag (1300 Euro). Pro Jahr überweisen wir pro Kunde den Betrag von 50 Euro an den Retailer für die Kundenauswertungen (Kontrolle zur Zielvereinbarung). „Wal-Cob" macht dank dem Programm einen höheren Jahresumsatz mit dem Kunden. Der Umsatz steigt von 1300 auf 1800 Euro. Im Gegenzug offeriert „Wal-Cob" den Kunden ein Ernährungscoaching im Wert von ca. 100 Euro (monatliche Information über Zielerreichung, Beratung, Tipps, Gesundheitscheck). Ca. 70 % der Kunden erreichen die Zielsetzung des „Retail-Health-Programms" und bekommen deshalb von uns 10 % der Jahresprämie (130 Euro) als Rückvergütung von uns zurückerstattet.

Heute können wir sagen, dass wir dank dem Partner „Wal-Cob" sehr schnell und kostengünstig zu vielen interessanten Kunden gekommen sind. Zwar ist der Nettoumsatz mit diesen Kunden tiefer als normal. Die viel tieferen Akquisitionskosten, die bessere Kundenloyalität und die langfristig zu erwartende geringere Kassenbeanspruchung macht uns aber sehr zuversichtlich, dass die Kundenrentabilität bei dieser Gruppe massiv höher liegen wird als im konventionellen Bereich.

Zwar können wir nicht zweifelsfrei belegen, ob das „Retail-Health-Programm" die ernährungsbedingten Gesundheitskosten wirklich direkt für uns spürbar senkt – dies war auch unser Hauptbedenken gegenüber dem Projekt. Aber wir merken heute: Viel entscheidender ist die Selektionswirkung des Programms. Wer beim „Retail-Health-Programm" mitmacht, möchte entweder Geld sparen und/oder gesund bleiben. Diese Motivation geht einher mit einem gesunden Lebensstil und einem bewussten Umgang mit Kosten, so dass wir dank dem Programm durchweg gute Risiken in unser Portefeuille bekommen haben.

„Retail-Health-Programm" aus Sicht von Frau Damler, Leiterin Kundenbindung bei „Wal-Cob"

Die Idee zum „Retail-Health-Programm" stieß bei uns sofort auf offene Ohren. Uns war klar, dass der Gesundheitsmarkt auch zukünftig eine riesige Business-Möglichkeit darstellt, dass aber mit gesunden Produkten alleine kein Wettbewerbsvorteil zu generieren ist. Es brauchte etwas Umfassenderes, Kundenrelevanteres als beispielsweise angereicherte Lebensmittel (Functional Food). Diese Produkte stehen natürlich bei uns im Regal, aber eben auch bei der Konkurrenz. Wir können uns damit nicht als die „Gesund und frisch"-Brand profilieren, die *wir sein möchten. Es gab auch zwei weitere wichtige Faktoren, die für „Retail-Health" gesprochen haben.*

Schon seit Jahren sammelten wir mit unserem Kundenbindungsprogramm Daten über Kunden, Sortimente, Einkaufszeiten etc. Unsere Datenbank füllte sich mit immer neuen Daten. Doch was damit zu tun war, wussten wir eigentlich nicht. Einzelne Werbemaßnahmen (Directmailings etc.) konnten wir gezielter steuern, diverse Sortimente besser aufeinander abstimmen und vielleicht auch noch einzelne Warenströme optimieren. Einen echten und relevanten Kundennutzen haben wir aber nicht generieren können. Die Frage stellte sich also: Wie kann man mit diesem technologischen Know-how einen einzigartigen Kundennutzen erbringen?

Natürlich war auch uns klar, dass es eine Beziehung zwischen Ernährung und Krankheit gibt. Eine mögliche Verknüpfung innerhalb unseres Unternehmens war für uns aber lange gar kein Thema. Wir konzentrierten uns auf die Lancierung von gesundheitsfördernden Lebens- oder Pflegemitteln. Als dann vor einigen Jahren in den USA ein großer Fastfood-Anbieter von einem Kunden wegen Übergewicht und Darmkrebs auf Schadenersatzforderungen verklagt wurde, war für uns klar, dass die Zukunft von uns wesentlich mehr Verantwortung verlangen wird als heute.

Der Schritt hin zum „Retail-Health-Programm" war dann nur noch ein kleiner. Das Wichtigste, was wir brauchten, war ein wirkungsvolles, lustmachendes und anerkanntes Ernährungsprogramm, welches wir sowohl anbieten als auch kontrollieren können. Zusammen mit renommierten Ernährungsinstituten haben wir den erforderlichen resp. maximalen Jahresbedarf an Fetten, Kohlenhydraten und Eiweißen für eine gesunde Ernährung definiert. Die Resultate haben wir mit unserer bestehenden Produktpalette verglichen und danach mit einigen wenigen Neu-Listungen das ca. 400 Artikel umfassende Sortimentsprogramm erstellt. Es war uns klar, dass wir nicht jedes Detail bezüglich gesunder Ernährung abdecken können und wollen. Unser Ziel war es einzig, den Konsum unserer Kunden an Lebensmitteln aktiv zu begleiten und die Einhaltung von einigen wenigen, dafür aber sehr wirkungsvollen Ernährungsregeln zu verlangen. Das sind beispielsweise Mengenverhältnisse zwischen Fleisch und Gemüse oder Anteil ballaststoffreicher Produkte versus Einfachzucker etc.

Natürlich konnten wir nicht voraussetzen, dass sich der Kunde nur noch via uns ernähren würde. Restaurantbesuche, Ferien und andere Außer-Haus-Verpfle-

gungen können wir nicht erfassen oder bestimmen. Aber Erfahrungswerte zeigen uns, welchen Anteil an Lebensmitteln die Kunden durchschnittlich über den Einkauf im LEH beziehen. Es sind dies über alle Altersgruppen verteilt durchschnittlich ca. 60%. Damit das „Retail-Health-Programm" Wirkung zeigen würde, mussten wir den Programmteilnehmern das Ziel vorgeben, einen substanziellen Anteil der Nahrungsmittel, die in ihren Magen gelangten, bei uns aus dem Ernährungsprogramm zu beziehen. Da wir landesweit mit vielen POS präsent sind, fällt es den Kunden leicht, diese „Quote" zu erreichen, ohne dass das Einkaufen komplizierter würde. Für uns stehen dahinter natürlich auch Umsatzüberlegungen. Mit der Bestimmung der Quote erhöhen wir nicht nur den Wirkungsgrad der gesunden Ernährung (Nutzen des Kunden), sondern wir erhöhen auch massiv unseren Umsatz pro „Retail-Health-Kunde".

Für den Kunden bleiben die Ausgaben für Nahrungsmittel gleich hoch, jedoch fokussiert auf uns. Unseren so genannten „Share of Stomach" beim Kunden konnten wir dadurch massiv erhöhen.

Diesem Mehrumsatz stehen erhöhte Ausgaben in den Bereichen EDV, Administration und Kundenservice gegenüber. Der administrative Aufwand für Kontrolle, Monatsreporting, Datenerfassung etc. wird etwa zur Hälfte von der Krankenkasse übernommen. Jedem „Retail-Health-Kunden" stellen wir zweimal pro Jahr gratis einen Gesundheitscheck inklusive einer Stunde Cook-Coaching zur Verfügung. Dies sind Leistungen für den Kunden im Wert von 100 Euro pro Jahr.

Insgesamt geht für uns die Rechnung voll auf. Etwa 80% der Kundschaft sind Mitglieder in unserem traditionellen Kundenbindungsprogramm. Das sind immerhin 5,8 Millionen Kunden. Innerhalb dieser Gruppe ist mittlerweile jeder Zehnte Mitglied bei „Retail-Health"! Wir haben also durchschnittlich unsere Umsätze bei 580.000 Kunden von 1.300 auf 1.800 Euro erhöhen können. Unser Ziel ist es, jeden fünften Loyalitätskunden im „Retail-Health-Programm" zu haben. „Lebegut" hat sich zum Ziel gesetzt, jeden zweiten ihrer Kunden für das Programm zu motivieren.

Konzeptidee 3: „Lifestyle-Food"

Factsheet „Lifestyle-Food"

Hintergrund allgemein	Für ein gehobenes, vermögendes Kundensegment ist Gesundheit zu einer Frage des Lifestyles geworden. Eine bestimmte Ernährungsweise sowie der Kauf spezieller Produkte und Qualitäten sind – wie die Wahl eines besonderen Mode-Labels oder einer ausgefallenen Feriendestination – Möglichkeiten zum Ausdruck des eigenen Lebensstils geworden.
Die Vision	Vom Produzenten zum „Lifestylisten"
Die Kunden	
Wer sind die Kunden?	Frauen und Männer ab 25, insbesondere berufstätige Frauen mit hohem Bildungsniveau und hohem Einkommen
Basierend aus welchem Megatrend	Gesundheit, Zeit und Emotion
Konkretes Kundenbedürfnis	Eine zum Lebensstil passende Food-Marke
Das Konzept	
Konzeptansatz	Qualitativ hochstehende, gesunde Convenience-Category unter dem Label eines kompetenten Lifestyle-Brands aus der Modewelt
Konkreter Kundennutzen	Emotional positiv geladene Lifestyle-Marke nun auch für den Lebensmitteleinkauf. Stilsicheres Einkaufen für gehobene, gesundheitsbewusste Kundschaft
Wichtigste Player	Mode-Brands, Convenience-Produzenten
Wer wird das Konzept lancieren?	Convenience-Produzenten
Kommunikationsansatz	*Krautstil mit Stil – Wie man sich kleidet, so isst man*
To do's	
Personalbedarf	Bestehendes Personal
Investitionsgröße	gering, primär für Kommunikation
Größtes Risiko	unglaubwürdiger Brand-Stretch
Größter Realisierungsgrund	Innovative Mehrwert-Strategie
Multiplizierungspotenzial	Mittel, beschränktes, aber zahlungskräftiges Kundensegment

In den letzten zehn Jahren ist für einen großen, vermögenden Teil der Gesellschaft die Gesundheit ein wichtiger Teil des Lifestyles geworden oder anders ausgedrückt: Der eigene Lifestyle wurde zum zentralen Kaufmotiv im Gesundheitsmarkt. Mit ein Grund ist sicherlich die weiterhin zunehmende Individualisierung der Gesellschaft mit dem gleichzeitigen Wertewandel, welcher den Emotionen die größere Bedeutung als den funktionalen Produkt-Eigenschaften verleiht. Dadurch hat der Wert von emotionsgeladenen Marken noch mehr Auftrieb bekommen. Es sind heute insbesondere Marken aus dem Nonfood-Bereich (z. B. Mode, Auto), die als „Emotional Brands" Furore machen.

Marisa Celeste erzählt

Ich bin die Marisa, 32 Jahre alt, ich bin Single und wohne in München. Nein, ich bin nicht frustriert und habe auch keine Panik, den Richtigen fürs Leben nicht mehr zu finden. Nur passt momentan eine feste Partnerschaft schlecht in mein Leben, da ich beruflich gerade äußerst gefordert bin. Seit einem halben Jahr bin ich Marketingverantwortliche für den Pflegeproduktebereich unseres Unternehmens. Schönheit und Wohlbefinden sind also nicht nur privat, sondern auch beruflich wichtige Themen für mich. Dabei bin ich der Meinung, Schönheit hat immer auch etwas mit einem ganzheitlichen Lebensstil zu tun. Ob wohnen, essen, sich einkleiden oder kulturell betätigen, die ästhetischen und qualitativen Ansprüche, die ich aufgrund meines Lebensstils habe, sind sehr hoch. Ich halte mich beim Einkauf deshalb bevorzugt an Marken, die meine Ansprüche mit einer großen Zuverlässigkeit in Produkte und Dienstleistungen umsetzen. Wenn es um Kleider geht, gibt es für mich einen Benchmark: SaraH & ToM. Dieses Label überrascht mich immer wieder mit Mode und Accessoires, die einerseits überraschend neu und anders sind als das Gros der übrigen Mode, aber immer auch wieder meinen Lebensstil, meine ästhetischen Überzeugungen ansprechen. Es gefällt mir, dass SaraH & ToM einerseits hohe Ansprüche an die natürliche Qualität von Materialien und deren Verarbeitung stellen, andererseits trotz klarer ethischer und ökologischer Ansprüche keinerlei Abstriche bezüglich Ästhetik und Eleganz machen. Ich glaube, SaraH & ToM könnte mir monatlich ein Überraschungspaket mit neuen Kleidern schicken, und ich hätte das volle Vertrauen, dass sie immer genau meinen Stil treffen würden.

Ich wünschte mir auch in anderen Bereichen solche verlässlichen und stilsicheren „Partner". Zum Beispiel beim Einkauf von Lebensmitteln. Ich gebe es zu, ich bin keine große Köchin, aber ich esse dennoch gerne, und ich schätze auch gute Qualität – wobei für mich Qualität auch darin besteht, dass ich mich ausgewogen ernähre. Immerhin muss ich ja meine Figur behalten, sonst nützen mir die schönsten Stücke von SaraH & ToM nichts.

Leider ist die Situation heute die: Im Supermarkt springen mich beispielsweise Joghurts an, die ihre gesundheitliche Qualität mit Namen wie „Lifestyle" oder „Slim-Line" hinausposaunen. Alleine die Verkaufsumgebung, banale, überhäufte Kühlregale, gestresste und preishungrige Kunden verderben mir jede Lust am Einkaufen. Kein Wunder war ich eine der ersten Kundinnen, die auf das neue Angebot von SaraH & ToM angesprochen habe. Ich meine nicht die neue Winterkollektion, sondern die Ready-to-Heat-Gourmetgerichte, welche seit neuestem in den Boutiquen von SaraH & ToM sowie in weiteren ausgewählten Geschäften zu kaufen sind. Sie hören richtig, Convenience-Menüs von SaraH & ToM. Warum auch nicht? Geschmack ist schließlich eine Kernkompetenz dieser Marke! Sie müssten mal die Verpackung dieser Produkte sehen ... glatt zum Ausstellen in meiner Wohnküche.

Soviel ich weiß, arbeitet SaraH & ToM mit einer innovativen Firma zusammen, die seit Jahrzehnten Convenience-Produkte in bester Bio-Qualität herstellt. Diesem Know-how, in Zusammenarbeit mit SaraH & ToM, vertraue ich auch, dass die fertigen Menus, die ich hier einkaufe, optimal für meinen Lifestyle sind, das heißt, mich gesund und fit erhalten, und dennoch alle meine ästhetischen und geschmacklichen Genussansprüche erfüllen. Dank der SaraH & ToM-Menüs kann ich übrigens auch wieder, trotz meiner bescheidenen Kochkünste, Freunde zu mir einladen und ihnen mit einem garantiert „stilsicheren" und qualitativ hochstehenden Essen aufwarten.

Case Story von Herr Nievergelt – CEO Firma MORNA

Wir von der Firma Morna produzieren Convenience-Produkte für den Frisch- und Ultrafrischbereich – vorwiegend mit Rohstoffen aus kontrolliert biologischem Anbau. Ein Großteil der Rohstoffe wird in eigenen oder in mittels Exklusivverträgen gebundenen Anbaubetrieben hergestellt. Vertrieben wurden die Produkte bislang unter unserer eigenen Marke MORNAY. Wie alle anderen Foodmarken

1 Markt eins: Gesund essen

war auch MORNAY emotionslos. Zwar wurde eine Unmenge an Werbegeldern investiert, um die Marke zuerst von Alt auf Jung, dann von Modern auf Bio umzupositionieren, letztlich kehrte man aber wieder zum Image des traditionellen, altbewährten, praktischen Küchenpartners zurück.

Die Kommunikation der Marke erfolgte mehrheitlich über funktionale Werte und Nutzen: Zeitersparnis, mehr Zeit für die Familie, umfassende Convenience: „Genießen Sie das Leben – wir kochen für Sie".

Schließlich haben all diese Anstrengungen wenig bis gar nichts gebracht. Zwar kannte man unsere Produkte, aber man hielt sie für austauschbar.

Nach mehreren Jahren des Margenschwunds gingen wir gründlich über die Bücher. Als Ergebnis hitziger Grundsatzdiskussionen beschlossen wir folgendes, für Morna bislang undenkbares Vorgehen: Mit externer Unterstützung entwickelten wir eine virtuelle Marke. Wir beschrieben sie in der Leistung, im Versprechen und in ihren Werten unabhängig von unseren damaligen Firmenkompetenzen, sondern ganz alleine basierend auf den aus unserer Sicht existierenden Kundenbedürfnissen und Situationen im Segment Gesundheit und Lifestyle.

Eine Erkenntnis war die: Wirklich starke Marken (resp. Dachmarkenkonzepte), die das Potenzial haben, dem Kunden alles, aber auch wirklich alles zu verkaufen, existierten nur im Nonfoodbusiness. Hier gab es Marken, die es frühzeitig geschafft hatten, sich vom Sachwert zu lösen und Emotion und Sehnsüchte zu verkaufen.

Nach weiteren Diskussionen und Analysen kamen wir zu folgenden Schlüssen:
- Es ist unmöglich, unsere Marke glaubwürdig in Verbindung mit Lifestyle zu bringen.
- Unsere Produkte haben jedoch das Potenzial, Lifestyle-Status zu erwerben.
- Es gab bis dahin keine Lifestylemarke, unter welcher Foodprodukte erfolgreich verkauft wurden.

Wie konnte man diese Situation angehen? Ganz einfach: Wir suchten das Gespräch mit den Markenverantwortlichen von SaraH & ToM, einer führenden Lifestylemarke aus dem Mode-/Bekleidungsbereich. Diese Marke gilt bei einer großen Gruppe von gut verdienenden, gut ausgebildeten Jungen und Junggebliebenen als absolutes Muss. Sie steht für Lifestylewerte wie Schönheit, Erfolg, Authentizität und Eleganz im Rahmen höchster ethischer und ökologischer Ansprüche.

Wir waren überzeugt, zwischen den Lifestyleattributen der Modemarke und dem Potenzial unserer Produkte eine stimmige Verbindung herstellen zu können. Dass Ernährung sich per se als Lifestyleelement eignet, beweisen all die schicken Restaurants, die ihre Existenz in vielen Fällen dem Entstehen bestimmter Lebensstile und Lebensstilgruppen verdanken. Weshalb sollte dies nicht ebenfalls möglich sein bei Lebensmittelprodukten im Handel? Unsere Produkte basieren ja gerade auf Elementen wie Natürlichkeit, Gesundheit, Qualität, die durchaus in das Universum der Markenwerte von SaraH & ToM passen.

Aus dieser Erkenntnis heraus haben wir uns letztlich entschlossen, ihre Marke mit unseren Foodprodukten in Verbindung zu bringen. Die Botschaften der ersten Dachkampagnen lauteten: Wie man sich kleidet, so isst man! Mode in Ihrem Kühlschrank, zeigen Sie Style!

Unsere heutigen Produkte, welche unter der Marke des Modelabels laufen, werden wie folgt distribuiert: via Internet-Shop, über diverse In-Lokale und natürlich auch in den markeneigenen Boutiquen. Entscheidend für den Erfolg der Produkte war die neuartige Präsentation und Verpackung der Produkte, die in engster Zusammenarbeit mit SaraH & ToM konzipiert wurde.

Mittlerweile wurde der Ansatz schon von zahlreichen anderen Marken kopiert. Wie wir hören, sind folgende Konzepte in den Schubladen großer Modelabels:
- *Adidas Fruitjuicebar (Claim: 100% natürliche Säfte – für bessere Leistung)*
- *Gucci's Seafood-Restaurantkette (Claim: Style is eatable)*
- *Benetton: Lancierung einer Spicebar (Claim: United Spices of Benetton)*

Die Sicht von Barbara Schneider, Länderverantwortliche des Modelabels SaraH & ToM

Das Modelabel SaraH & ToM hat eine bewegte Geschichte. In den 70er Jahren hat sich eine Gruppe junger – entschuldigen Sie den Ausdruck – Weltverbesserer zusammengetan, um ökologische Textilien aus Partnerschaftsprojekten in Drittweltländern (damals hieß das noch Entwicklungsprojekte) zu verkaufen. Das Besondere dabei: Bei diesen „Aktivisten" handelte es sich sämtlich um Personen aus dem Gestaltungs- und Designbereich. Nicht erstaunlich, dass sich die Produkte von SaraH & ToM von Beginn an nicht nur über ethische Argumente, sondern immer schon über einen hervorragenden eigenen Stil verkauft haben. Aus ei-

1 Markt eins: Gesund essen

nem Weltverbesserungsprojekt wurde, das können wir heute sagen, ein höchst profitables Business, das in erster Linie auf der Glaubwürdigkeit und dem starken emotionalen Bezug der Marke zur Kundschaft basiert. Natürlich sind uns Trends der vergangenen Jahre entgegengekommen: die zunehmende Ästhetisierung der Gesellschaft, die heute soweit geht, dass sie Klobürsten in Alessi-Design kaufen können, die gestiegenen Ansprüche an das persönliche Erscheinungsbild, sowohl was die Kleidung als auch die Figur betrifft, der Trend zur Einfachheit und Natürlichkeit, Rückbesinnung auf die hohe Qualität natürlicher und naturbelassener Rohstoffe etc.

Nun, als mich Herr Nievergelt von der Firma Morna vor eineinhalb Jahren telefonisch kontaktierte, hatte ich im ersten Moment das Gefühl, er hätte sich in der Nummer geirrt. SaraH & ToM als Foodmarke? Allerdings, wenn ich es mir recht überlegte, hatte ich doch erst vor wenigen Wochen von einer Freundin eine exklusive Kaffeemischung von Davidoff geschenkt bekommen – und die schmeckt nach Kaffee und nicht nach Parfüm. Also, weshalb eigentlich nicht. Ich hörte mir die Argumente von Herrn Nievergelt mit wachsendem Interesse an. Es hatte schon etwas, diese Lifestyle-Überlegungen. Weshalb sollten wir die starken emotionalen Bezüge unserer Marke zu unseren Kunden nicht in weitere Märkte transportieren? Trotz erfolgreicher Marktpositionierung von SaraH & ToM überlegen auch wir permanent, wie wir den Gehalt unserer Marke weiterhin stärken können, um langfristig im Lifestyle-Markt gegenüber vertikal integrierten Globalplayern wie beispielsweise Zara, H&M oder Mango bestehen zu können. Wenn Karl Lagerfeld bereits heute für H&M entwirft, stellt sich die Frage, welche Label in Zukunft die großen Namen der Fashion- und Lifestylezunft an sich binden können.

Unsere Überlegung war die folgende: Wir besitzen eine treue Kundschaft, die einen starken emotionalen Bezug zu uns, respektive zu den Kernelementen der Marke SaraH & ToM haben. Diese Kundschaft entspricht einem einerseits zahlungskräftigen, andererseits jedoch quantitativ kleinen Segment der Gesamtbevölkerung. Wachstum für SaraH & ToM muss also in erster Linie über den Leistungsausbau für die bestehenden Kunden erfolgen, das heißt, wir müssen unseren Anteil an der Brieftasche unserer Kundschaft vergrößern! Bei einer Ausweitung des Angebots auf neue Kundschaft könnten wir uns nicht mehr auf die starken Markenwerte von SaraH & ToM abstützen. Nach eingehender Prüfung haben wir an der Idee einer Ausweitung in Richtung Foodprodukte Gefallen gefunden, weil sich einerseits das Thema Lifestyle von Mode auf Food übertragen *lässt und wir andererseits mit diesem Angebot ein neues Frequenzpotenzial für unsere Läden erschließen. Unsere Kunden haben heute regelmäßiger einen guten Grund, bei SaraH & ToM einzukaufen.*

Für uns hat sich die Komplexität des Daily Business durch die Kooperation mit Morna kaum erhöht. Morna war bereit, das Handling der Produkte, die Anlieferung, Lagerung, d.h. Kühlung vor Ort in unseren Geschäften zu übernehmen, sowie den gesamten Warenfluss über die anderen Kanäle voll abzudecken.

In der Produktentwicklung waren wir von Beginn an involviert, und für die Markenkommunikation zeichnet ein gemischtes Team von SaraH & Tom und Morna verantwortlich. Es sind gerade die unterschiedlichen Erfahrungen, die sehr verschiedenen Sprachen unserer beiden Unternehmen, die uns in der Vermarktung der SaraH & ToM Foodprodukte zu neuen Ideen geführt haben. Diesen Sommer werden wir unter dem Claim „Kühle Eleganz" gleichzeitig eine Business-Kleiderkollektion und eine neue gekühlte Menuserie (Ultrafrische-Convenience) auf den Markt bringen.

2 Markt zwei: Food als Erlebnis

Für Erlebnisse investieren wir gerne Zeit, denn wir versprechen uns davon Erinnerungen und Eindrücke, die andauern. Ein Erlebnis zeichnet sich immer durch das Besondere, das Seltene oder Spezielle aus. Was alltäglich ist, ist kein Erlebnis, denn es verliert den Ereignischarakter.

Ein gutes Beispiel dafür liefert auf dem Spielzeugmarkt „The Pleasant Company". Als Firmengründerin Pleasant Rowland weiter gehen wollte, als ihre Produkte alleine über den Direktverkauf loszuwerden, eröffnete sie keinen Laden, sondern sie produzierte ein Erlebnis: „The American Girl Place" in Chicago. Dort können Mütter und Großmütter zusammen mit ihren Töchtern das „American Girl Theater" besuchen, sehen für 25 Dollar die „American Girls Revue" und erhalten in „The Cafe" eine „Dining Experience wie Erwachsene". Im „American Girl Palace" kann eine Familie mehrere hundert Dollar ausgeben, ohne ein einziges Produkt zu kaufen. Natürlich kehren aber alle mit mehr Puppen, mehr Möbeln, mehr Kleidern und mehr Accessoires als Erinnerung an das Erlebnis nach Hause. Im Durchschnitt bleiben die Leute mehr als vier Stunden und konsumieren entsprechend ausgiebig. „The Pleasant Company" versteht ein heute wesentliches Credo, um Bedürfnisse zu wecken: Das Erlebnis ist das Marketing oder, wie es Gilmore & Pine, die Autoren des Weltbestsellers „The Experience Economy", auf einen Nenner bringen: „Nicht Erlebnis-Marketing, sondern Marketing-Erlebnisse schaffen".

Food kann ebenso zum Erlebnis werden. Dafür gibt es mehrere Ansatzpunkte (siehe Abb. 53). Noch in den 90er Jahren propagierte man, dass das Lebensmittel in der Gastronomie von dessen Inszenierung abgelöst werden muss. Die Erlebnisgastronomie war geboren, aber gleichzeitig auch nur sehr einseitig verstanden worden. Die meisten dieser gastronomischen Erlebnisangebote beschränkten sich mit der Formel „Gastronomie plus Erlebnis" auf eine Girlande im Restaurant, eine Musikband, die aufspielte, oder singende Kellner. Das Produkt trat in den Hintergrund. Die große Zeit dieser Angebote scheint vorbei zu sein. Zu groß ist die Konkurrenz, zu seicht das Erlebnisangebot. Jedes Warenhaus bietet heute denselben Unterhaltungswert. Allerdings bedeutet dies nicht das Ende des Erlebnisses im Foodmarkt. Im Gegenteil, gefragt sind neue Formen von Fooderlebnissen, die einen nachhaltigen positiven Eindruck, eben ein Erlebnis verkaufen und, quasi als Beilage, die Menschen satt machen. Food ist geradezu prädestiniert, Erlebnisse zu schaffen. Wie die Darstellung zeigt, bietet sich Food für ganz verschiedene Arten von Erlebnissen an.

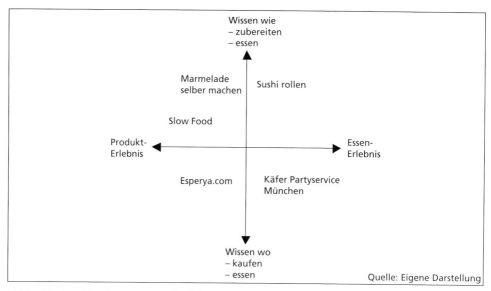

Abb. 53: Positionierung Fooderlebnisse

Essen ist Kultur, Essen ist Wissen und das alleine schafft eine hervorragende Ausgangslage, um Fooderlebnisse zu schaffen. Wissen, wie Essen frisch zubereitet wird, ist heute keine Selbstverständlichkeit mehr. Was früher die Mutter wusste, will heute neu gelernt sein. Und weil nicht mehr selbstverständlich, ist die Frischzubereitung heute bereits ein Erlebnis an sich. Ein Mittdreißiger, der heute seine Marmelade selber macht, wird dies wohl kaum seiner Großmutter erzählen. Aber im Bekanntenkreis wird diese Leistung gebührend anerkannt und bestaunt werden. Über das Selbermachen wird gesprochen, mit ausgefallenem (Sushi rollen) oder bewusst traditionellem (Marmelade einkochen) Kochwissen lässt sich Staat machen, die eigene Persönlichkeit inszenieren – gerade auch als Mann.

Während in den letzten Jahren das Wie und das Wo beim Essen immer wichtiger wurde, verlagert sich der Schwerpunkt der Fooderlebnisse heute mehr auf das Produkterlebnis. Natürlich geht es dabei nicht um die funktionalen Eigenschaften von Foodprodukten, sondern um deren Geschichte. Die Kunden sind wieder auf der Suche nach dem Original. Kein Kenner interessiert sich heute für die sechs Sorten Mozzarella oder die acht Varianten Edamer im Kühlregal des Händlers; es muss schon ein authentisches, einzigartiges Produkt sein, beispielsweise der einzigartige Parma-Schinken von La Badia. Ein italienischer Internethändler, www.esperya.com, hat sich aufgemacht, Produkterlebnisse zu schaffen. Das verspricht „esperya" schon im Unternehmensclaim: The Italian Food Experience. „Esperya" setzt, ganz in der Tradition der Slow-Food-Bewegung (vgl. Teil II, Kapitel 4.3 „Konsequenzen für Foodmärkte: Dem Essen Sinn geben"), fanatisch auf Qualität. Jedes Produkt hat seine authentische Geschichte, die der Kunde erzählt bekommt. Das Fooderlebnis beginnt mit dem Erzählen dieser Geschichte, mit der Inszenierung des Produkts. Der eigentliche Verzehr ist hingegen nur der letzte Akt des Erlebnisses.

www.esperya.com *(Dezember 2004): Parma-Schinken (roh) von La Badia*

Zwei Jahre waren wir damit beschäftigt, den Prosciutto di Parma zu finden, der unseren Ansprüchen genügt. Ein Parmaschinken, der sich erhebt aus der Banalität einer mittlerweile massenhaften Produktion, die unter dem Deckmantel seiner Excellenz des Parmaschinkens ihr Unwesen treibt.

Im Gegensatz zu der Vorstellung, dass unser Schinken den anderen gleich ist. Und im Gegensatz zu den Verbrauchern, die beim Metzger den schön mageren Schinken wünschen. Aber ja, schneiden Sie sich eine Scheibe von diesem Schinken ab und Sie werden und Sie können dieses Fett, kräftig und wohlduftend, nicht mehr ignorieren. Welch ein Skandal – gut einen Finger breit das Fett auf der äußeren Seite des Schinkens! Und dazu noch klare und entschiedene Fettstreifen in dem mageren Fleisch. Sollten Sie beim ersten Hinsehen die Nase rümpfen, probieren Sie eine dünne, von Hand geschnittene Scheibe. Sie werden sich wundern, wie die Fettstreifen angenehm im Mund schmelzen und **unbeschreibliche Emotionen der Süße** *hinterlassen.*

Der Prosciutto Crudo di Parma La Badia reift auf den Hügeln von Langhirano. In einem 5-stöckigen, wunderbaren Gebäude ist eine von außen kaum erwartete Maschinerie im Gange, um die optimale Reife zu erreichen. Jeder Schritt jedes einzelnen Schinkens wird kontrolliert, gewogen und gemessen. Das Kuriose und Schöne an der Geschichte ist, dass die Öffnung der Fenster im Gebäude elektronisch gesteuert wird, so dass genau die richtige Menge trockener Höhenluft, je nach Bedarf, eintritt. Ein Besuch lohnt sich.

Esperya schafft Erlebnisse mit Produkten und das erst noch im virtuellen Raum des Internets. Mit folgendem Dialog wurde der neue Kunde im Dezember 2004 mit dem Esperya-Laden bekannt gemacht (www.esperya.com):

Herzlich willkommen. Sie haben noch nie bei Esperya bestellt. Deshalb sind Sie misstrauisch: Das ist ganz natürlich. Und ich will (und muss: denn es ist meine Arbeit als Einkaufsberater!) Ihr Vertrauen gewinnen.

> *Esperya ist eine Handelswebsite, ein Online-Delikatessengeschäft. Was man auf dieser Website sehen kann, ist verkäuflich.*
>
> *Esperya ist nicht wie alle anderen Websites: Wenn Sie in Esperya eintreten, fühlen Sie sich wie in einem echten Delikatessengeschäft: Niemand will Sie zwingen, etwas zu kaufen. Aber wenn Sie einen „Gourmet Shop" betreten, beabsichtigen Sie etwas zu kaufen...*
>
> *Aber wie kann man solche leckeren Produkte kaufen, ohne sie zu verkosten oder daran zu riechen?*
>
> *Ganz schön alberne Bemerkung, wenn ich das sagen darf! Wenn wir einkaufen gehen, können wir wirklich alles „verkosten" und daran „riechen"? Gibt es vielleicht noch Geschäfte, die uns erlauben, die Produkte zu testen? Bei Esperya jedoch können Sie alles probieren!*
>
> *Wir erzählen unsere Produkte und sind bereit, jede Neugierde Ihrerseits zu befriedigen (Ihr persönlicher Einkaufsberater online kann Sie auf Wunsch jederzeit telefonisch zurückrufen!). Wir machen auch, was heutzutage kein anderes Geschäft macht: Wenn Sie aus irgendeinem Grund mit Ihrem Kauf nicht zufrieden sind, wenden Sie sich für eine Rückerstattung an uns: Wir werden Ihnen umgehend die Ware ersetzen oder, wenn Sie es vorziehen, den Betrag erstatten...alles ohne Formalität, Ablauftermin oder Kosten für Sie. Das ist unsere vollständige Zufriedenheitsgarantie: das Einzige, das uns niemand nachahmt!*

Kaum ein Kunde wünscht sich nach diesem Dialog einen Einkauf im realen Supermarkt des nächstgelegenen Lebensmitteleinzelhändlers.

2.1 Fooderlebnis aus Sicht der Kunden

Ein Drittel der von uns mit der „Nextexpertizer-Analyse" befragten Kunden beurteilte eine Ernährungsweise dann als ideal, wenn sie als ein angenehmes Erlebnis empfunden wurde.

Das Profil in Abbildung 54 zeigt, welche Kriterien beim Füllen des Magens für die befragten erlebnisorientierten Kunden von ausschlaggebender Bedeutung sind. Die Dimensionen, welche im positiven Bereich der Skala liegen, sind für erlebnisorientierte Kunden im Verhältnis zu allen anderen Befragten besonders wichtig.

2 Markt zwei: Food als Erlebnis

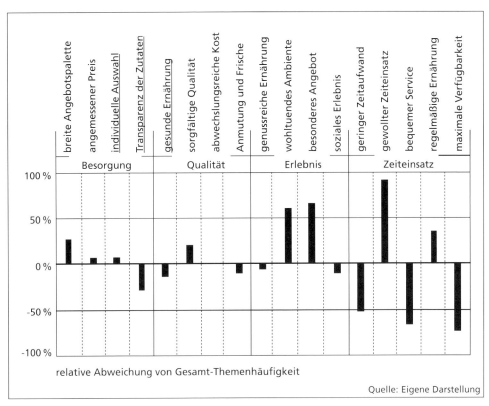

Abb. 54: Dimensionen des „Angenehmen Erlebnisses"

In der folgenden Darstellung sind die wichtigsten Kriterien der erlebnisorientierten Kunden hinsichtlich einer erlebnisreichen Ernährungsweise isoliert. Die Grautöne zeigen jeweils, wie sehr ein Kanal das Kriterium heute bereits erfüllt.

Wie bereits ausgeführt, gibt es nicht das Fooderlebnis, sondern verschiedene Dimensionen, die Food zu einem Erlebnis machen können. Die erläuterten Facetten von Fooderlebnissen – Wissen, Produkt und Ess-Erlebnis – zeigen sich in der Beurteilung der Befragten. Es zeigt sich, dass nicht alleine die Gastronomie Fooderlebnisse für sich in Anspruch nehmen kann. Der Fachhandel, traditionell eher produktorientiert, ist von den erlebnisorientierten Kunden am positivsten bewertet worden. Kein Kanal jedoch bietet heute das perfekte Fooderlebnis, einige Kanäle haben aber das Potenzial, erlebnisorientierte Angebote zu konzipieren. Die folgenden Hot Topics skizzieren die wichtigsten Dimensionen des Food-Erlebnismarktes.

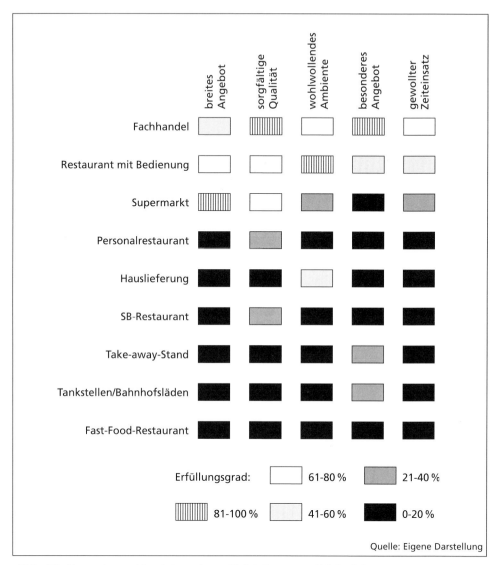

Abb. 55: Bewertung Absatzkanal aus Sicht Gruppe „Erlebnis"

Hot Topic: Erlebnis als Teil der Freizeit

Fooderlebnisse, oder anders: Stomach-Erlebnisse, stehen in direkter Konkurrenz zu anderen Freizeitbeschäftigungen. Für ein Fooderlebnis investieren Kunden primär (Frei-)Zeit, erst in zweiter Linie Geld. Wer sich für ein Fooderlebnis entscheidet,

2 Markt zwei: Food als Erlebnis

wählt nicht zwischen verschieden teuren Produkten, sondern er entscheidet sich primär gegen andere zeitbeanspruchende Freizeitbeschäftigungen.

Essen als Erlebnis steht somit in Konkurrenz zu allen anderen Möglichkeiten der Freizeitgestaltung. Die Abbildung 56 benennt die wichtigsten/häufigsten Freizeitbeschäftigungen der Schweizerinnen und Schweizer.

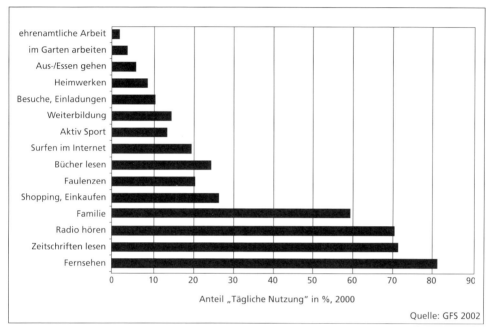

Abb. 56: Tägliche Freizeitbeschäftigungen

Ohne eine Wissenschaft daraus zu machen, lassen sich die Freizeitbeschäftigungen der Schweizer, wie in der Tabelle dargestellt, auf einige dahinterliegende Motive reduzieren:
- Unterhaltung, Zerstreuung
- Wissen, Erfolg
- Emotion, Gesellschaft, soziale Kontakte
- Erlebnis, Konsum, Genuss
- Ausgleich
- Gesundheit, Wohlgefühl

Die positive und negative Seite dieser Motive: Sie besitzen alle eine Schnittstelle zur Ernährung.

Beispiele:

Unterhaltung	→ Essen im Zirkus
Wissen	→ Kochbücher, Kochkurse, Weinreisen
Emotion	→ Essen bei Mama, Essen mit Freunden
Erlebnis, Genuss	→ Essen beim Starkoch, Essen im Piemont
Ausgleich	→ Marmelade selber gemacht
Gesundheit, Wohlgefühl	→ Rohkost, Diäten, Früchte

Wer Fooderlebnisse schaffen will, muss Freizeiterlebnisse gestalten. Diese stehen in Konkurrenz mit allen anderen Freizeitangeboten, auch solchen außerhalb der eigentlichen Foodbranchen. Das erfordert ein neues Denken. Weshalb sollte man sich in Zukunft nicht Fooderlebnisse bezahlen lassen, weshalb nicht Eintritt verlangen für den Einlass ins Restaurant? Weshalb bietet der Fachhändler nicht kostenpflichtige Reisen zu seinen Lieferanten an?

Heineken macht's vor und gestaltet in einer alten Brauerei in Amsterdam die „Heineken Experience". Der Besucher selbst wird dort zur Bierflasche und durchläuft auf dem Fließband alle Produktionsschritte des Biers. General Mills eröffnete in der Mall of America die „Cereal Adventure", wo Kinder alles über die Produktion von Getreideflocken erfahren und eine Schachtel Wheaties mit ihrem Foto mit nach Hause nehmen.

Hot Topic: Food als Inszenierung und Selbstinszenierung

Frische, Natürlichkeit, Geschmack, das Besondere: Das sind Attribute der Kunden, die mit dem Essen primär ein angenehmes Erlebnis verbinden möchten. Der Ort des Essens, der Ort des Zubereitens, die Inszenierung des Verzehrs stehen im Mittelpunkt des „Magenfüllens". Die Bewertung der Kanäle, insbesondere das gute Abschneiden des Fachhandels zeigt, dass Essen als Erlebnis nicht nur eine Sache von Besuchen in so genannten Erlebnis-Restaurants ist, sondern auch etwas, das immer öfter zu Hause stattfinden kann.

Kochen und essen zu Hause ist nicht mehr Pflicht, sondern Kür. An die Stelle der traditionellen Hausfrau, welche bisher zu Hause gekocht hat, tritt der Experte oder die Expertin für besser Leben und schöner Wohnen. Wenn schon kochen und essen zu Hause, dann auf die spezielle Art und Weise. Das alltägliche Essen ist einfacher und schneller auswärts zu erhalten. Das spezielle Mahl beginnt mit der Fachdiskussion über das passende Rezept. Die Genuss-Fanatiker können so stundenlang über die richtige Zubereitung eines Risottos diskutieren und für den Einkauf der echten Zutaten und des passenden Weins ganze Samstage aufwenden oder bis nach Italien fahren. Banale Supermarkt-Produkte sind bei den „Connaisseurs" ebenso verpönt wie bei den Gesundheitsfanatikern Hamburger und Pommes. Der einzig wahre Ort für den Einkauf von Lebensmitteln ist der Fachhandel. Mindestens so wichtig wie die Qualität der Produkte ist das Fachgespräch im Laden mit den Verkäufern.

Entscheidend für das richtige Ambiente zu Hause ist die Küche. Sie ist ein Repräsentationsstück und versteckt nichts mehr. Das Modell für die Hochleistungsküche von heute findet man in Spitzenrestaurants. Von dort ist die oft altarähnliche Kücheninsel abgeschaut, die den Küchentisch ersetzt: In der Mitte der Küche und gern vor Publikum schnippelt nicht immer, aber immer öfter der Mann sein Gemüse, brutzelt seine Filets und richtet seine Salate an. Die kochenden Männer wollen gesehen werden und sie wollen eine Küche, mit der sie sich sehen lassen können. Die staunenden Gäste stehen mit dem Glas Weißwein an der Küchentheke und die Frau des „Starkochs" schwärmt von ihrem Mann. Dieser wiederum korrigiert seine Frau freundlich tadelnd, wenn sie vom Koch- anstatt vom Induktionsherd spricht.

Verkäufer von Topküchen schätzen, dass nicht einmal die Hälfte ihrer Kunden, die eine Küche kaufen, eine Familie haben. Die meisten Küchen gehen an kinderlose Paare, vereinzelt auch an vermögende Singles, die ihrer Loft mit einer exklusiven Küchenzeile das gewisse Etwas verleihen wollen.

Die Vorzeigeküchen werden nicht nur von einer wachsenden Anzahl Hobbyköchen als Kochbühnen benutzt. Sie gehören als professioneller Arbeitsplatz schon fast zur Minimalanforderung der modernen Störköche, welche immer öfter als Dienstleistung für die kulinarische Verwöhnung der privaten Gäste gemietet werden.

Dies gilt nicht nur für Luxusküchen. So nutzt zum Beispiel die amerikanische Firma Whirlpool die Umwandlung der Küche zur Bühne, indem sie, nach dem Vorbild der Tupperware-Partys, Kochpartys in Privatküchen veranstaltet. Der mobile Koch (Culinary Instructor) von Whirlpool bringt alle Lebensmittel und Zutaten sowie die neuen Pfannen und andere Kochhilfen mit, die es zu demonstrieren gilt. Die Gastgeberin lädt ihre Freundinnen, Nachbarn und Verwandten zum privaten Kochkurs mit anschließendem gemeinsamen Essen ein. Neben dem Verkauf der Küchenartikel geht es auch darum, den KundInnen zu zeigen, wie man z.B. eine Paella-Pfanne fachgerecht nutzt und eine echte Paella zubereitet (www.inspiredchef.com).

Hot Topic: Foodwissen als kulturelles und soziales Know-how

Wissen spielt eine zentrale Rolle bei dieser Kundengruppe, jedoch nicht das Grundwissen des Kochens, sondern Spezialwissen in Bezug auf Lifestyle-Küche, Food-Trends, Starköche, Gourmet-Tempel und In-Kneipen. Entweder man weiß, wie man etwas ganz Spezielles selber macht, oder man weiß, wo man dies bekommt. Der Fachhandel und das bediente Restaurant sind denn auch für die erlebnisorientierte Gruppe die einzigen Kanäle, welche mehrheitlich positiv bewertet werden. Hier können die Kunden mit ihrem Spezialwissen brillieren, sei es im Restaurant mit ihrer Weinkenntnis oder beim Fachhandel in der Diskussion um die besten Trüffelsorten.

Essen mit seinen starken Bezügen zu Kultur und Gesundheit bietet sich geradezu an für „Experten". Der Status „Experte" hat einen unheimlichen Bedeutungszuwachs erhalten in einer Gesellschaft, in der unendlich viel Information und Wissen frei verfügbar ist. Der Experte setzt noch eins drauf, weiß noch mehr Details und Zusammenhänge. Es existiert kein Bereich, für den es keine Experten gibt. Im Internet haben diese neuen Experten eine Heimat gefunden. Unzählige Expertenportale sind Beleg dafür.

Grund für den Expertenwahn: Der Zerfall traditioneller Gesellschafts-, Glaubens- und Wertesysteme hat die Diskussion um richtig/falsch und wahr/unwahr neu entfacht. Was das Essen anbelangt, gibt es nicht mehr die zwei Autoritäten „Hausfrau/Großmutter" und „professioneller Koch", sondern es gibt die Experten für Wein und Spirituosen, die Experten für das Zen des Grillierens, den Gewürzexperten, die Expertin fürs Kochen mit Blumenblüten, die Vorspeise-Experten, die Gemüseschnitz-Experten usw.

Beispiele für Expertennetzwerke (resp. selbst ernannter Experten) im Internet (Stand Februar 2003):
- http://expertenseite.lycos.de
- www.ciao.com
- www.experts.com
- www.allexperts.com

Wissen, wie man was kocht, wo man was kauft, aber natürlich auch, wo man wie isst – das ist einer der großen Motivatoren der Erlebnishungrigen. Was früher den Professionals von GaultMillau vorbehalten blieb, ist heute auch für Hobby-Gastrokritiker möglich: „Zagat" (www.zagat.com) ist ein Online-Restaurantführer, wo prinzipiell jeder Gast eine Review verfassen kann und somit zum Gastroexperten wird.

Abb. 57: Expertenportal im Internet

2.2 Business-Visionen und Konzepte für Fooderlebnisse

Konzeptidee 4: „3D-Marke: Spicy Sun"

Ein Alltagsbericht aus dem Leben von Max Biel

Mein Name ist Max Biel, ich bin ein 62jähriger Frührentner und kann mit einem beruhigenden finanziellen Polster meinen letzten Lebensabschnitt genießen. Während fast vierzig Jahren habe ich mich der Forschung und Entwicklung im Bereich Pumpentechnologie gewidmet. Die Firma hat immer mehr in neue Technologien investiert und mich dann mit dem alten Mechanikwissen eigentlich nicht mehr gebraucht. Mit einem großzügigen Sozialplan konnte ich – darüber bin ich nicht unglücklich – vor mittlerweile zwei Jahren ein neues Leben in Angriff nehmen.

Zusammen mit meiner Frau haben ich drei Kinder großgezogen. Sie leben heute alle mit ihrem Partner/Ehefrau irgendwo in Europa – mal da, mal dort. Alle üben sie ihre Berufe in internationalen Organisationen oder Firmen aus und sind immer dort, wo es gerade brennt. Enkel habe ich noch keine, aber was nicht ist, kann ja noch werden. Meine Frau ist mittlerweile die aktivere von uns. Sie ist in zahlreichen Bildungsinstitutionen tätig; oft als Lehrerin, manchmal als Referentin und meistens als Coach von Lehrpersonen in der „Midlife crisis".

Im Gegensatz zu früher bin ich es, der regelmäßig einkaufen geht. Dies war eben eine der neuen Aufgaben, die auf mich zukamen. Ich erinnere mich noch bestens an meine Startzeit vor zwei Jahren. Jedes Mal, wenn ich vor einem Regal oder einer Theke stand, wähnte ich mich einer Blackbox gegenüber! Die sehr schön präsentierten Auslagen und Produkte waren in ihrer Fülle für mich einfach zu viel. Ich wusste nicht, was das alles war, was ich damit anfangen sollte oder welches Produkt innerhalb eines bestimmten Sortimentes für mich am besten geeignet war.

Vor dem Regal lächeln mich unzählige Marken für größtenteils identische Produkte an. Das hilft mir nicht weiter. Ich möchte einfach wissen, was in den Produkten drin ist, woher die Produkte kommen, unter welchen Bedingungen sie produziert und gehandelt worden sind etc. – eben die typischen Fragen eines lebenslangen Ingenieurs.

Factsheet „3D-Marke: Spicy Sun"

Hintergrund allgemein	Die meisten Marken versprechen ein Erlebnis. Ob es wirklich stattfindet, ist eine andere Sache. Die Produktüberflutung führt zum Problem der ungenügenden Wahrnehmung (Austauschbarkeit). Retailer entwickeln sich zur Dachmarke. Sie können jede Art der Kommunikation in den eigenen Läden umsetzen.
Die Vision	Die Marke zum Leben erwecken
Die Kunden	
Wer sind die Kunden?	Time rich & Money rich, Personen im Alter von 50+ Jahren, junge Doppelverdienende
Basierend auf welchem Megatrend	Emotion, Vertrauen
Konkretes Kundenbedürfnis	Echtheit und Authentizität erleben
Das Konzept	
Konzeptansatz	Starke Produktmarken machen ihr Versprechen mittels „3D-Kommunikation" emotional erlebbar. Fühlen statt sehen, machen statt lesen. Foodproduzenten bieten Zugang zu ihren Anbauorten, ihren Fabriken. Sie investieren ihre Werbegelder in „Points of Brand Experience" (POE).
Konkreter Kundennutzen	Orientierungshilfe, Vertrauen, gutes Gewissen
Wichtigste Player	Produzenten, Gastronomen, Schulen, Reiseveranstalter, Bauernhöfe
Wer wird das Konzept lancieren?	Produzenten
Kommunikationsansatz	*Wenn Wissen zum Erlebnis wird*
To do's	
Personalbedarf	Mittel
Investitionsgröße	Mittel
Größtes Risiko	Verwechslung mit „Eventmarketing", fehlende Kompetenzen
Größter Realisierungsgrund	Die wachsende Stärke der Retailer-Dachmarken, klassische Produktkommunikation schafft keine Aufmerksamkeit mehr
Multiplizierungspotenzial	Hoch

Zuerst versprach ich mir Aufklärung über die Deklarationen auf den Verpackungen. Bei genauerem Betrachten stellte ich aber fest, dass die praktisch immer identisch sind – egal von welchem Absender sie stammen. Am Anfang konnte mir meine Frau den einen oder anderen Tipp geben. Aber irgendwann war es ihr doch zu viel – vielleicht auch zu blöde –, meine ständige Fragerei zu beantworten. Weitere Informationen über das, was man kaufen kann und sollte, bekam ich täglich abends vor dem Fernseher. Da haben mich die Werbebotschaften für bestimmte Produkte und Marken jeweils sehr angesprochen, aber am nächsten Tag, wenn ich vor dem Regal stand, lächelten mich wieder unzählige gleichartige Produkte an. Die Werbebotschaft des Vorabends war in der Fülle dieser Eindrücke vor dem Regal bereits wieder verschwunden.

Letztes Jahr bin ich jedoch auf die Marke „Spicy Sun" aufmerksam geworden. „Spicy Sun" verkauft Teesorten, Gewürze und Gewürzmischungen. Die Marke ist mir anfänglich nur aufgefallen, weil sie im Schnitt 20 % teurer war als die Konkurrenz. Werbeaussagen wie: „Düfte wie aus 1001 Nacht – mit Spicy Sun" oder „1A Qualität hat einen Namen: Spicy Sun" sollten helfen, diese Preisbarriere zu überwinden. Bei mir hat es nicht funktioniert. Erstens wohne ich in einem Gebiet mit der größten Autobahndichte und mit ca. 200 Nebel- und Regentagen. Unter diesen Bedingungen in meiner Wohnung dank einer Teemischung den Orient zu spüren war irgendwie schwierig. Zweitens war für mich der angepriesene Qualitätsvorsprung nicht messbar. Was genau ist der Unterschied zwischen 1A- und 1B-Safranfäden? Ich hatte keine Ahnung.

Im letzten Januar machte mich beim Kauf eines „Spicy Sun"-Produktes ein sympathischer Herr derselben Firma auf eine Studienreise zu den Gewürz- und Teeplantagen nach Sumatra aufmerksam. Drei Wochen mit allem Drum und Dran. Das Angebot hat mich begeistert, die Zeit hatte ich und ebenso das Geld. Also nahm ich daran teil, aber natürlich erst, nachdem ich meine Frau überzeugt hatte, mich zu begleiten.

Seit diesen drei Wochen weiß ich so ziemlich alles über Tee- und Gewürzanbau, Ernte, Verarbeitung und Anwendung, über das Land, die Leute und die Kultur – und auch über „Spicy Sun". In der ersten Woche habe ich aktiv auf den Plantagen mitgearbeitet. Die Fachkräfte haben mir den Unterschied verschiedener Tee-Qualitäten demonstriert und gezeigt, wie man beispielsweise Vanille richtig erntet und verarbeitet.

In der zweiten Woche standen dann verschiedene Tee- und Kochkurse auf dem Programm. Lokale Fachkräfte lehrten uns, wie man Gemüsecurry zubereitet, wel-

cher Tee zu welchem Gericht passt etc. Zuerst dachte ich, die Kochkurse überlasse ich meiner Frau. Ich hatte mit vorgenommen, während der zweiten Woche auf eigene Faust die Insel zu erkunden. Aber es kam ganz anders. Nach der intensiven Arbeit mit den Produkten in der ersten Woche hatte ich einen ganz neuen Bezug zu Gewürzen und Ingredienzen bekommen. Folgerichtig wollte ich nun auch alles über deren kulinarische „Veredelung" wissen. Es hat sich gelohnt. Ich bin heute weiterum als Gemüsecurry-Spezialist bekannt. Dies ist zwar das einzige Gericht, das ich kochen kann – aber ich kann Ihnen sagen, keiner meiner Bekannten lässt sich ein Max'sches Curry entgehen!

In der dritten Woche hat uns der verantwortliche „Spicy Sun"-Manager die anderen Projekte und Aktivitäten der Firma erklärt und aufgezeigt. „Spicy Sun" unterstützt vor Ort Bildungsstätten mit Geld, aber auch mit Know-how. Ferner werden Umweltprojekte wie beispielsweise Anlagen zur sauberen Trinkwasserversorgung, naturnahe Kläranlagen und umweltschonende Produktionsmethoden gefördert und die einheimischen Leute darauf geschult. Anfangs dachte ich, es handle sich dabei um billige PR. Aber es wurde mir schnell klar, dass hierin die Kernkompetenz, das Kernstück von „Spicy Sun" lag. „Spicy Sun" ist selbst in dieser Region als Marke und Unternehmen ein bekannter und gern gesehener Name. Die Firma weiß, dass sie die Qualität ihrer Produkte nur dann gewährleisten kann, wenn sie die lokalen Arbeiter zu Mitgewinnern ihres eigenen Erfolgs machen kann. Und sie weiß auch, dass die langfristigen Investitionen in Infrastruktur- und Bildungsprojekte ihr zu einer nicht mehr zu nehmenden Vorrangstellung auf diesem Beschaffungsmarkt verhilft.

Für mich waren diese drei Wochen ein ganz tolles Erlebnis. Ich konnte viel über eine mir sehr entsprechende Kultur lernen, habe wunderbare Menschen kennen gelernt und hatte wirklich das Gefühl, eine sehr aktive Zeit verbracht zu haben. Ich kam noch nie so ausgeruht und energiegeladen von den Ferien zurück wie damals!

Mittlerweile hat „Spicy Sun" auch eine günstigere Erlebnismöglichkeit geschaffen. Meine 24jährige Nachbarin hat mich darauf aufmerksam gemacht. Es sei, meinte sie, megageil dort... Sie meinte die seit kurzem in ganz Europa eröffneten so genannten „Spiced Spaces", in denen man orientalisch entspannen kann (siehe Abb. 58). Nebst Tee, Düften und kleinen Imbissen gibt es mit Palmen und Schilfwänden abgedeckte Futons und Liegewiesen. Bezahlen tut man übrigens nicht für den Tee oder das Essen, sondern pro Minute... 60 Euro für 60 Minuten orientalische Ruhe und Erholung!

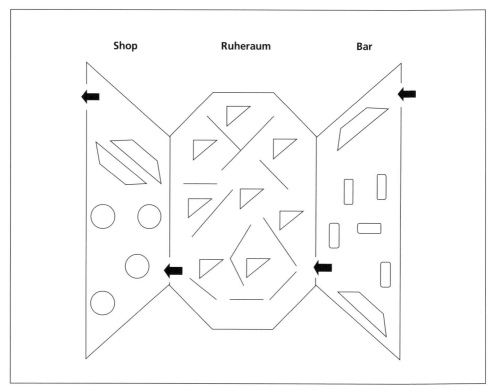

Abb. 58: Raumaufteilung „Spiced Spaces"

Eigentlich nicht günstig, aber die eine Stunde dort sei – gemäß Aussage meiner Nachbarin – unglaublich entspannend und inspirierend. Einfach ein Super-Erlebnis. Man kommt wahrscheinlich ähnlich energiegeladen heraus wie ich mich damals nach Sumatra gefühlt habe.

Nun ja, das war die Geschichte von „Spicy Sun" und mir. Heute weiß ich, warum die Produkte teurer sind als die von der Konkurrenz. Die Marke hat mir auch einen neuen Zugang geschaffen zu einer Welt, die ich trotz aller Klischees nicht wirklich kannte. Trotzdem, auch heute komme ich ab und zu nicht darum herum, ein Produkt von der Konkurrenz zu nehmen. Dem um zwanzig Prozent tieferen Preis kann ich nicht immer widerstehen – aber meistens! Ich denke, dass ich mittlerweile ein sehr treuer und regelmäßiger Kunde von „Spicy Sun" bin. Nicht nur wegen der Produkte, sondern weil ich die Marke richtig erlebt habe!

„Spicy Sun" aus Sicht des Finanzvorstandes Edgar Müller

„Spicy Sun" war früher ein klassischer, traditioneller und sehr guter Gewürz- und Teehersteller. Unsere Kernstärke lag in den Bereichen Einkauf, Produktion & Qualitätssicherung. Später kam dann der ganze Verkauf dazu. Unser wichtigster Kunde war noch bis vor kurzem der Einzelhandel. Bezogen auf den Umsatz ist das natürlich noch heute so. Wir hatten bis vor kurzem alle unsere Prozesse nur auf den LEH ausgerichtet. Wir führten das Key Account Management, das Trade-Marketing, das Category Management und vieles andere mehr ein. Doch unser Regalplatz wurde immer teurer. Eigenmarken oder absolut unbekannte Neumarken waren auf einmal neben der unseren im Regal, und zwar zu einem wesentlich günstigeren Preis. Irgendwann wurde die Lage für uns so ungemütlich, dass wir handeln mussten.

Grundsätzlich gab es für uns zwei Möglichkeiten: Entweder entwickelten wir uns zu einem sehr guten Produzenten (Qualität und Preis) und produzierten unter den Eigenmarken der Einzelhändler Europas. Oder wir blieben bei unserer Marke (und Kultur und Philosophie) und würden alle unsere Aktivitäten auf deren Stärkung und Erhalt fokussieren. Wir haben uns relativ rasch für die zweite Variante entschieden. Als Erstes wurde uns bewusst, dass wir viel intensiver als bisher über unsere wahren Kunden – die Endkunden – nachdenken mussten. Was hielten die von uns? Was wussten sie über unsere Produkte, unsere Marke und über uns als Unternehmen etc.?

Es war höchste Zeit, nicht mehr unsere Prozesse oder den Einzelhandel ins Zentrum unserer Überlegungen zu stellen, sondern den einzelnen Menschen! Bisher hatten wir uns nur mit Teilbereichen des Kunden befasst. Wir wussten beispielsweise, wie er in der Küche ein Thaicurry zuzubereiten hat. Was wir aber brauchten, war ein ganzheitliches Wissen über ihn. Weshalb kochte dieser Kunde ein Thaicurry und nicht einen Topf Spagetti? Interessierte er sich nur für den Geschmack oder auch für die Kultur der asiatischen Küche? Bei welcher Gelegenheit kochte er sein Curry? Hatte er Leute eingeladen? Worüber sprachen diese beim Essen? Mit einer neuartigen qualitativen Marktforschungsbefragung, mit anthropologisch-psychologischen Studien und vielem mehr – immer auch mit gesundem Menschenverstand – machten wir uns ein umfassendes Bild über unsere Kunden. So erkannten wir die Chance, in einem überfüllten Produktumfeld mit unserem ganz speziellen Angebot die Marke „Spicy Sun" zu erleben, einen einzigartigen Draht zum Kunden aufzubauen. Das Resultat hat ja bereits Herr Biel weiter oben dargestellt.

Aus meiner Sicht erwähnenswert sind folgende zwei weiteren Punkte. Am Anfang haben wir uns natürlich gefragt, wie wir diese Studienreisen finanzieren sollten. Woher nehmen wir das Geld? Klar, ein Teil kommt direkt von den Teilnehmern, aber den Rest? Wir haben uns entschieden, die Reisen aus dem Marketing-Budget mitzufinanzieren. Aber die Vorgabe an das Marketing lautete, das Gesamtbudget Marketing nicht zu erhöhen. Und somit war klar: Das Marketingbudget musste neu strukturiert werden. Die Marketingabteilung bekam den Auftrag, mit dem bestehenden Budget durch Umlagerungen, Neuaufteilungen etc. das Reiseangebot aufzubauen und die Finanzierung sicherzustellen. Wir nennen die Reisen heute „3D-Kommunikation". Im Gegensatz zu unseren ursprünglichen Befürchtungen war die Abteilung begeistert von diesem Auftrag. Sie empfand es schon fast als eine Art „Licence to operate", um endlich neue Wege zu gehen, anstatt nur wieder neue Werbespots, Tiefpreisinserate, einen zweiten POS etc. zu verhandeln und lancieren.

Die Konzeption der „Spiced Spaces"-Läden sah einfach aus. Wir suchten Standorte, die folgende Kalkulation zuließen:
- *40 Kunden pro Stunde*
- *6 Stunden pro Tag*
- *5 Tage die Woche*
- *ca. 300.000 Euro/Monat*

Unser Marketingbudget ist heute noch immer gleich groß wie vor dem Beginn der „3D-Kommunikation". Unsere Markenbekanntheit ist allerdings massiv gestiegen, und auch mit den Umsätzen im LEH können wir zufrieden sein. Dank dem Erfolg unserer „3D-Kommunikation" sind wir beim Handel nicht mehr so stark unter Druck. Immer häufiger gelingt es uns, unsere Ziele durchzusetzen. Der erstarkten Marke sei Dank.

Einzig die Entscheidung, innerhalb des „Spiced-Spaces"-Konzeptes auch einen Kiosk mit unseren Artikeln zu eröffnen, wurde von den Händlern kritisiert. Die Angst, wir würden uns noch mehr emanzipieren, war groß. Es gelang uns aber, dem Handel aufzuzeigen, dass es sich bei den „Spiced Spaces" primär um eine Kommunikationsangelegenheit handelt, die letztendlich auch ihm dient. Zu den direkten Umsatzzahlen möchte ich mich nicht äußern – wir sind aber zufrieden. Wir schreiben schwarze Zahlen, und das ist mehr als ein Erfolg, wenn man bedenkt, dass es sich dabei eigentlich um Werbung handelt; Werbung, die wirkt, aber nichts kostet!

Als Fazit kann ich Ihnen folgendes mitgeben: Mit der 3D-Kommunikation unserer Marke ist unsere Business-Effizienz in allen Bereichen gestiegen:

Wir sind mittlerweile der stärkste Studienreisenanbieter in die Südsee.

Unserer Marke wird hohes Vertrauen und viel Kompetenz zugeschrieben, auch in Bezug auf orientalische Kultur- und Gesellschaftsfragen. Nebenbei: Ab nächstem Jahr finanzieren wir den ersten Lehrstuhl in Europa für orientalische Ernährungsgeschichte.

Wir haben mit dem Konzept „Spiced Spaces" ein neues, gewinnbringendes und wachsendes Standbein aufgebaut!

Früher verkauften wir ein Produkt mit einem Versprechen. Heute lassen wir unsere Kunden dieses Versprechen erleben mit Momenten, Räumen und Gefühlen der orientalischen Kultur – und erst in zweiter Linie verkaufen wir auch Küchenhilfsprodukte. Nicht alle haben uns – aber alle sehnen sich nach uns. Das ist unser Potenzial und unsere Zukunft.

Konzeptidee 5: „Essen: einfach klassisch"

Ein Alltagsbericht aus dem Leben von Verena Müller

Mein Name ist Verena Müller und ich bin 66 Jahre alt. Seit bald acht Jahren bin ich Witwe und lebe in einer 2-Zimmer-Wohnung im Außenbezirk einer Großstadt. Meine beiden Kinder sind mittlerweile verheiratet und haben beide selber auch Kinder. Leider wohnen sie sehr weit weg, so dass wir uns nur sehr selten sehen können. Die letzten 15 Berufsjahre habe ich in der Firma „Xerlab" (Xerlab produziert Hörgeräte) als Buchhalterin verbracht. Es war eine spannende und angenehme Zeit. Besonders nach dem Tode meines Mannes wurde „Xerlab" für mich mehr als eine reine Arbeitsstelle; integriert sein, eine Aufgabe haben, in ein soziales Umfeld eingebettet sein. Vor fünf Jahren kam dann die Krise. „Xerlab" musste Arbeitsplätze abbauen und Kosteneinsparungen vornehmen. Mit meinen fast 60 Jahren war ich als eine der Ersten vom Stellenabbau betroffen. Die Frühpensionierung überraschte mich total. Ich war weder auf das Alleinsein noch auf die Situation vorbereitet, plötzlich keine tägliche Aufgabe mehr zu haben.

Die ersten Monate waren allerdings wie Ferien. Ich genoss den Freiraum und die Freiheit, meinen Alltag so zu gestalten, wie es mir passte. Selbstverständlich besuchte ich als Erstes meine Töchter und Enkel, danach Freunde, die ich sonst nur alle paar Jahre sehe. Schließlich gönnte ich mir auch noch eine Wellness-Woche in einem Fünfsterne-Hotel in den österreichischen Alpen. Irgendwann waren dann alle Träume gelebt und vollbracht. Der Alltag holte mich wieder ein. Morgens einkaufen, Zeitung lesen, etwas Kleines essen, Mittagsschlaf, Spaziergang, Abendprogramm im Fernseher. Das konnte es auf die Dauer nicht sein! Ich wurde ziemlich unruhig und unzufrieden. Zu der anhaltenden Verschlechterung meiner Psyche kam eine immer ungenügendere Ernährungsweise; zu wenig, zu einseitig, zu fettig, Snacks statt frisches Gemüse – aber wer kocht schon gerne für sich alleine? Ich war auf dem besten Weg, krank zu werden. Es musste etwas geschehen, ich wollte wieder gesund und aktiv sein und unter die Leute kommen.

Zu meinem großen Glück bekam ich genau in dieser Zeit einen Brief meines ehemaligen Arbeitgebers. Unter dem Namen „Essen: einfach klassisch" lancierte dieser ein neues und innovatives Personalrestaurantkonzept. Mit dem Schreiben informierte er mich über das neue Angebot und lud mich als ehemalige Mitarbeiterin

2 Markt zwei: Food als Erlebnis

Factsheet „Essen: einfach klassisch"

Hintergrund allgemein	Die über 60jährigen werden zur größten Bevölkerungsgruppe, Vereinsamung vieler alter Menschen, große Bedeutung gesunder und regelmäßiger Ernährung im Alter
Die Vision	Von der Mitarbeiter- zur Kundenverpflegung: Unternehmen öffnen ihre Kantinen über Mittag für Pensionäre
Die Kunden	
Wer sind die Kunden?	Rentner ab 60, insbesonders Singles und Frauen, ehemalige Mitarbeiter, potenzielle Kunden bei Firmen mit Endkundenprodukten
Basierend auf welchem Megatrend	Emotion und Gesundheit
Konkretes Kundenbedürfnis	Ältere Leute wollen sich gesund ernähren und Teil der aktiven Gesellschaft bleiben
Das Konzept	
Konzeptansatz	Unternehmen öffnen ihre Kantinen für Pensionäre resp. für ältere Menschen generell und erziehlen dadurch eine bessere Auslastung des Restaurants (Fixkostenabsorption)
Konkreter Kundennutzen	Kostengünstige warme und vollwertige Mahlzeit über Mittag in regional verankerten Unternehmen und mehr soziale Kontakte
Wichtigste Player	Professionelle Caterer aus der Gemeinschaftsgastronomie sowie ihre Auftraggeber
Wer wird das Konzept lancieren?	Firmen, die ein Personalrestaurant betreiben und Produkte für die Zielgruppe 50+ verkaufen
Kommunikationsansatz	*Essen Sie mit uns* *Von der Kantine zur Kundine*
To do's	
Personalbedarf	Bestehendes Personal
Investitionsgröße	gering, primär für Kommunikation
Größtes Risiko	Die starke Konkurrenz von Seiten der Handelsgastronomie
Größter Realisierungsgrund	Die meisten Personalrestaurants sind stark subventioniert. Mit „essen: einfach klassisch" steigt die Auslastung & Fixkostenabsorption der bestehenden Catering-Infrastruktur.
Multiplizierungspotenzial	Hoch. Steigende Nachfrage garantiert, da es immer mehr alte und allein stehende Menschen gibt

ein, von diesem Angebot Gebrauch zu machen! Als Beilage war ein Menüplan für die nächsten vier Wochen sowie ein Gutschein für ein Gratisessen beigelegt. Dank „Essen: einfach klassisch" bin ich wieder eine zufriedene Pensionärin geworden. Warum?

Während der Wochentage ist nämlich das Personalrestaurant von Xerlab auch für uns Alte geöffnet. Ich und meine neu gewonnenen Freundinnen Luisa und Hilde fahren also regelmäßig montags bis mittwochs um 12.30 Uhr mit dem Bus zu unserem Mittagessen. Bis wir dort ankommen, haben sich die Mitarbeiter bereits verpflegt. So stören wir Alten nicht, auch wenn wir beim Aussuchen und Entscheiden etwas langsam sind. Um 13.00 Uhr sind die meisten der Mitarbeiter noch am Kaffeetrinken, und es macht Spaß, auch immer wieder einige bekannte Gesichter zu sehen. Man fühlt sich sofort wieder als Teil von etwas. Für viele der Mitarbeiter ist es auch lustig, wenn sie uns Alte jeweils gegen 13.00 Uhr im Anmarsch sehen. Sprüche wie: „Die Alterslegion ist in Sicht" oder „Die Oldies kommen" sind alltäglich, aber immer herzlich gemeint.

Auch Luisas und Hildes früherer Arbeitgeber macht bei diesem Programm mit. Am Donnerstag und Freitag sind wir im Personalrestaurant ihres ehemaligen Arbeitgebers. Das ist natürlich auch für mich spannend und abwechslungsreich. Einige meiner Bekannten fragen sich, wie ich das regelmäßige Auswärtsessen mit meiner bescheidenen Rente überhaupt finanzieren kann. Ob ich wirklich viel mehr Geld ausgebe als andere, weiß ich nicht. Denn essen muss ich ja sowieso. Klar, täglich sechs Euro sind viel, aber der Gegenwert ist es mir auch wert. Ich esse jeden Tag Gemüse und frisch zubereitete Suppen. Diese Qualität würde ich für mich alleine zu Hause nie hinbekommen. Schließlich arbeiten hier nur erfahrene und gut ausgebildete Köche. Sie garantieren mir Frische, schonende Zubereitung und Abwechslung. Ich bin mir mittlerweile sicher, dass ich heute mit diesem Verpflegungsangebot gesünder lebe als viele meiner Altergenossen, die nicht davon profitieren können. Kommt nun noch hinzu, dass der Kontakt mit dem berufsaktiven Gesellschaftsteil mich bereichert und mein Selbstwertgefühl positiv beeinflusst.

Manchmal habe ich mich schon gefragt, warum ich nicht selber auf die Idee kam, regelmäßig in ein Restaurant zu gehen oder wie früher mit den Kindern einen so genannten Mittagstisch zu gründen. Statt Kinder wären es heute eben drei oder vier alte Menschen. Dagegen sprachen allerdings meine miserablen Kochkünste. Auch wäre es schwierig gewesen, aus meiner Isolation heraus die anderen Mittagstisch-Teilnehmerinnen zu organisieren. Und mit den Restaurants ist das ja auch so eine Sache. Manchmal gehe ich da schon hin essen. Aber dann fühle ich mich immer sehr fremd, unsicher und ungewohnt in den Abläufen und im Verhalten. In den Restaurants kenne ich niemanden und niemand kennt mich. Was ist also der Unterschied zum Alleine-zu-Hause-sitzen? Natürlich, es kostet mehr, aber abgesehen davon? In unserem Personalrestaurant ist das ganz anders. Man kennt sich!

Es ist auch schon einige Male vorgekommen, dass mich der Abteilungsleiter gefragt hat, ob ich nicht für zwei Tage Ende des Monats einspringen könne. Die Abschlüsse seien zu machen und er sei etwas knapp an Personal. Da profitieren wir beide. Er kriegt eine sehr gute und kostengünstige Leistung zur Überbrückung seines Personalengpasses, und ich habe wieder das Gefühl, gebraucht zu werden. Ob ich diese kleinen Aufträge auch ohne das erweiterte Restaurantkonzept bekommen hätte, wage ich zu bezweifeln.

„Essen: einfach klassisch" aus Sicht des Betriebsleiters, Herr H. Keitel

Ich führe hier in der Firma „Xerlab" das Personalrestaurant. Täglich verpflegen wir ca. 600 Mitarbeiter sowie im Schnitt 80 Pensionäre. Angestellt sind ich und meine zwölf Mitarbeiter bei der Firma „Foodrast". „Foodrast" betreibt im ganzen Land 168 Personalrestaurants von Versicherungen, Banken und anderen Dienstleistungsunternehmen. Vor ein paar Jahren sind wir von zahlreichen Unternehmen (Auftraggebern) massiv unter Kostendruck geraten.

Wir mussten unseren Deckungsbeitrag massiv erhöhen, ansonsten hätten wir unter den vom Auftraggeber bestimmten Vorgaben nicht weiter wirtschaften können. Für uns war schnell klar: Statt unsere Kunden an andere Mitbewerber zu verlieren, versuchen wir, mehr neue Kunden zu uns zu holen. Das war der Anfang vom Konzept „Essen: einfach klassisch".

Ohne Zusatzinvestitionen generieren wir so etwa 100.000 Euro Zusatzumsatz pro Jahr. Das entspricht einer mehr als dreizehnprozentigen Steigerung unseres Umsatzes. Wenn ich die dank dem größeren Volumen besseren Einkaufskonditionen berücksichtige, ergibt sich eine sehr schöne Ertragsverbesserung. Unser Auftraggeber Xerlab sprach sich am Anfang sehr entschieden gegen das Konzept aus. Für ihn war nicht klar, warum er mit seinen Infrastrukturkosten die Mahlzeiten für Dritte ermöglichen sollte. Die anfängliche Skepsis ist verschwunden. Heute profitiert die Marketingabteilung (Werbung und MAFO) von Xerlab von diesem Konzept. Die Pensionierten sind ja schließlich vom Alter her die Hauptzielgruppe von Xerlab. Diese täglich bei sich im Haus zu haben, ist ein nicht zu unterschätzender Vorteil, eine sehr effektive Maßnahme, den Draht zu dieser wichtigen Kundengruppe aufrechtzuhalten.

Wir vom Restaurant hatten am Anfang des Projekts einige Probleme anzugehen. Unklar war beispielsweise, wie die Alten mit den heutigen Mitarbeitern zurechtkommen. Unsere größte Angst war, dass die Alten den Menü-Ausgabebereich besetzen und verstopfen und sich dadurch unsere Hauptkundengruppe gestört oder behindert fühlt. Gelöst haben wir das Problem dadurch, dass die älteren Gäste erst ab 13.00 Uhr ihr Essen beziehen können (siehe Abb. 59).

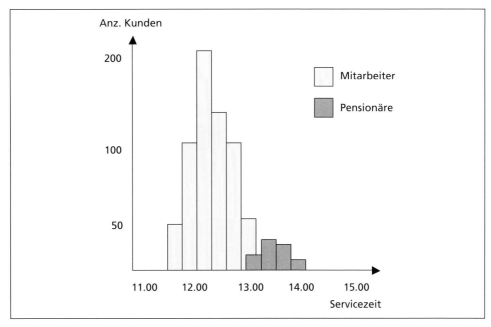

Abb. 59: Kundenaufkommen bei „Essen: einfach klassisch"

Ferner mussten wir viele Beschriftungen ändern. Die Preisschilder auf den SB-Produkten am Kiosk waren für die Senioren viel zu klein und deshalb nicht lesbar. Auch die Menübeschriftungen mussten neu gestaltet werden; alles wurde größer und mittels optimierter Farb- oder Lichtgestaltung in besserem Kontrast dargestellt. Dann haben wir in der Menügestaltung mehr traditionelle/klassische

Gerichte eingebaut, deshalb auch unser Name für das Projekt: „Essen: einfach klassisch". Für uns sehr überraschend schätzen das gerade auch die jüngeren Kunden. Ferner haben wir so genannte Menagen (Gewürzstreuer) auf die Tische gestellt. Davon machen die Senioren sehr starken Gebrauch. Die salzen alles, was wir zubereiten, noch einmal kräftig nach. Dies waren alles Situationen, auf die uns unsere Berater vorbereitet haben. Die notwendigen Maßnahmen waren sämtlich sehr kostengünstig und einfach in der Umsetzung.

Auf andere Situationen waren wir nicht vorbereitet, zum Beispiel auf das Bedürfnis nach halben Portionenmenüs. Ältere Menschen schätzen es, wenn sie kleine Portionen bestellen können. Sie haben schon in der Kindheit, eigentlich in ihrem ganzen Leben gelernt, dass man alles aufisst, was auf den Teller kommt. Halb volle Teller gelten als Schande. Auch die Selbstbedienung stellt einige Pensionäre vor Probleme: Ein Serviertablett mit bis zum Rand gefüllten Gläsern oder Suppentellern bis an den Tisch zu tragen, ist für uns „Jugendliche" ärgerlich – für ältere Menschen aber absolut unmöglich in der Handhabung. Zwar sind unsere Mitarbeiter an den Ausgabestellen instruiert, dass sie die Behältnisse der Senioren nur bis maximal zwei Drittel füllen dürfen. So ganz gelöst ist das Problem der Selbstbedienung aber nicht. Für viele ältere Menschen ist es einfach nur sehr schwer möglich, die Mahlzeiten selber zum Esstisch zu bringen. Zum Glück helfen sich die Pensionäre untereinander aus. Und natürlich springt in Notsituationen auch mal einer unserer Angestellten ein.

Für uns ist klar: Das Potenzial der älteren Kundschaft ist sehr groß und nimmt weiter zu. Bis in ein paar Jahren werden unsere treuesten Gäste die Pensionäre sein, während die Arbeitenden im Schnitt alle fünf Jahre den Arbeitsort wechseln. Da stört es uns auch nicht, wenn die Pensionäre jeweils zwei bis drei Stunden nach dem Essen noch immer bei uns sitzen, plaudern und ihren Tee oder Kaffee trinken.

Nach vier Jahren „Essen: einfach klassisch" können wir eine überaus positive Bilanz ziehen. Wir haben unseren Umsatz und die Deckungsbeiträge verbessern können. Xerlab sieht das Projekt als wichtige Kundenbindungs-Maßnahme an. Das Verhältnis zwischen uns und Xerlab hat sich dadurch verbessert. Wir sind heute Partner, die beide voneinander profitieren. Und natürlich sind auch unsere neuen Gäste glücklich über das Angebot von „Essen: einfach klassisch". Persönlich würde ich sehr gerne das Restaurant auch für andere (Studenten, Mitarbeiter von anderen Firmen etc.) öffnen – aber ich glaube, das liegt noch in ferner Zukunft.

Konzeptidee 6: „Food & Carry"

Ein Erfahrungsbericht von Sandro

Mein Name ist Sandro. Ich bin 29 Jahre alt und lebe in einer traumhaften Loftwohnung zusammen mit meinem Freund Markus. Markus ist Designer und ich arbeite als Management Accountant in einer größeren Bank. Der Siedlungskomplex, in dem wir wohnen, ist echt lebendig, multikulturell und spannend. Die 30 Wohneinheiten teilen sich fast 70 Personen. Darunter sind auch drei Familien, vier ältere Ehepaare sowie zahlreiche Werber und Künstler aus dem In- und Ausland. Im Zusatzgebäude, dem ehemaligen Waschhaus, hat sich ein Top-Restaurant mit Bar eingemietet. Die Küche ist mittlerweile stadtbekannt und beliebt für leichte und frische mediterrane Spezialitäten. Ich selber bin nur selten dort, und wenn, dann nur an der Bar. Nicht, dass ich die angebotene Küche nicht schätze. Aber ich koche selber leidenschaftlich gerne. Ein- bis zweimal die Woche koche ich für meinen Partner und für Freunde, wenn es die Zeit erlaubt. Meist wird daraus ein drei- und mehrgängiges Menü. Gut kochen ist für mich mehr als ein Hobby, mehr als pure Abwechslung zum eher hektischen und emotionslosen Arbeitsalltag. Es hat etwas mit Kultur, mit Sinngebung zu tun. Das Gefühl, etwas zu produzieren, etwas zu gestalten, das man anfassen – und aufessen – kann, bringt einen Hauch Reales in meinen Alltag. Ich empfinde Ernährung und Lebensmittel als etwas vom Wesentlichsten überhaupt. Zu wissen, was wir essen, wo es herkommt und wie es zubereitet werden kann, ist für mich mittlerweile ein schon fast verloren gegangenes Wissens- und Kulturgut.

Im letzten Sommer besuchte ich wieder einmal meine Familie in Sizilien. Meine Nonna, die diesen Herbst im Alter von 95 Jahren gestorben ist, bleibt mein großes kulinarisches Vorbild. Ich glaube, sie war einer der letzten Menschen, der noch die alten Geheimnisse der guten Küche gekannt hat. Einige davon konnte ich ihr zum Glück in diesen Sommerferien noch abschauen. So zum Beispiel die Herstellung von Pesto; frischer Basilikum darf nie geschnitten werden, denn ein frisches Pesto besteht aus zerdrückten und zermahlenen Basilikumblättern. Die Unterscheidung mag banal klingen, mit dem Gaumen jedoch erkennt man, dass zwischen dem Geschmack eines richtigen und eines falschen Pestos Welten liegen. Meine beiden Schwestern wissen von alldem nichts. Die eine kann und will nicht kochen, und für die jüngere gibt es nur Hightech in der Küche: Mikrowelle, Mixer, Tiefkühler. Unsere heutige Generation bringt einen fundamentalen Bruch in der kulinarischen Wissenskette. Kochwissen, das von Generation zu Generation weitergegeben wurde, ist im Verlauf einer Generation verloren gegangen.

2 Markt zwei: Food als Erlebnis

Factsheet „Food & Carry"

Hintergrund allgemein	Konvergenz Gastro & Retail zwingt C&C zur Neudefinition ihrer Zielkundschaft
Die Vision	Das professionellste Foodangebot haben und es allen „Profis" zugänglich machen.
Die Kunden	
Wer sind die Kunden?	Gut verdienende Personen und Doppelverdienende
Basierend auf welchem Megatrend	Emotion
Konkretes Kundenbedürfnis	Wie die Profis einkaufen können. Zugang zu professionellen Produkten und Leistungen auch am Abend oder am Wochenende
Das Konzept	
Konzeptansatz	Shop, in welchem das Produkt und seine Anwendung zelebriert wird (Warehouse). Die Konzeptprofilierung erfolgt über den Fokus auf das Management einer Food-Community
Konkreter Kundennutzen	Exklusiver Zugang zu Top-Qualitätsprodukten, wie ihn auch Profis haben – Auswahl, Frische, Qualität und Preis
Wichtigste Player	C&C, Fachhandel, Foodschulen
Wer wird das Konzept lancieren?	C&C-Märkte
Kommunikationsansatz	*Einkaufen wie die Profis – Einkaufen mit den Profis*
To do's	
Personalbedarf	Gering, weil bestehende Infrastruktur und Prozesse
Investitionsgröße	Mittel bis groß für Redesign der bestehenden C&C
Größtes Risiko	Mögliche Verärgerung der bestehenden Businesskundschaft
Größter Realisierungsgrund	Das große Potenzial: Verdrängung der klassischen Retailer
Multiplizierungspotenzial	Mittel (alle C&C-Märkte)

Ein kleiner Hoffnungsschimmer – vielleicht auch nur eine Reminiszenz an die gute alte Zeit meiner Großmutter (?) – ist für mich das Geschäft „Food & Carry". Nur hier treffe ich drei für mich wesentliche Eckpfeiler der Kulinarik an:

- *Know-how: Nur Foodprofis aus privaten und kommerziellen Küchen gehen hier ein und aus. Man kennt und sieht sich.*
- *Das breiteste und frischeste Foodsortiment weit und breit.*
- *Die besten Hilfsmittel und Geräte für meine private Topküche.*

Bevor ich im „Food & Carry" einkaufen durfte, musste ich einen fünftägigen Foodkurs absolvieren. Zutritt haben eben nur Profis, die entweder eine Berufsausbildung (Koch, Bäcker etc.) vorweisen können, oder solche, die mit diesem Kurs beweisen, dass sie die Grundtechniken und Anforderungen an eine professionelle Küche verstehen. Der Kurs dauerte nicht wirklich fünf ganze Tage, vielmehr fand die Veranstaltung an vier Abenden und einem ganzen Samstag statt. Also perfekt, um neben der Arbeit diesen Zutritt zu erlangen. Für mich war von Anfang an klar, dass ich den Aufwand betreiben will. Ich konnte sowohl etwas für mich lernen wie auch die Exklusivität des Zutritts zu „Food & Carry" erlangen. Exklusiv ist auch das gesamte Umfeld, eine Atmosphäre, in welcher man nicht über Preise, sondern über Rezepte spricht, in der man nicht mit Produktwerbung bombardiert wird, sondern Produkte erlebt. Hier bezahlt niemand in erster Linie für Produkte, sondern für Erlebnis und Wissen. Als Mitglied erhalte ich selbstverständlich regelmäßig Informationen über die neuesten Restaurants in der Umgebung, aber auch Gutscheine (umsatzbezogen) für Restaurant- bzw. Barbesuche bei den Gastro-Kunden von „Food & Carry". So profitieren wir Mitglieder eben alle ein wenig voneinander.

Das Gute ist natürlich auch, dass ich hier am Abend nach meiner Arbeit hingehen kann. Das Einkaufen ist bis 21.00 Uhr möglich, und geöffnet ist natürlich auch am Samstag. Das ist für mich von entscheidender Bedeutung. In der Regel bewirte ich nämlich am Wochenende Gäste, und am Samstag hab ich auch Zeit, lange einkaufen zu gehen und mich intensiv mit dem Angebot auseinander zu setzen, mit Bekannten im „Food & Carry" zu diskutieren und Rezeptideen auszutauschen. Früher hatte ich immer das Problem, dass meine bevorzugten Fachgeschäfte genau dann geschlossen hatten, wenn ich Zeit und Grund gehabt hätte, dort einzukaufen.

Das interessanteste Sortiment für mich befindet sich in der oberen Etage. Nicht Foodprodukte, sondern professionelle Kochwerkzeuge für den Privatgebrauch sind dort zu finden. Profiküchen, gute alte Gussbratpfannen, professionelle

Küchenmesser, Qualitäts-Küchenmaschinen, Industrieabwaschmaschinen und und und. Alles was es für einen Koch- und Küchen-Freak wie mich braucht. Denn jeder Profi weiß, dass man für eine gute Küche nicht nur gute Rezepte, sondern auch eine gute Infrastruktur und professionelle Werkzeuge benötigt.

Was ich auch sehr schätze, sind die moderaten Preise im „Food & Carry". Wenn ich am Wochenende für vier bis sechs Personen koche, brauche ich oft schon sehr große Fleischportionen (ganzes Rindsfilet etc.). Da kaufe ich dann gleich wie der Profi ein. Ganze Stücke abgepackt, aber noch nicht zurechtgeschnitten, pariert und portioniert. Das mache ich dann liebend gerne selber in meiner Küche, vor allem wenn ich dafür noch ca. 20 % weniger bezahle, als wenn ich das Filet im Lebensmitteleinzelhandel einkaufe.

Im Supermarkt oder beim Fachhändler kaufe ich nur noch selten ein. Bei „Food & Carry" finde ich alles für Haushalt und Küche in einer größeren Auswahl und meistens sogar noch billiger als sonst wo. Klar, für Kleider, Musik, Unterhaltung etc. gehe ich nach wie vor in die Stadt und genieße das Flanieren und Konsumieren. Für Food aber werde ich mich weiterhin auf die für mich sehr spezielle Mischung aus Professionalität, Funktionalität und Lagerhallen-Atmosphäre bei „Food & Carry" konzentrieren.

Ergänzungen des Chief Food Officers von „Food & Carry"

Zahlreiche Restaurantbesitzer kaufen bei uns ein. Sie schätzen die breite Auswahl im Frischebereich und die Kompetenz der Zusatzleistungen wie Seminare und Kochkurse. Früher waren wir ein reiner C&C-Betrieb. Mit unserer Hauptzielgruppe, den kleineren und mittleren Restaurants, konnten wir aber kein Wachstum mehr erzielen. Zwar steigt die Anzahl der Gastro-Outlets auch heute noch, aber oft handelt es sich nicht um Betriebe mit einem vollständigen Foodangebot. Meist handelt es sich bei den neuen Betrieben um Bars, Lounges, Clubs etc. Um unseren Foodumsatz auszubauen, mussten wir unser Zielgruppenverständnis neu definieren. Waren es früher rein funktionelle Segmente, sind es heute eher emotionale Merkmale, welche die Zielgruppen kennzeichnen. Konkret heißt das, dass unsere heutigen Kunden nicht mehr die Gastronomen sind, sondern alle, die einen professionellen Anspruch an Küche und Produkte haben.

Bevor wir unsere klassischen C&C auf das neue Konzept umstellten, hatten wir uns eingehend mit den potenziellen Kunden beschäftigt. Wir haben beispielsweise festgestellt, dass der Anteil von Kochkursen im gesamten Erwachsenenbildungsangebot rasant wächst. Verschiedene Untersuchungen haben uns aufgezeigt, dass sich im Freizeitverhalten einer bedeutenden Gruppe von Erwachsenen eine große Veränderung anbahnt: weg vom passiven Konsum, hin zu mehr Sinn- und Identitätsfindung. In einer Zeit, in der die berufliche Arbeit immer mehr „unsichtbare" Güter hervorbringt, entsteht der Wunsch, etwas Begreifbares zu machen. Praktische handwerkliche und künstlerische Tätigkeiten – dies lernten wir während unserer Kundenbefragungen – bieten dazu eine Möglichkeit. Sie erlauben es, sich selber wahrzunehmen und die eigene Identität zu finden. Sie helfen mit, dem Leben einen Sinn zu geben, indem sie die Fähigkeit fördern, sich mit der eigenen Persönlichkeit und der Wahrnehmung der Welt auseinander zu setzen. Durch den Umgang mit Lebensmitteln, in der Gestaltung und Kreation von Speisen und Gerichten lassen sich innere Bilder begreifbar machen. Auch die Darstellung des eigenen Selbst nach außen wird anhand von selbst komponierten Menüs möglich. Diese ästhetische Darstellung von etwas eigentlich Alltäglichem beinhaltet eine spezifische Form des Ich-Erlebens. Sie hilft dabei, ein Selbstkonzept aufzubauen, das zur Identitätsfindung und -entwicklung führt. Die kreative Auseinandersetzung mit Kochkultur, Menüdesign und Ernährung beeinflusst positiv das Selbstbild vieler Menschen und ebenso das psychische Wachstum und die Selbstverwirklichung (siehe Abb. 60).

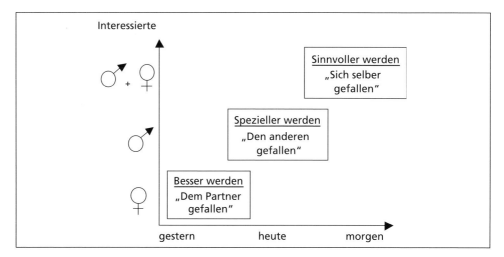

Abb. 60: Motive für kulinarische Weiterbildungen

Das dominante emotionale Merkmal unserer erweiterten Zielgruppe ist also die Sinnsuche. Wir nehmen dies ernst und verstehen uns nicht mehr als B2B-Lieferant, sondern als Sinnstifter! Wir haben damit unseren Markt radikal neu definiert. Konsequent zu Ende gedacht befinden wir uns heute als Sinnstifter letztlich in direkter Konkurrenz mit anderen Sinnstiftungs-Angeboten, wie das beispielsweise Kirche oder Kunst sind. Ob Museumsbesuch oder Einkauf bei „Food & Carry", beide Male sind ähnliche Motive der Kunden im Spiel. Natürlich hüten wir uns, diese Gedanken so zu kommunizieren. Wir würden damit heute wohl jeden Investor vor den Kopf stoßen und mit dem Verdikt „die spinnen, die Leute" leben müssen. Wir sind aber überzeugt, dass in einigen Jahren unsere Managementdenke salonfähig wird, spätestens dann, wenn wir unseren momentanen wirtschaftlichen Erfolg mit dem Konzept weiterführen können.

Natürlich birgt „Food & Carry" auch Gefahren. Unsere Hauptbefürchtung bei der Einführung des Konzepts war, dass wir die bestehende Kundschaft (Gastronomen) verärgern und verlieren. Schließlich hat uns aber das Potenzial des Marktes mehr gereizt als die Angst des Verlustes eines Teils der heutigen Kundschaft.

Das Gemisch aus Privatkundschaft und Businesseinkäufern hat verschiedene Änderungen sowohl in Kommunikation, Einkauf, Organisation etc. bedingt. Ganz wichtig waren die Anpassungen in den Bereichen, die der Kunde direkt sieht und erlebt. So zum Beispiel im „Spacemanagement". Während die Privatpersonen ja meistens mit viel Zeit hier einkaufen und sich von den Angeboten überraschen lassen wollen, sind die Einkäufer aus der Gastronomie oft knapp an Zeit. Sie suchen gezielt nach Produkten. Damit sich die beiden Kundengruppen nicht gegenseitig in die Quere kommen, haben wir die meisten Sortimente in einen inneren und äußeren Kreis gelegt (siehe Abb. 61).

Im inneren Kreis sind die Kleinpackungen für die Privatkundschaft, im äußeren die Stapelware für die Businesskunden. Das gleiche Bild dann auch an der Kasse: Die eiligen Wirte und Geschäftsführer können an separaten Eilkassen ihre Ware abbuchen. Warteschlangen gibt es bei uns deshalb nach wie vor keine.

Noch einige Angaben zum Potenzial von „Food & Carry":
Nach unseren Analysen haben ca. 10% der Haushalte (Haushalte ab 25 Jahren) sowohl das Geld als auch die Lust auf „Food & Carry". Von diesen wollen wir mittelfristig wiederum ca. 10% zu unseren Kunden zählen können. Diese Kundschaft kauft für ca. 200 Euro etwa 15-mal pro Jahr bei uns ein. Pro Haushalt beläuft sich unser Umsatz also auf 3000 Euro jährlich.

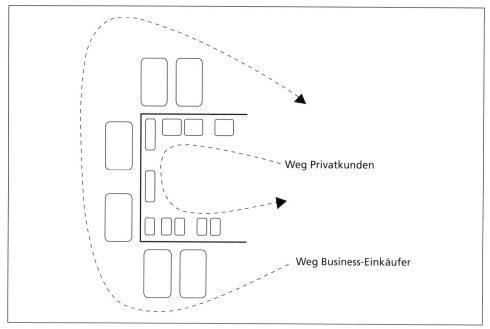

Abb. 61: Spacemanagement bei „Food & Carry"

Unser Ziel in Deutschland sind rund 370.000 Haushalte, in der Schweiz etwa 27.000. Der von uns avisierte Umsatz wird heute noch weitgehend vom Lebensmitteleinzelhandel getätigt. Wir bekommen mit unserem Konzept also nicht nur neue Kunden, sondern auch neue Mitbewerber. Wie die Supermärkte haben aber auch wir sehr gute Standorte, große Parkplätze und auch genügend Verkaufs- bzw. Kommunikationsfläche in unseren Märkten.

3 Markt drei: Schnell essen

„Mehr Tempo. Die Vier-Minuten-Eier werden in drei Minuten gekocht, die Drei-Minuten-Eier in zwei, und wer ein Zwei-Minuten-Ei verlangt, bekommt das Huhn."
(Groucho Marx als Hoteldirektor im Film „A Night in Casablanca", 1946)

Je reicher eine Gesellschaft, je besser ausgebildet sie ist, desto mehr entsteht das Gefühl, dass man zu wenig Zeit hat, dass alles zu schnell geht. Wer das Zeitphänomen nicht versteht, wird dessen Opfer. Es gibt das schöne Bild des Typus-A-Menschen, den Douglas Coupland in seinem Buch „Microserfs" beschreibt. Der Typus-A-Mensch reibt sich auf am „Türe zu"-Knopf von Aufzügen in Hotels. Wir wissen, dass ein durchschnittlicher Zeitgenosse gerade noch 10 bis 15 Sekunden Wartezeit für angebracht erlebt. Spätestens gegen 45 Sekunden wird er immer nervöser, weil ihn ein Gefühl des unproduktiven Zeitverbrauchs beschleicht. Die einen beginnen mit dem Kleingeld in der Hosentasche zu klimpern, die anderen mit den Füßen zu trampeln. Türen müssen auch schnell schließen, nach spätestens zwei bis drei Sekunden. Sonst hat man ein ungutes Gefühl. In den New Yorker Subways müssen die Türen bei einer Haltestelle spätestens 45 Sekunden nach der Öffnung wieder schließen, sonst kriegt der Reisende das Gefühl der Verspätung und der Schlamperei. Die Folge: Man muss alles schneller, kostengünstiger und qualitätsintensiver erledigen.

Eine knappe Viertelstunde brauchen wir heute, um die täglichen Mahlzeiten auf den Tisch zu bringen. In den dreißiger Jahren wurden noch mindestens zweieinhalb Stunden ins Einkaufen und Kochen investiert. Elektroherd, Fertiggerichte, Tiefkühlkost und Mikrowelle ließen in den vergangenen sieben Jahrzehnten diese Zeit schrumpfen. Wirkliches Rationalisierungspotenzial besteht heute noch im Bereich Essensbeschaffung. Schnellere Möglichkeiten, zu etwas Essbarem zu kommen, Hauslieferung von Foodprodukten oder Fertigmenüs, längere Öffnungszeiten von Gastronomiebetrieben oder ein dichteres Netz von mobilen Foodverkäufern wird die Einkaufs- und Zubereitungszeit in den nächsten Jahren weiter sinken lassen (siehe Abb. 62).

Die Tendenz zu schnelleren Mahlzeiten spiegelt sich auch im größten Foodkanal wider, im Lebensmitteleinzelhandel. Der niederländische Händler Ahold prognostiziert gemäß Distrifood für diesen Kanal eine rapide Zunahme vorgefertigter und somit schnell zum Verzehr bereitstehender Nahrungsmittel (siehe Abb. 63).

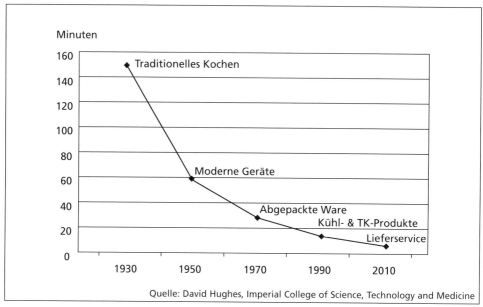

Abb. 62: Zeitbedarf für Einkaufen und Zubereitung

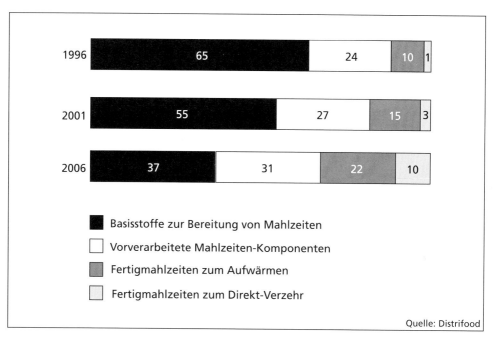

Abb. 63: Entwicklung der Anteile für Mahlzeiten (Supermarktumsatz)

Auch die permanente Verschiebung des Verhältnisses „Essen zu Hause" versus „Außer-Haus-Verzehr" ist ein Indiz der wachsenden Bedeutung schneller Verpflegungslösungen (vgl. Teil III, Kapitel 1 „Stomach Share – Vom Marktanteil zum Magenanteil"). Foodservice vereint immer mehr der gesamten Foodausgaben auf sich und lässt den Markt für den Lebensmitteleinzelhandel schrumpfen.

Zeit ist Geld und der Konsument ist deshalb willig, für Zeitersparnis Geld in die Hand zu nehmen. Für schnelle und praktische Essenslösungen ist er auch bereit, mehr Geld auszugeben. Eine GfK-Studie von 2001 zum Thema Foodtrends bestätigt diesen Trend für Deutschland. Gemäß den GfK-Erhebungen bei einem repräsentativen Sample von über 2000 Personen ist jeder fünfte Deutsche als Convenience-affin zu bezeichnen. Er nutzt jede bestehende Möglichkeit der Erleichterung, sowohl beim Einkauf von Foodprodukten, der Zubereitung wie auch beim Verzehr (GfK, Food Trends 2001).

3.1 Schnell essen aus Sicht der Kunden

Essen im Alltag ist meist eine zeitraubende, oft störende Tätigkeit. Im Essen liegt noch ein gewaltiges Rationalisierungspotenzial, was den Einsatz von Zeit anbelangt. Die Verzehrdauer ist dabei von sekundärer Bedeutung, entscheidend ist die Beschaffungs- und Zubereitungsdauer.

Das Profil unten zeigt, welche Kriterien beim Füllen des Magens für die zeitorientierten Kunden von ausschlaggebender Bedeutung sind (Abb. 64). Die Dimensionen, welche im positiven Bereich der Skala liegen, sind für zeitorientierte Kunden besonders entscheidend.

In der Abbildung 65 sind die wichtigsten Kriterien der zeitorientierten Kunden hinsichtlich einer zeitorientierten Ernährungsweise isoliert. Die Grautöne zeigen jeweils, wie sehr ein Kanal das Kriterium heute bereits erfüllt.

Kunden beurteilen die bestehenden Foodkanäle hinsichtlich Zeitlösungen sehr differenziert. Im Gegensatz zu den gesundheits- und erlebnisorientierten Kunden sehen sie bei fast jedem Kanal „Lösungskompetenz" vorhanden. Der Take-away-Kanal, von den anderen Gruppen durchweg negativ bewertet, schneidet sehr gut ab, wenn es darum geht, eine schnelle Esslösung zu erbringen. Take-away ist gut erreichbar, und die Produkte sind verzehrbereit, können aber auch zu einem beliebigen späteren Zeitpunkt gegessen werden. Bei der Gastronomie (bedientes Restaurant, Kantine, Schnellverpflegung) wird die Verfügbarkeit bemängelt, ansonsten

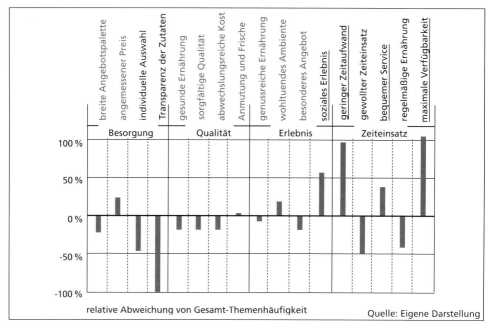

Abb. 64: Dimensionen der „schnellen Verpflegung"

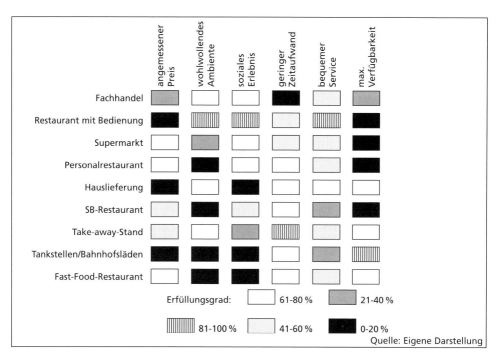

Abb. 65: Bewertung Absatzkanal aus Sicht Gruppe „Schnelligkeit"

schneiden diese Kanäle bezüglich Zeitlösung sehr gut ab. Die Gastronomie reduziert Beschaffungs- und Zubereitungszeit der Kunden, ist jedoch zu wenig flexibel, was Verzehrzeit und Verzehrort anbelangt.

Hot Topic: Access – Die Logistik des Kunden managen

Essen ist insbesondere für berufstätige Personen ein großes Problem. Je länger der Berufsalltag, desto unregelmäßiger ist er strukturiert. Fixe Essenspausen oder regelmäßiges Arbeitsende werden immer seltener. Berufstätige mit Familie stehen vor noch größeren Zeitproblemen. Der Familienalltag ist sehr restriktiv in Zeitfenster gebunden, sei es bedingt durch Stundenpläne oder andere Verpflichtungen der Kinder oder aber dadurch, dass Kinder einen hungrigen Bauch nicht so schnell verdrängen können wie Erwachsene. Da immer häufiger beide Elternteile berufstätig sind, wird es immer schwieriger, die zeit- und planungsintensive Ernährung der Familie zu koordinieren.

Ideal ist die Ernährung für diese Gruppe dann, wenn Essen überall und zu jedem Zeitpunkt verfügbar ist. So flexibel wie die Tagesabläufe der Menschen muss auch das Ernährungsangebot sein – das ist die Forderung nach mehr Convenience auf einen Nenner gebracht.

Der Schlüssel zu mehr Food-Convenience heißt „Access", dem Kunden den bestmöglichen Zugang zu den Foodlösungen zu ermöglichen, denn Convenience beginnt mit der Nähe zum Kunden. Je näher die Convenience-Lösung beim Kunden ist, respektive je einfacher dieser den Zugang zu ihr findet, desto einfacher und zeitsparender kann er sein „Problem" lösen, sei das die Beruhigung einer akuten Hungerattacke oder aber das Vorhaben, am Sonntag Eier für den Gemüseauflauf zu besorgen.

Grundsätzlich gibt es zwei Möglichkeiten, näher beim Kunden zu sein: erstens mit einer physischen Präsenz genau dort, wo sich der Kunde aufhält, und zweitens mit der psychischen Nähe zum Kunden, d. h., der Kunde muss einen Grund haben, einem seine Aufmerksamkeit zu schenken. Dies lässt sich am besten durch eine starke Marke bewerkstelligen.

Marken schaffen psychische Nähe und schaffen Aufmerksamkeit. Sie reduzieren die Such- und Entscheidungszeit der Kunden, wenn diese der Marke vertrauen. Diese wenig berücksichtigte Komponente von Convenience wird in Zukunft wohl entscheidend zum Erfolg von Convenience-Konzepten beitragen. Ungewiss ist jedoch, wer in Zukunft die starken Marken besitzt. Eins ist klar, Produktmarken gibt es genügend, ja eher zu viele. Die Marken der Zukunft stehen für Größeres – sie stehen für Momente, Orte oder eben Lösungen. Starke Convenience-Marken müssen demnach für Zeitlösungen stehen, für Lösungen, die das Leben leichter, einfacher und schneller oder besser machen.

Wir bewegen uns vom Massenmarkt hin zur Masse an Märkten. Physische Nähe zum Kunden bedeutet, zum Kunden hin und mit dem Kunden mitgehen. Das klingt bei weitem einfacher, als es ist. Denn Kunden von heute lassen sich immer weniger segmentieren, Verhaltensmuster, Tagesrhythmen und Gewohnheiten immer schlechter für größere Gruppen von Menschen erfassen. Der Tagesablauf der Menschen wird tendenziell immer individueller und unberechenbarer. Wachsende Mobilität, grenzenlose Kommunikation, flexible Arbeitszeiten, neue Rollen in der Familie und unendliche Möglichkeiten der Freizeitgestaltung ermöglichen heute jedem einen individuellen, maßgeschneiderten Tagesablauf. Der Wocheneinkauf braucht nicht mehr am Samstag getätigt zu werden, gegessen wird sowieso zu allen Tages- und Nachtzeiten, eingekauft wird online während der Arbeitszeit oder in den Ferien. Wie schafft man unter diesen Voraussetzungen physische Nähe zu den Kunden? Die Lösung lautet: von den Massenmärkten hin zur Masse an Märkten. Die Anzahl Outlets wie auch die Zahl der Kanäle, durch welche der Kunde mit dem „Geschäftspartner" in Kontakt treten kann, wird massiv steigen.

Kunden über mehrere Kanäle hinweg zu begleiten, für die Kunden erkennbar zu bleiben, ist eine große Herausforderung. Kaum einem Händler gelingt dies heute überzeugend. Überlegen Sie einmal selber und versetzen Sie sich in die Lage des Kunden: Welches ist „Ihr" Laden, wo kaufen Sie häufig oder gar täglich ein? In der Schweiz stehen die Chancen gut, dass Sie „Ihre" Migros oder „Ihren" Coop haben, einen Supermarkt, in dem Sie überdurchschnittlich häufig für den täglichen Bedarf einkaufen. Das Bild „Ihres" Ladens ist geprägt von dem, was Sie in „Ihrer" Filiale sehen und erleben. Und wie sieht es aus, wenn Sie im E-Shop Ihres Händlers einkaufen?

Natürlich finden Sie da auf den ersten Blick einige Ähnlichkeiten zu Ihrem Laden, dasselbe Logo, dieselben Farben, Produkte, die Sie kennen. Aber das finden Sie auch, wenn Sie in eine x-beliebige stationäre Filiale Ihres Anbieters gehen, nur werden Sie nicht behaupten, dass eine dieser Filialen „Ihr" Laden ist. Denn da fehlt der Filialleiter A., mit dem Sie jeweils einen kurzen Schwatz halten, die Verkäuferin V., welche Ihnen die Flaschen in die Rückgabe trägt, Sie finden sich auch nicht so schnell im Laden zurecht, die Butter ist woanders untergebracht und das Teigwarensortiment ist viel kleiner, als Sie es gewohnt sind. Ebenso ergeht es Ihnen im E-Shop Ihres Anbieters. Die Wiedererkennung „Ihres" Shops beschränkt sich auf die im CI-Manual aufgelisteten Artefakte. Es könnte ja aber auch anders sein.

Wie wäre es, wenn Sie die Möglichkeit hätten, nach dem Einloggen beim Online-Händler „Ihren" Shop zu wählen, nämlich einfach anzugeben, in welcher stationären Filiale Sie am häufigsten einkaufen? Der Rest wäre eine rein technische Sache. Der E-Shop simuliert Ihnen Komponenten Ihrer stationären Filiale. Ein Bild des Filialleiters A. begrüßt Sie, macht Sie auf Sonderangebote aufmerksam und verabschiedet sich mit dem Wunsch, Sie demnächst wieder in seiner Filiale begrüßen zu dürfen. Er macht Sie eventuell auch auf Filialspezifisches aufmerksam, zum Beispiel, dass der Laden im August wegen Umbauten für eine Woche geschlossen hat.

Kundenbeziehungen entstehen im Lebensmitteleinzelhandel heute noch immer im Laden, im Gespräch vor Ort mit den Angestellten. Produkte, Services, Ladengestaltung und Werbung können die Kundenbeziehungen untermauern und festigen, sind aber lediglich eine Supportfunktion für die Mitarbeiter im Kontakt mit den Kunden. Erstaunlich deshalb, da bisher kaum ein E-Shop versucht, die offline bestehenden Kundenbeziehungen im Internet nahtlos weiter zu pflegen – eben dadurch, dass die zentralen Komponenten der Kundenbeziehung auch online zu erkennen sind. Gewinner sind nicht nur die Kunden, sondern auch die Händler; einerseits natürlich dadurch, dass ihre Kunden zufrieden sind, und andererseits könnten sie ein anderes Problem auf der Stelle lösen: die Angst der stationären Filialen vor der Kannibalisierung ihres Geschäfts.

Ihre stationäre Filiale hätte sich nicht mehr vor einer Kannibalisierung des Geschäfts durch Ihre Online-Bestellungen zu fürchten, denn Ihre Online-Bestellung in „Ihrem" Shop würde der stationären Filiale eine satte Akquisitionsprovision bescheren. Die stationäre Filiale würde somit für ihr Engagement im Aufbau von Kundenbeziehungen auch bei Online-Einkäufen direkt belohnt werden – was sich wiederum verstärkend auf ein noch größeres und gezielteres Engagement der stationären Filiale für die Pflege von Kundenbeziehungen auswirken sollte.

Praktische Verpflegungslösungen müssen berücksichtigen, dass Kunden am Morgen andere „Essprobleme" haben als beispielsweise über Mittag oder am Abend. Frühstück beispielsweise ist für viele berufstätige Menschen zum „food on the move" geworden; ein Becher Kaffe, eine Energy-Milch und ein Croissant auf dem Weg von zu Hause ins Büro. Welcher Convenience-Anbieter liefert dazu eine komplette Frühstückslösung, die eben auch berücksichtigt, dass der Kaffee in Tram, Zug oder Auto nicht ausgeschüttet wird oder das Croissant keine Fettspuren auf den Geschäftsunterlagen hinterlässt? Oder wer löst all diese Probleme, indem er dafür sorgt, dass das Frühstück im Büro auf den Kunden wartet?

Convenience-Lösungen sind nie nur Produktlösungen, sondern immer auch Lösungen für die logistischen Probleme des Kunden – einfach und zeitsparend.

Hot Topic: Multitasking

Essen ist vielfach eine Nebenbeschäftigung, die gleichzeitig mit anderen vordergründigen Tätigkeiten abläuft. Wer abends vom Büro direkt ins Fußballstadion fährt, wird dort seinen Hunger mit einer Wurst stillen und gleichzeitig das Spiel betrachten. Das Abendessen lässt sich auch auf der Rückreise von Frankfurt nach München im Zug bewerkstelligen, und gleichzeitig kann man die Besprechungsnotizen des Tages noch einmal durchgehen.

Wer wenig Zeit hat, versucht möglichst mehrere Sachen gleichzeitig zu erledigen (Multitasking). Nahe liegend und praktisch lässt sich das Essen dazu nutzen, andere Menschen zu treffen. Gerade die zeitorientierten Kunden versuchen, die Pflege ihrer sozialen Kontakte wann immer möglich mit Essen zu kombinieren. Das trifft sowohl auf den Familientisch zu wie auch auf Single-Workaholics. Der Business-Lunch oder die Verpflegung in der Kantine ist die beste Möglichkeit, unter Menschen zu kommen, Persönliches und Geschäftliches zu besprechen. Was gleichzeitig geht, braucht halb so viel Zeit.

Zeitgeplagte Menschen, Menschen, welche immer in Bewegung sind, leiden irgendwann an einem Konstanz-Defizit. Schnelligkeit ist gekoppelt mit Anonymität, wo keine Zeit ist, sich auf etwas einzulassen, kann keine Tiefe, keine Vertrautheit entstehen. Die Wechselwirkung von Schnelligkeit und Anonymität, die uns allen irgendwie bekannt ist, ist oft nicht leicht zu durchbrechen. Gerade im Food-Business besteht jedoch die Möglichkeit, den Kunden hierin Lösungen zu bieten. Essen oder Essen einkaufen ist ein konstantes Ereignis, wenn auch nicht auf die Tagesstunde genau bestimmbar. Einmal täglich sind wohl die meisten damit konfrontiert. Alleine die notwendige Convenience veranlasst viele Menschen, mehrmals wöchentlich denselben Foodkanal zu berücksichtigen, sei es den Supermarkt um die Ecke oder den Döner-Stand im Geschäftsviertel. Diese regelmäßigen Kontakte sind immer auch eine Chance für ein kurzes Gespräch, für ein soziales Ereignis, das man dem Kunden bieten kann. Schnelle Food-Lösungen und regelmäßige vertraute Kontakte – diese Kombination erst ist eine echte Stomach-Lösung.

3.2 Business-Visionen und Konzepte für schnelles Essen

Konzeptidee 7: „Food-Districtpoint"

Ein Erfahrungsbericht von Frau Zoë Muller

Mein Name ist Zoë Muller. Ich bin 32 Jahre alt und lebe mit meinem Freund und unseren beiden Kindern, sechs- und achtjährig, zusammen in einer 5-Zimmer-Wohnung. Wir sind beide berufstätig. Unsere Wohnung befindet sich in einer Wohnanlage am Stadtrand einer großen Stadt.

Unsere Wohnungsmiete ist, wenn wir sie in unserem Bekanntenkreis vergleichen, relativ hoch. Wir sind dennoch sehr zufrieden mit unserer Wohnsituation. Ein Grund dafür ist nicht zuletzt der „Food-Districtpoint" in unserer Wohnanlage. Dank diesem spare ich pro Tag mindestens eine Stunde Zeit ein. Unser „Food-Districtpoint" befindet sich mitten in unserer Siedlung, direkt auf dem Weg zum Parkplatz. Ich komme hier also jeden Tag mindestens zweimal vorbei. Am Morgen gebe ich bei Frau Meier (die Geschäftsführerin) meine Einkaufsliste sowie die Wohnungsschlüssel ab. Das ist ein bisschen so, als käme man am Morgen bei der Hotel-Rezeption vorbei. Wenn die Zeit reicht, trinke ich hier oft noch schnell einen Kaffee und plaudere mit Frau Meier oder den Nachbarn, die wie ich mit einem Schuss Koffein in den Tag starten wollen. Am Abend hole ich meine Einkaufssachen hier bei Frau Meier ab. Einmal die Woche wird meine Wohnung sauber gemacht. Ein- bis zweimal wöchentlich essen wir mit den Kindern im integrierten Restaurant oder nehmen ein Menü „Take Out" mit nach Hause. Tagtäglich stehen zwei Take-Out-Menüs zur Auswahl. Drei weitere können auf Vorbestellung (einen Tag im Voraus) in jeder beliebigen Menge bezogen werden. Mein Mann geht oft abends, wenn die Kinder schlafen, auf ein Glas Bier im „Food-Districtpoint" vorbei. Dort schaut er regelmäßig mit seinen Freunden aus der Nachbarschaft die Fußballspiele der Champions League. Mit den Nachbarn haben wir dank dem „Food-Districtpoint" ein sehr gutes Verhältnis aufgebaut. Er ist für viele Menschen hier zum externen Wohnzimmer geworden, zu einem Ort zudem, wo man nie alleine is(s)t!

Mein Mann nutzt auch den Wäschedienst des „Food Districtpoint". Hier bringt er jeweils freitagabends seine schmutzigen Hemden hin und nimmt die sauberen und frisch gebügelten der letzten Woche gleich wieder in Empfang. Ich mache von diesem Dienst nur für meine Bettwäsche Gebrauch. Die übrige Wäsche erledige ich selber.

Factsheet „Food-Districtpoint"

Hintergrund allgemein	Aussterben der Tante-Emma-Läden in Wohngegenden
Die Vision	Vom Convenience Store zur Customer-Convenience: Jede Wohnung erhält eine Hotelrezeption
Die Kunden	
Wer sind die Kunden?	Berufstätige Singles und Doppelverdienende sowie Familien innerhalb einer Siedlung mit mind. 100 Wohnungen
Basierend auf welchem Megatrend	Zeit, Vertrauen
Konkretes Kundenbedürfnis	Zeitersparnis bei Home-Services wie Einkaufen, Reinigung, Kochen etc.
Das Konzept	
Konzeptansatz	Funktion aus Zeitersparnis und Meetingpoint: Nahe am Kunden gelegenes Foodcenter mit Retail- und Gastroleistungen sowie Reinigungsservice. In familienreichen Siedlungen Möglichkeit zum Kinderhort
Konkreter Kundennutzen	Zeitersparnis duch Services und Nähe des Formates, sozialer Treffpunkt für Stadtteil-Community
Wichtigste Player	Hotelketten, Einzelhändler, Banken, Architekten, Immobilienverwalter, Reinigungsservices
Wer wird das Konzept lancieren?	Hotelketten
Kommunikationsansatz	*Wir fokussieren uns auf Sie – tun Sie es auch* *Leben Sie, wir erledigen den Rest*
To do's	
Personalbedarf	Gering als System, groß als Einzel-/Eigenlösung
Investitionsgröße	Analog klass. Läden. Innerhalb der Gesamtbausumme minimal
Größtes Risiko	Zeitbedarf: Konzepterfolg bedingt hohen Wallet-Share von sehr vielen Kunden, was einen lang andauernden Vertrauensaufbau bedeutet
Größter Realisierungsgrund	Das wachsende Potenzial für Home-Service-Leistungen
Multiplizierungspotenzial	Groß und wachsend

Etwas mehr als die Hälfte unsere Ausgaben im „Food-Districtpoint" fließen in Ernährung, den Rest geben wir für Serviceleistungen wie Reinigung, Wäsche, Kinderbetreuungsdienst etc. aus. Samstags kaufen wir im Zentrum ein, zuerst auf dem Markt und dann noch in einem Supermarkt. Da erledigen wir die Großeinkäufe. Einmal pro Woche macht das Spaß, und dafür nehmen wir auch die Warteschlangen an den Kassen oder im Parkhaus etwas gelassener.

Nächstes Jahr wird unsere Jüngste in die Schule kommen. Am Montag und Mittwoch wird sie das Mittagessen mit den zahlreichen anderen Schülern aus der Siedlung im „Food-Districtpoint" einnehmen. Diese Zusatzleistung bezahlen wir gerne. Ich bin dadurch beruflich flexibler, und das ohne schlechtes Gewissen. Zum Betreuungsteam des Mittagstischs habe ich vollstes Vertrauen. Die Kinder befinden sich hier in einem ihnen bekannten, aber auch in einem sehr professionellen Umfeld.

Der „Food-Districtpoint" ist für uns mehr als ein Kiosk oder Lebensmittelladen – er ist eben unsere „Hotel-Rezeption". Er hilft uns, unser Leben besser zu managen. Wir gewinnen Zeit und können uns auf unsere Arbeit und unsere Freizeit konzentrieren. Im Geschäfts-Slang würde man wohl sagen, wir hätten gewisse Tätigkeiten „outgesourced", und zwar an jemanden, der das wesentlich effizienter und professioneller macht als wir. Mit den langen Öffnungszeiten, der ausgewiesenen Foodkompetenz, den Serviceangeboten und mit den bekannten Gesichtern ist der „Food-Districtpoint" sowohl eine Abwechslung als auch eine echte Hilfe und Unterstützung in unserem Alltag. Auch in unseren Ferien nützt uns der „Food-Districtpoint": Während wir im Meer baden, werden unsere Zimmerpflanzen gepflegt und gegossen. Und wenn wir nach dem Urlaub müde und hungrig zu Hause eintreffen, ist unser externer „Kühlschrank", der „Food-Districtpoint", gefüllt mit allem, was wir kennen und lieben – und die vergangenen Wochen vermisst haben. Das ist ein schönes Nach-Hause-Kommen.

Der „Food-Districtpoint" aus Sicht von Herrn Mellger, Geschäftsführer einer „Food-District"-Filiale

Mein Name ist Gerd Mellger. Ich bin gelernter Hotelfachmann und habe bis vor drei Jahren in zahlreichen internationalen Hotelketten auf der ganzen Welt gearbeitet. Irgendwann wurde das ständige Hin und Her für mich zu viel. Meine Familie wollte endlich irgendwo einen festen Wohnsitz haben. Vor drei Jahren *bin ich dann von der Hotelkette „Nightstar ***" für die Realisierung eines neuartigen Konzeptes angefragt worden.*

Das ganze Hotelgewerbe ist seit Jahren unter Druck. Es wird immer schwieriger, die Finanzierung eines gewissen Standards in Design, Architektur etc. zu gewährleisten. Der Markt ist sicherlich in vielen Bereichen auch übersättigt. Es gibt in gewissen Regionen und zu bestimmten Jahreszeiten einfach viel zu viele Hotels, als dass eine gewinnbringende Auslastung hätte erzielt werden können. „Nightstar ***" musste sich also überlegen, wie das Unternehmen weiter existieren sollte.

In Workshops mit externen Kreativen, Beratern, Analysten etc. haben wir unseren Markt, die Umweltentwicklungen und unsere eigene Firma immer wieder diskutiert und auf Stärken, Schwächen und Chancen strukturiert. Primär waren es zwei Diskussionspunkte, die für die Entstehung des Konzeptes „Food-Districtpoint" verantwortlich waren:
1. *Die Entwicklungen in den USA mit den so genannten „Gated Communities". Eine zunehmende Anzahl von Wohngebieten also, die in sich praktisch autonom funktionieren. Verantwortlich dafür sind sicherlich der Wunsch nach Sicherheit, aber auch – und das war für uns das Zentrale – der Wunsch nach Zeitmehrwert dank Vereinfachung und Organisation des Alltags!*
2. *Die Erkenntnis, dass unsere Marke primär für eine Dienstleistung und nicht für ein Gebäude steht. Dienstleistungen sind im Unterschied zu Gebäuden mobil, flexibel und transportierbar. Weshalb also sollten wir diesen Vorteil der Marke nicht ausnutzen?*

Das war's dann schon. Heute arbeite ich im eigenständigen und profitorientierten Servicebereich der Dreistern-Hotelkette „Nightstar ***". Wir bieten unseren Hotelservice dort an, wo die Kunden am meisten sind – zu Hause.

Im Fall meiner Filiale handelt es sich um einen „Food-Districtpoint" Typ 3 (siehe Abb. 66). Neben den üblichen Food- und Handelsangeboten bieten wir auch Kleider- und Wohnungsreinigungen an. In der umliegenden Siedlung befinden sich insgesamt 250 Wohnungen. 30 davon sind in unserem Besitz. Wir vermieten diese als eigentliche Hotelwohnungen praktisch ausschließlich im Dauerauftrag an Pensionäre, aber auch an Mitarbeiter eines internationalen Pharmaunternehmens.

Der Typ 1 ist eigentlich ein klassischer Kiosk, respektive ein kleiner Einzelhandelsladen mit integriertem Restaurantangebot. Wir bieten darin Lebensmittel in allen Convenience-Stufen an. Um das zu gewährleisten, haben wir in enger Zu-

sammenarbeit mit einem nationalen Kleinmengenlogistiker die entsprechenden Systeme und Prozesse entwickelt. Die Mitarbeiter in den Filialen sind primär Dienstleister. Arbeiten, die diese Aufgabe stören, werden automatisiert, minimiert oder ausgelagert; so das Bestellwesen, die Lagerbuchhaltung, aber auch ein Großteil der Menüplanung und Menüzubereitung.

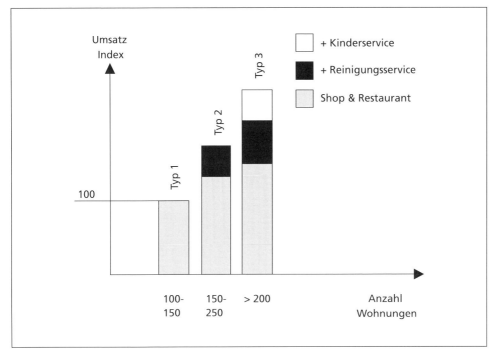

Abb. 66: Typen von „Food-Districtpoints"

Zusätzlich zum Typ 1 sind bei Typ 2 Reinigungsangebote für Kleider und Wohnung integriert. Klar, wir sind untereinander organisiert. Für die Kleiderreinigung arbeiten wir mit einem privaten Textilreinigungsunternehmen in unserer Stadt zusammen. Mittlerweile ist das Volumen so groß, dass er praktisch nur noch für uns arbeitet – exklusiv. Bei den Wohnungsreinigungen funktioniert es ähnlich. Jeweils vier Typ-2-Filialen teilen sich eine Reinigungs-Crew.

Typ 3, „Food-Districtpoint", bietet zusätzlich einen Kinderhütedienst an. Mit den Mittagstischen, den Spielnachmittagen etc. wollen wir den Kindern und Jugendlichen ein gewohntes und gut strukturiertes Betreuungsumfeld bieten.

Das ganze System funktioniert heute recht gut. Man musste einfach erkennen, dass wenn man versucht, dem Kunden Vereinfachungen zu verkaufen, man Gefahr läuft, selber zu komplex zu werden. Deshalb war es am Anfang sehr wichtig, im Hintergrund ein sehr effizientes System aufzubauen. Vernetzung, Hightech, Partnerschaften, Systemgedanke etc. waren die dazu notwendigen Schlüsselbereiche.

Dass die Kunden schließlich unser Konzept akzeptiert haben, lag anfangs ganz klar auch an unserer Marke. Viele kannte sie schon – zwar als eine klassische Hotelmarke, als solche aber eindeutig mit den versprochenen Leistungen identifizierbar. Neu war nun der Ort des Angebotes.

Wie sehen wir die Zukunft? Wir sind uns sicher, dass Zeit auch weiterhin sowohl eine begrenzte als auch ein hart umkämpfte Ressource der Menschen bleibt. Klassisches Einkaufen im Supermarkt, mit Problemen wie verstopften Straßen und fehlenden Parkplätzen, überfüllten Märkten mit langen Warteschlangen vor den Kassen usw. bergen weiterhin Potenzial für bessere Food-Lösungen. Mit unserem Konzept der physischen Kundennähe bleiben wir somit auch zukünftig relevant, Nutzen bringend und praktisch konkurrenzlos.

Konzeptidee 8: „Retail Inside"

Ein Tag im Leben von Manuel Strasser

Mein Name ist Manuel Strasser. Ich bin 42 Jahre alt, allein stehend und wohne in einem Vorort einer Großstadt. Meine Arbeitszeiten sind sehr unregelmäßig. Als Chirurg arbeite ich sehr oft bis spät in den Abend hinein und praktisch jedes zweite Wochenende. Ich bin Junggeselle und wohne in einer 3-Zimmer-Wohnung unweit des Krankenhauses.

Meine unregelmäßige Arbeitszeit erschwert eine ausgewogene Ernährung und die Möglichkeit zum richtigen Einkaufen. Meistens komme ich erst nach Hause, wenn die Supermärkte bereits geschlossen haben. Die Freitage sind mir dann zu wertvoll, als dass ich diese vor überfüllten Kassen und Regalen verbringen möchte. Essen – vor allem gutes Essen – ist etwas, das ich sehr schätze. Selber kochen tue ich aber nicht, zum einen, weil mir das dazu notwendige Kochwissen fehlt, und zum anderen, weil es mir sowieso keinen Spaß machen würde, für mich alleine diesen Aufwand zu betreiben. Mein Ess-Alltag sieht wie folgt aus: Ein bis zwei Mahlzeiten pro Tag in der Krankenhauskantine und eine dritte Mahlzeit zu Hause aus dem fast leeren Kühlschrank. Als Arzt weiß ich, dass diese Ernährung eigentlich ungesund ist. „Weniger, dafür öfter", diesen Satz predige ich ja auch täglich meinen Patienten.

Seit letztem Jahr gehe ich abends ab und zu wieder in das in meinem Wohnviertel gelegene Restaurant. Der Grund ist folgender: Ich gehe ins Restaurant zum Einkaufen, um meinen „Vorratskeller" aufzufüllen. Seit ein paar Monaten bietet die dortige Geschäftsführerin mit dem Konzept „Retail Inside" verschiedene Produkte zum Verzehr zu Hause an. Es gibt eine Auswahl an Getränken (Wein, Bier, Mineral) sowie tiefgefrorener Backwaren und Delikatessgerichte. Auf Vorbestellung bekomme ich jeweils auch eine Salatkomposition mit separatem Hausdressing. Die Getränke sind bei „Retail Inside" praktisch gleich teuer wie im Supermarkt, die TK-Delikatessen sind dagegen schon teurer, dafür aber ein wirklicher Gaumenschmaus!

Unterdessen gehe ich zwei- bis dreimal pro Woche dorthin. Manchmal nur schnell auf einen Kaffee, meistens aber spontan, um mir eben noch etwas Feines für zu Hause einzukaufen. Denn mit „Retail Inside" ist meine Gastgeberqualität massiv gestiegen – bald schon muss ich in eine größere Wohnung ziehen!

Factsheet „Retail Inside"

Hintergrund allgemein	Bedarf an Läden mit langer Öffnungszeit wird heute primär nur über Tankstellenshops abgedeckt. Es gibt aber x-mal mehr Restaurants als Tankstellen.
Die Vision	Zusätzlich 1000 POS für „High End"-Food-Lösungen/Produkte
Die Kunden	
Wer sind die Kunden?	Berufstätige und/oder Alleinstehende aus Agglomeration und Stadtgebieten (time poor, money rich) Kurzentschlossene, Spontane und Zeitgeplagte
Basierend auf welchem Megatrend	Zeit, Vertrauen
Konkretes Kundenbedürfnis	Einfacher, gepflegter und stressfreier Convenience-Einkauf auch spätabends und am Wochenende
Das Konzept	
Konzeptansatz	Das Restaurant wird mittels kleiner, systemorientierter und exklusiver Food-Sortimente zusätzlich zum Einzelhändler
Konkreter Kundennutzen	Größere Einkaufsflexibilität (Zeitautonomie), Zugang zu qualitativ hochwertigen Produkten, mehr soziale Kontakte
Wichtigste Player	Kommerzielle und unabhängige Restaurants, Produzenten, Kleinmengenlogistiker
Wer wird das Konzept lancieren?	Produzenten
Kommunikationsansatz	*Der Wirt'S'hop: Das Restaurant für zu Hause*
To do's	
Personalbedarf	Gering, zusätzlich 1-2 Personen
Investitionsgröße	Gering, v.a. wenn als Systemgedanke
Größtes Risiko	Kannibalisationsgedanke auf Seiten der Gastronomie
Größter Realisierungsgrund	Gewinnproblematik in Gastronomie, Potenzial der Gastronomie mit Vertrauensbonus und flexiblen Öffnungszeiten
Multiplizierungspotenzial	Sehr groß

„Retail Inside", der neue Food-POS, aus Sicht von Frau Imbesen, Inhaberin des Restaurants „Zur Brücke"

Ich führe ein Restaurant mit 200 Sitzplätzen in einem Außenbezirk einer Großstadt. Hier gibt es primär Ein- und Mehrfamilienhäuser sowie große Wohnblöcke. Die größten Arbeitgeber sind das Sportstadion und das Krankenhaus. Sonst gibt es keine größeren Arbeitgeber in unserer Nähe. Im Gegensatz dazu ist das Kleingewerbe, zu dem auch wir gehören, immer noch in diesem Wohngebiet präsent. Die meisten Leistungen und Produkte, die wir anbieten, gibt es allerdings auch günstiger im Zentrum zu kaufen. Das Geschäftsleben ist also für uns nicht sehr einfach, und die Gewinne reichen kaum zum Überleben.

Als mir vor ca. zwei Jahren das Konzept „Retail Inside" vorgestellt wurde, war ich zuerst sehr skeptisch. Ich bin Restaurantbetreiberin und nicht Lageristin. Ich betreue Gäste und bin keine Kundenabwicklerin. Das waren meine spontanen und verbalen Abneigungen, die der damalige Berater der Firma „Quarkfresh" zu hören bekam. Meine Hauptbefürchtungen waren, dass die Leute auf einmal nicht mehr zu mir zum Essen, sondern nur noch zum Einkaufen kommen würden. Ich befürchtete auch, dass das Image vom Supermarkt-TK-Food sich negativ auf dasjenige unserer Küche auswirkt. Zwar kochen auch wir mittlerweile mit vielen Convenience-Produkten. Trotzdem, die Feinarbeit liegt bei uns, wir würzen nach, verfeinern, ergänzen, kombinieren und servieren. Der Kunde empfindet das eben als das sympathischere Handwerk als die anonymen industrialisierten Prozesse, die er hinter den Fertigprodukten im Supermarkt vermutet.

Der Berater überzeugte mich aber auch, indem er nicht nur etwas verkaufen wollte, sondern von mir auch etwas verlangte. Konkret ging es darum, dass wir als Restaurant nur so lange die „Retail Inside"-Berechtigung erhalten, wie wir auch mit unser eigenen Küche überzeugen können. Wenn wir uns also zum reinen Händler entwickeln würden und einen bestimmten Umsatz mit Restauration nicht mehr erfüllten, dann ginge unsere Berechtigung für „Retail Inside" verloren. Überzeugend wirkte auf mich auch das Produktkonzept: Sämtliche TK-Produkte sind exklusiv über „Retail Inside" erhältlich und von Gastronomieköchen rezeptiert und entwickelt worden. Es sind also nicht Produkte, die nebenan im Supermarkt zum halben Preis angeboten werden. Schließlich hat mich dann das ganze Konzept mit seiner Einfachheit und die Perspektive auf Zusatzumsatz und Mehrgewinn überzeugt!

Zusammen mit meinen drei Servicefachangestellten und den beiden Köchen habe ich einen Einschulungskurs bei der Firma „Quarkfresh" absolviert. Wir mussten das Gesamtkonzept, die Anwendung und Handhabung etc. zuerst richtig begreifen und erlernen. Wichtig war eben auch das neue und erweiterte Verkaufsgespräch mit dem Gast. Schließlich geht es ja darum, den Umsatz pro Kunde zu verzehnfachen. Verkaufen sollten wir statt eines Kaffees für zwei Euro eine mindestens zwanzig Euro teure Food-Lösung zum Mitnehmen. Am Anfang hieß das viel Beratungsarbeit – ähnlich wie wenn man ein Menü oder einen Wein empfiehlt. Wir mussten lernen, wie man auf die wichtigsten Fragen oder Verneinungen reagiert, ohne den potenziellen Kunden zu verlieren oder zu verärgern. Dieses „erweiterte Verkaufsgespräch" alleine war die ganze Übung schon wert. Wir sind heute viel selbstbewusster und trauen uns viel stärker, unsere Kompetenz als Gastgeber und Dienstleister zu vermarkten und gezielter einzusetzen. Den Mehrumsatz, den wir heute im Vergleich zu früher haben, stammt deshalb auch nur zu etwa 70 % aus dem Verkauf von „Retail Inside"-Produkten, der Rest ist Mehrumsatz im klassischen Restaurantgeschäft.

Bezüglich der Kundenstruktur haben wir folgende Veränderungen wahrgenommen: Wir bekommen heute viel mehr Neukunden als früher. Viele wohnen in der Gegend, arbeiten aber im Zentrum. Als Ort zum Ausgehen kam für diese Gruppe unser Restaurant anscheinend nie in Frage. Heute kommen sie gegen Feierabend vorbei, trinken ein Glas Wein und nehmen einige „Retail Inside"-Produkte mit.

Von den Abläufen her hat sich nicht viel verändert. Auf den Tischen steht jetzt neu neben der Menü- und Getränkekarte auch eine Shopkarte. Insgesamt 10 TK-Produkten und 20 Getränke sind darauf aufgeführt. Wer die Ware nicht gleich mitnehmen möchte, schreibt Name und Adresse sowie Abholzeit auf. Wir stellen den Einkauf entsprechend der Angaben rechtzeitig bereit. Auf der Rechnung steht jeweils der Betrag für das konsumierte Getränk oder Essen sowie für die bestellte Ware.

Beim Verlassen des Restaurants passiert der Gast die Kassen- bzw. Kioskzone. Er bezahlt hier seine Einkäufe und Konsumationen und nimmt die bestellte Ware in Empfang. Oder aber er entscheidet sich erst hier für den Kauf des einen oder anderen Produkts, das in der Vitrine präsentiert wird. Wir müssen gemäß Vertrag mit der Firma „Quarkfresh" garantieren, dass mindestens während zwei Stunden pro Tag ein Koch in voller Montur hier an der Kasse steht. Das macht glaubwürdig, kompetent und wirkt verkaufsfördernd. Ein Image also, das uns auch in der Gastronomie von großem Nutzen ist!

„Retail Inside" aus Sicht von Herrn Mohnwalt, Marketingdirektor Firma „Quarkfresh"

„Quarkfresh" ist ein kleines und mittelständisches Produktionsunternehmen mit 150 Mitarbeitern. Wie viele andere Lebensmittelproduzenten auch, gerieten wir in der Vergangenheit immer mehr in den so genannten „Einzelhandelsengpass". Das heißt, dass wir uns das System „Pull & Push" nicht mehr leisten konnten. Entweder verbrauchte sich unser Marketinggeld in den Listungsbeiträgen beim Handel oder aber wir konzentrierten es auf die Werbung von Neuprodukten, für welche uns aber dann das Geld für eine A-Listung fehlte. Das war unser Marketing-Dilemma – erst mit „Retail Inside" konnten wir die Kehrtwende einleiten.

Schon sehr früh im lancierten Innovationsprozess stellten wir uns folgende Kernfrage:
Wo und wie ist ein gewinnbringendes Wachstum mit Endkunden außerhalb des Einzelhandels möglich?

Wir mussten uns zuerst intensiv mit den Endkunden befassen. Wir kamen zum Schluss, dass wir unseren Kunden zu viel Zeit wegnehmen. Da sie unsere Produkte nur im Supermarkt bekommen, bedingt jede potenzielle Transaktion einen bestimmten Zeit- und Reiseaufwand innerhalb eines vorgeschriebenen Zeitfensters. Wir mussten also näher zum Kunden kommen.

Danach segmentierten, analysierten und diskutierten wir unsere direkten Kunden. Der ganze Bereich Einzelhandel war für uns volumenmäßig in der Vergangenheit am bedeutendsten. Die weiter oben beschriebenen Probleme machten unsere Zukunft in diesem Kanal jedoch sehr unsicher. Die Kunden, die wir im Segment Gastronomie hatten, stammten ausschließlich aus dem Bereich „Social Catering" (Krankenhäuser, Heime und Personalrestaurants). Der Fachhandel war innerhalb des Gesamtmarktes eher unbedeutend und rückläufig – dies trotz seines Images als anerkannter Spezialist für Food-Produkte.

Sehr rasch kamen wir auf die Möglichkeiten der kommerziellen und unabhängigen Gastronomie (für uns Neuland!) zu sprechen. Wir entdeckten relativ rasch zahlreiche Chancen für diese Kunden:
- *Sehr große Anzahl Filialen (Outlets/POS)*
- *Großer Vertrauensbonus bezüglich Qualität*
- *Positives Image bezüglich Fachkompetenz*
- *Andere Öffnungszeiten als der klassische Handel*

Und ganz wichtig:
- *Gastronomie hat ein Umsatz-/Gewinnproblem.*

Wenn der Fachhandel der Spezialist für Food-Produkte ist, wollten wir aus der Gastronomie den Spezialist für zeitsparende Food-Lösungen machen – das war und ist unsere Vision (siehe Abb. 67)!

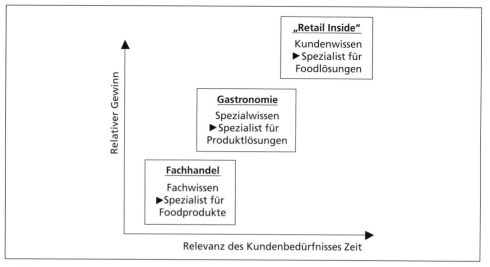

Abb. 67: Positionierung von „Retail Inside"

Das war also der Grundgedanke zum Konzept „Retail Inside". Bis zur erfolgreichen Umsetzung gab es aber noch nächtelange Diskussionen. Wichtig war die Auswahl der Restaurants. Zwar brauchten wir eine bestimmte Mindestanzahl, um in die Gewinnzone zu kommen. Auf der anderen Seite durften nur zur Marke „Retail Inside" passende Unternehmen dazugehören.

Die wichtigsten, aktuellen Anforderungen sind:
- *Standort in dichten Wohngebieten oder auf dem Weg zwischen solchen und Standort in der Nähe größerer Arbeitszentren.*
- *Das Restaurant ist bekannt für ein professionelles und beliebtes Speiseangebot innerhalb eines unserer drei „Retail Inside"-Konzepte.*
- *Das Restaurant hat mindestens 100 Sitzplätze und zwei Eingänge/Ausgänge.*
- *Das Restaurant hat an sämtlichen Wochenenden geöffnet sowie an mindestens fünf Abenden pro Woche bis mindestens 22.00 Uhr.*

Die drei Konzepte „Italien", „Asia" und „Traditionell" sind wichtig, weil die Marke „Retail Inside" für Authentizität stehen soll. In einer italienischen Trattoria asiatische Frühlingsrollen anzubieten, würde eher einem Gemischtwarenladen denn unseren CI-Vorgaben bezüglich Authentizität und Glaubwürdigkeit entsprechen.

Die Entwicklung und Produktion der „Retail Inside"-TK-Produkte bedingte auch in unserem Unternehmen anderes Denken und neue Maßstäbe: Alles nur in Topqualität! Die Rezepte stammen von berühmten Profiköchen. Um auch bei den notwendigen Rohstoffen nur die beste Qualität zu verwenden, sind wir oft bis in die Erzeugerländer und dort bis zu den kleinsten Produzenten gereist. Für ein original „Involtini alla fiorentina" hieß dies eine einwöchige Reise in die Toskana.

Die beiden Eingänge bzw. Ausgänge, die ein Restaurant haben muss, sind für uns deshalb relevant, weil wir für das Kassensystem eine separate Passage für den Kundenstrom benötigen. Zwar ist ein solches überall möglich, aber nur mit massiven Zusatzinvestitionen und langwierigen Baugesuchen zu realisieren. Sind bereits zwei Eingänge vorhanden, kann man mit minimalen Aufwendungen ein einfaches Kundenleitsystem aufbauen. Hier ist der Eingang und dort geht es via Kassengang wieder hinaus – ohne dass sich jemand in die Quere kommt.

Heute liegt der Verkaufspreis der Produkte bei acht Euro – landesweit. 40 % bleiben beim Gastronomen, 10 % gehen an den Kleinmengenlogistiker und der Rest bleibt bei uns. Nach Abzug der Produkt- und Amortisationskosten der getätigten Investitionen beim Kunden verbleibt uns also noch immer ein besserer Gewinn, als das im existierenden Einzelhandelsgeschäft der Fall ist.

Mit unserer Marke „Retail Inside" sind wir heute näher beim Kunden als jedes andere Food-Unternehmen. Dies hat uns ermuntert, über einen Ausbau des „Retail Inside"-Konzeptes nachzudenken. Würden wir dem Endkunden nicht noch mehr Zeitersparnis ermöglichen, wenn wir ihm den Weg in den Supermarkt ganz abnehmen könnten?

Konzeptidee 9: „Easy eat, work & live"

Ein Erfahrungsbericht von Milena Sprenger

Mein Name ist Milena Sprenger. Ich bin 44 Jahre alt und lebe zusammen mit meiner Familie – den beiden Kindern Nico und Sandra und Sergio, meinem Mann – in einem kleinen Haus im Grünen. Die Kinder gehen mittlerweile beide zur Schule. Sie werden am Morgen und am Abend jeweils mit dem Schulbus abgeholt und wieder nach Hause gebracht. Mein Mann arbeitet in einer Möbelfabrik – auch er geht frühmorgens aus dem Haus und kommt am Abend hungrig zurück. Ich selber arbeite als Sekretärin in einer Versicherungsfirma im Bereich Marketing und Kommunikation. In unserer Firma arbeiten insgesamt ca. 800 Personen. In der Nähe unseres Bürogebäudes gibt es zahlreiche Restaurants und Imbissstände. Trotzdem hat sich die Geschäftsleitung bereits vor Jahren entschieden, ein eigenes Personalrestaurant zu eröffnen. Das Restaurant wird von einem professionellen Caterer betrieben. Fast die Hälfte der Belegschaft nimmt hier regelmäßig ihr Mittagessen ein und profitiert nicht nur von der Auswahl und der Qualität der Speisen, sondern auch vom kostengünstigen Preis (das Unternehmen subventioniert sämtliche Menüs und Speisen). Ein weiterer Vorteil der firmeneigenen Kantine ist natürlich die Zeitersparnis. Zudem ist der gesamte „Stomach-Supply-Prozess" – so heißt das bei uns in der Firma scherzhaft – hochtechnisch effizient gestaltet. Das Konzept funktioniert ohne Kassen und Warteschlangen. Die Mitarbeiter bedienen sich selbstständig und bezahlen via Selfscanning und Paycards direkt an den Theken, Kühlregalen und Kaffeemaschinen. Geschwindigkeit wird von unserer Firma eben groß geschrieben.

Ich persönlich besuche das Restaurant über Mittag praktisch nie. Dennoch sind Ende Monat auf meiner Lohnabrechnung jeweils Sonderabzüge in der Größenordnung von bis zu 150 Euro für Essen aufgeführt. Jeweils am Abend, kurz bevor ich nach Hause gehe, hole ich mir aus der TK-Truhe des Personalrestaurants fertige Menüs für mich und meine Familie. Dazu, je nach Gericht, auch schon mal einen frisch zubereiteten Salat als Vorspeise und freitags oft auch noch eine große Portion Vanillecreme oder sonst ein Dessert.

Zu Hause mache ich die Gerichte kurz im Backofen oder in der Mikrowelle heiß und serviere sie meiner hungrigen Familie. Für mich bedeutet dieses Angebot eine große Zeitersparnis, von welcher nicht nur mein Arbeitgeber und meine Familie profitieren, sondern primär ich selbst. Das tägliche Gehetze des abendlichen Einkaufs zwischen Arbeitsende und Abendessen hatte ich satt. Zu Hause

Factsheet „Easy eat, work & live"

Hintergrund allgemein	Kostendruck in den Personalrestaurants bzw. bei den Auftraggebern der entsprechenden Caterer
Die Vision	Vom Kantinenbetreiber zum Work-Life-Balance-Partner
Die Kunden	
Wer sind die Kunden?	Time poor & money rich (Mitarbeiter, Singles oder Familien, in denen beide Partner berufstätig sind)
Basierend auf welchem Megatrend	Zeit, Vertrauen
Konkretes Kundenbedürfnis	Vollwertige Ernährung auch während der Arbeitswoche ohne zusätzlichen Zeitaufwand
Das Konzept	
Konzeptansatz	Personalrestaurants lasten ihre Infrastruktur besser aus, indem sie ihre Präsenzzeit beim Kunden verlängern. Mitarbeiter nehmen am Abend ihre Abendmahlzeit für sich und ihre Familie direkt vom Arbeitsplatz mit.
Konkreter Kundennutzen	Geringerer Zeitbedarf für Einkauf und Zubereitung von abwechslungsreicher und vollwertiger Ernährung
Wichtigste Player	Unternehmen (Arbeitgeber), Caterer, Foodproduzenten
Wer wird das Konzept lancieren?	Arbeitgeber, Gemeinschaftsverpfleger
Kommunikationsansatz	*Easy eat, work & live – arbeiten Sie, wir organisieren den Rest*
To do's	
Personalbedarf	Gering, in Großküchen oder bei Produzent vorhanden
Investitionsgröße	Gering, Infrastruktur vorhanden
Größtes Risiko	Teilweise das negative Image von Kantinen und deren fehlendes Retail-Know-how
Größter Realisierungsgrund	Kostendruck und einfache Realisierung
Multiplizierungspotenzial	Hoch

angekommen folgte dann jeweils ein hektisches Zubereiten und ständiges Vertrösten auf ein „gleich, in ein paar Minuten ist alles fertig etc.". Wenn ich dies heute rückblickend betrachte, war das ein unhaltbarer Zustand, ein dauerndes Der-Zeit-hinterher-Rennen. Wenn ich heute nach Hause komme, können wir als Familie in Ruhe schon mal etwas plaudern und miteinander unsere Tageseindrücke austauschen. In der Zwischenzeit wird ein vollwertiges Menü im Backofen heiß. Im Vergleich zu beispielsweise einer Tiefkühlpizza aus dem Supermarkt betrachte ich diese Menüs überhaupt nicht als „Junkfood". Die Rezepturen stammen von unserem Küchenchef im Personalrestaurant, den ich persönlich kenne und von dessen kulinarischen und qualitativ hochwertigen Gerichten ich mich in der Kantine selber habe überzeugen können. Die Menüs sind ernährungsphysiologisch ausgewogen zusammengestellt und schonend zubereitet. Insgesamt stehen jeweils zwanzig verschiedene Menüs zur Auswahl. Monatlich werden neue Menüs ergänzt bzw. ausgetauscht. Für Abwechslung sorgt unser Küchenchef vorzüglich!

Interessant ist auch der Preis. Zwar darf und will unser Arbeitgeber diese Mahlzeiten nicht auch noch subventionieren, auf der anderen Seite will er damit auch keine Gewinne erwirtschaften. (Sein primäres Interesse gilt der Mitarbeiterzufriedenheit – und wenn sich diese ohne Zusatzkosten erhöhen lässt...). Unterm Strich bezahle ich für die Menüs dennoch weniger als für vergleichbare Hoch-Convenience-Produkte im Supermarkt – und ich erhalte eine noch bessere Qualität und größere Abwechslung.

„Easy eat, work & live" aus Sicht von Frau Müller, CEO des verantwortlichen Caterers

Ende der 90er Jahre kamen wir als Personalverpfleger immer mehr unter Druck. Auf der einen Seite gab es landesweit kaum noch eine Kantine, die in Eigenregie betrieben wurde und uns dadurch eine Akquisitionsmöglichkeit bot. Wachstum durch Neukunden wurde immer schwieriger. Gleichzeitig nahm der Konkurrenzdruck massiv zu. Zahlreiche ausländische Caterer waren plötzlich auf dem Markt. Der Verdrängungskampf via Tiefpreisofferten wurde alltäglich. Die neuen Mitspieler hatten durch ihre Größe natürlich ganz andere Einkaufskonditionen als wir, was unsere Erfolgschancen im Preispoker als recht gering erscheinen ließ. Unsere Kunden haben das natürlich gemerkt und uns Caterer ständig gegeneinander antreten lassen. Irgendwann konnten wir diese Entwicklung nicht mehr mitmachen. Weiter mit den Preisen herunter zu gehen wäre unverantwortlich geworden. Wachstum musste über neue Business-Formen generiert werden. Wir mussten unsere Kunden mit neuartigen Konzepten statt mit Tiefpreisangeboten überzeugen. So ist unser Konzept „Easy eat, work & live" geboren.

Zwei Ziele standen im Vordergrund:
1. Den Ertrag für den Auftraggeber optimieren, ohne dass die bisherigen Leistungen billiger angeboten werden.
2. Eine Einzigartigkeit im Markt erlangen, welche die späteren Kopierer nicht mehr einholen können.

Ziel 1 haben wir durch den Einsatz von Hightech (Selfscanning, Paycards etc.) sowie durch den erhöhten „Stomach Share" bei den Endkunden erreicht. In Zahlen: Mit den gleichen Infrastruktur- und Subventionskosten für den Auftraggeber konnten wir den Umsatz um 25 % erhöhen. Also gleicher Umsatz über Mittag mit tieferen Personalkosten und Zusatzumsatz am Abend ohne Zusatzkosten. Die Grundidee hinter unserem Konzept war es, berufstätigen Frauen eine Zeitlösung für das Abendessen mit der Familie anzubieten. Wir sehen jedoch heute, dass gerade auch Männer von unserem Angebot Gebrauch machen. Endlich können auch sie einen Beitrag zum Haushalt übernehmen und fürs Abendessen sorgen!

Für die Umsetzung der technologischen Neuerungen, insbesondere der „Selfscanning-Systeme", hat uns enorm geholfen, dass im Unterschied zu klassischen Restaurants oder auch Einzelhändlern die „Gebäude" unserer Kunden bereits auf hohem Niveau digital vernetzt waren.

Ziel 2 konnte dank eines Exklusiv-Vertrags mit dem Airline Caterer „AirGate" generiert werden. Auch dieser musste sich nach der Airlinekrise Anfang des neuen Jahrzehnts mit Wachstumsmöglichkeiten außerhalb des bestehenden Businesses auseinander setzen. Mit geringen Zusatzinvestitionen war es ihm möglich, für uns die gewünschten Menüs zu produzieren, abzupacken und zu gefrieren. Wir betreiben europaweit ca. 800 Personalrestaurants. Bis in fünf Jahren wollen wir diese alle auf das System „Easy eat, work & live" erweitert haben. Täglich werden wir so ca. 150.000 Menüs verkaufen. Ein sehr lukratives Zusatzgeschäft sowohl für „AirGate" als auch für uns.

„AirGate" hat es möglich gemacht, dass wir unsere Logistik derjenigen des Kunden anpassen konnten (siehe Abb. 68). „AirGate" hat eben nicht nur Produktions-, sondern auch Logistik-Kompetenz. Wie wir ist die Firma international ausgerichtet und hat in zahlreichen europäischen Ländern Niederlassungen. „AirGate" produziert zentral und fliegt bzw. bringt die Ware zu unseren TK-Händlern in Europa. Von dort aus sind wir verantwortlich dafür, dass die Ware termingerecht in unsere einzelnen Personalrestaurants kommt. Beim Informationsfluss läuft es genauso – allerdings einfach rückwärts.

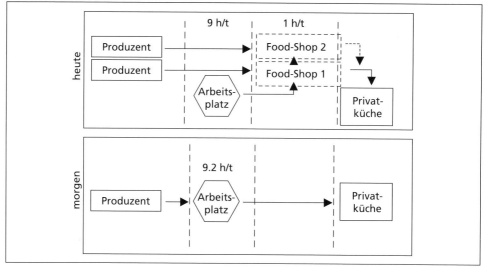

Abb. 68: Von der Produkt- zur Kundenlogistik

Mit dem Namen „AirGate" haben wir zusätzlich einen Kommunikationsnutzen. Mit minimalen Anstrengungen konnten wir aus diesem Namen einen Markennutzen generieren. Praktisch alle Endkunden erkannten den Namen in einer gestützten Fragerunde und assoziierten ihn mit Ferien, Freizeit, Genuss und Sauberkeit. Aufhänger also, die uns als Türöffner bei den Endkunden geholfen haben. Wir konnten so das negative Image von TK-Produkten überwinden. Die Rezepturleistung unserer Küchenchefs und die Qualität des Airline Caterers – eine unwiderstehliche Versuchung für unsere Kunden.

Was waren die Schwierigkeiten bzw. an was mussten wir uns anpassen?
Ganz am Anfang stand die Einsicht, dass wir nur dann gesund wachsen konnten, wenn wir unseren Markt und somit unsere Mitbewerber neu definieren würden. Das haben wir getan, und bald kam die Erkenntnis, das der klassische Lebensmit-

teleinzelhändler unser potenzieller Konkurrent ist. Wir mussten also nicht nur unseren bestehenden Markt erweitern, sondern Leistungen erbringen, die bisher der LEH erbracht hat. Dazu brauchten wir ein Know-how, das wir nicht hatten. Wie produziert man gewinnbringend TK-Menüs? Wie baut man eine Marke auf? Wie sehen die logistischen Systeme aus? Einen Teil dieser Anforderungen konnten wir auslagern und fertig einkaufen. Andere mussten wir aufbauen, so das ganze Marketing. Bisher waren wir lediglich gewohnt, B2B-Beziehungen aufzubauen. Das Endkundenmarketing beschränkte sich vorwiegend auf das Gestalten der Menükarten und dergleichen. Ein wirkliches B2C-Marketing war bis dahin nicht notwendig gewesen. Früher verstanden wir uns primär als ein sehr professioneller Gastronom im Bereich Personalverpflegung. Heute sind wir ein Foodservice-Partner für die arbeitende Bevölkerung. Unsere Kompetenzanker sind Retailing, Produktion, Catering und Kommunikation. Zwischen keinem Einzelhändler oder Restaurateur und seinen Endkunden gibt es eine so regelmäßige Beziehung wie zwischen unserem Küchenchef und seinen Gästen.

Das Einschlagen neuer Wege hat sich für uns gelohnt. Nebst den erfreulichen Zuwachsraten in den Personalrestaurants hat uns vor ein paar Wochen ein internationaler Retailer ein Listungsangebot für unser ganzes „Easy eat, work & live"-Sortiment gemacht. Wir haben abgelehnt, schließen diese Wachstumsstrategien in Zukunft jedoch nicht ganz aus.

„Easy eat, work & live" aus Sicht von Herr Barmettler, Innovationsmanager bei der Firma „AirGate"

Zwei Entwicklungen rund um das Fliegen haben uns vor ein paar Jahren sehr stark beschäftigt:
1. Alle Studien und Prognosen versprachen kein weiteres massives Wachstum für das mittelfristige Flugreisenbusiness.
2. Die Airlines – unsere Kunden – kamen immer mehr unter Kostendruck. Tiefpreisangebote im Bereich von unter zwei Stunden Flugzeit begannen den Markt zu dominieren. Diese „Produkte" verzichteten vollends auf das klassische Catering-Angebot.

Unser Markt wurde somit immer kleiner. Um weiterhin profitabel zu sein, hätten wir demzufolge auch unsere Leistungen herunterfahren müssen. Das lässt sich aber in unserem Business nicht so schnell realisieren, denn jede Fluggesellschaft will eine andere Gabel und andere Gläser haben. Sie möchte das Exklusivrecht auf *einen Rotwein haben, sie will ihren Kunden die Möglichkeit geben, aus einer Summe von über 20 Variationen an Fleisch, Beilagen, Gemüse und Fisch individuell ein Menü zu kreieren – und das auch für die Last-Minute-Gäste! Nur mit solchen Sonderleistungen kann sich eine Fluggesellschaft außerhalb der Tiefpreisschiene überhaupt noch von der Konkurrenz unterscheiden.*

Die Summe all dieser Bedürfnisse und Anforderungen macht unser Cateringbusiness sehr komplex und personalintensiv. Kosteneinsparungen via Automatisation, „Tailcutting" der Sortimente etc. würde bei uns schnell zum wirtschaftlichen Niedergang führen. Die Industriebetriebe der großen Foodhersteller versuchen, möglichst wenige Produkte in einer riesigen Anzahl zu produzieren. Ganz im Gegensatz zu uns – wir sind eine Küche geblieben. Wir haben unglaublich viele Artikel an Lager. Wir produzieren in Kleinstmengen in frischester und bester Qualität. Wir haben die strengsten Vorschriften bezüglich Hygiene und Produktsicherheit in der ganzen Food-Branche. Und das alles machen wir heute nach Jahren der Erfahrung mittlerweile sehr rentabel! Mit diesem Stärkebewusstsein gingen wir auf den Markt. In der Personalverpflegung sind wir dank dem Konzept „Easy eat, work & live" fündig geworden.

Anhang

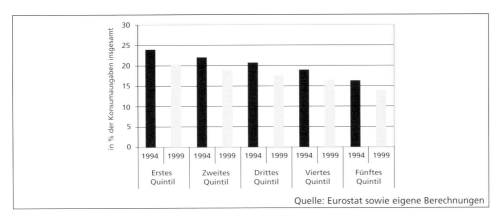

Abb. 69: Anteil Foodausgaben an Konsumausgaben – Bsp. Deutschland

Erstes Quintil = die 20 % der Haushalte mit den geringsten Konsumausgaben, Fünftes Quintil = die 20 % der Haushalte mit den höchsten Konsumausgaben. Werte für die Kategorie „Alkoholische Getränke" der Quintile wurden anhand der Entwicklung der Totalausgaben hochgerechnet.

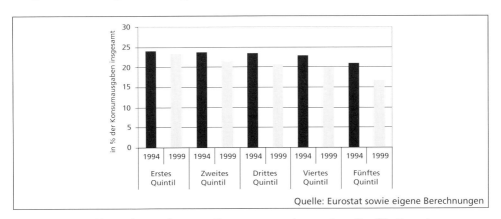

Abb. 70: Anteil Foodausgaben an Konsumausgaben – Bsp. Großbritannien

Erstes Quintil = die 20 % der Haushalte mit den geringsten Konsumausgaben, Fünftes Quintil = die 20 % der Haushalte mit den höchsten Konsumausgaben. Werte für die Kategorie „Alkoholische Getränke" der Quintile wurden anhand der Entwicklung der Totalausgaben hochgerechnet.

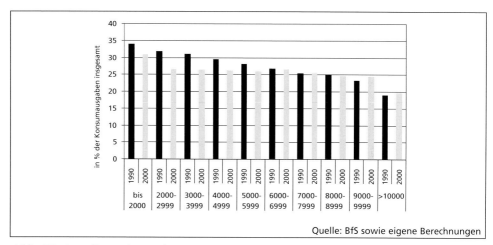

Abb. 71: Anteil Foodausgaben an Konsumausgaben – Bsp. Schweiz

Erstes Quintil = die 20 % der Haushalte mit den geringsten Konsumausgaben, Fünftes Quintil = die 20 % der Haushalte mit den höchsten Konsumausgaben. Werte für die Kategorie „Alkoholische Getränke" der Quintile wurden anhand der Entwicklung der Totalausgaben hochgerechnet.

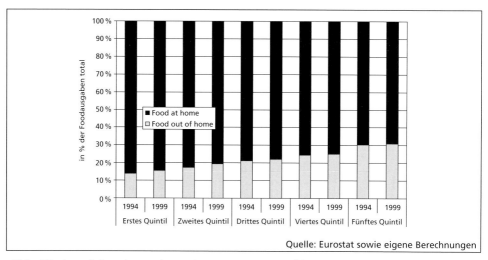

Abb. 72: Anteil Foodausgaben „home" vs. „out of home" – Bsp. Deutschland

Erstes Quintil = die 20 % der Haushalte mit den geringsten Konsumausgaben, Fünftes Quintil = die 20 % der Haushalte mit den höchsten Konsumausgaben. Werte für die Kategorie „Alkoholische Getränke" der Quintile wurden anhand der Entwicklung der Totalausgaben hochgerechnet.

Anhang 249

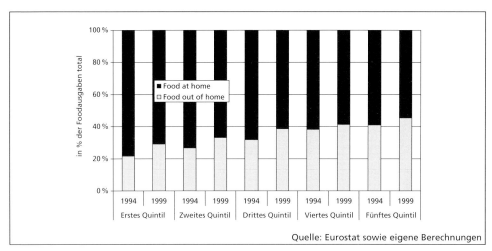

Abb. 73: Anteil Foodausgaben „home" vs. „out of home" – Bsp. Großbritannien

Erstes Quintil = die 20 % der Haushalte mit den geringsten Konsumausgaben, Fünftes Quintil = die 20 % der Haushalte mit den höchsten Konsumausgaben. Werte für die Kategorie „Alkoholische Getränke" der Quintile wurden anhand der Entwicklung der Totalausgaben hochgerechnet.

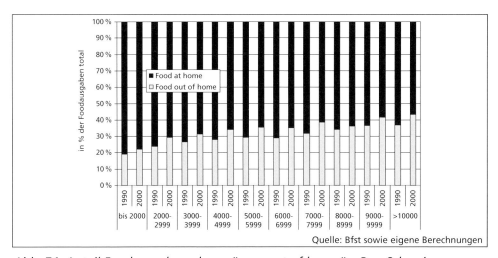

Abb. 74: Anteil Foodausgaben „home" vs. „out of home" – Bsp. Schweiz

Erstes Quintil = die 20 % der Haushalte mit den geringsten Konsumausgaben, Fünftes Quintil = die 20 % der Haushalte mit den höchsten Konsumausgaben. Werte für die Kategorie „Alkoholische Getränke" der Quintile wurden anhand der Entwicklung der Totalausgaben hochgerechnet.

Literatur

Accenture (2002): Konsumgüter 2010: Handel – Macht – Marken.

Angerer, Thomas; Gruber, Elke; Liebmann, Hans-Peter: Vorwärts im Gegenwind. Profitables Wachstum trotz Krise. Handels Monitor Band 7. Frankfurt am Main 2003.

Antonovsky, A. (1987): Unraveling the Mystery of Health. London.

Bäcker, G.; Bispink, R.; Hofemann, K.; Naegele, G. (2000): Sozialpolitik und soziale Lage in Deutschland. Bd. 2: Gesundheit und Gesundheitssystem, Familie, Alter, Soziale Dienste. 3., grundlegend überarbeitete und erweiterte Auflage. Wiesbaden.

Binder, I.; Gedrich, K.; Karg, G.: Ernährungssituation in der Bundesrepublik Deutschland – Ernährungsverhalten außer Haus (EVA 1998). Forschungsbericht (Ergänzungsband), im Auftrag des Bundesministeriums für Gesundheit. Freising 2000.

Bowlby, R. (2001): Carried away – The Invention of Modern Shopping. New York.

Brändli, S. (2000): Der Supermarkt im Kopf. Konsumkultur und Wohlstand in der Schweiz nach 1945. Wien.

Bratschi, T.; Feldmann, L.; Häfliger, Ch.: Die Food-Branche in der Pole-Position des Megamarktes Gesundheit. Excellence in Food Nr. 2, November 2004.

Brooks, D. (2001): Die Bobos. Der Lebensstil der neuen Elite. Berlin.

Bundesamt für Gesundheit (Hrsg.) (1998): Vierter Schweizerischer Ernährungsbericht. Bern.

Chadwick, R. et al.: Functional Foods. Berlin 2003.

Coupland, D. (1996): Microserfs. London.

Crawford, F.; Mathews, R. (2001): The Myth of Excellence. New York: Cap Gemini Ernst & Young.

Eberle, U; Fritsche U.; Hünecke, K.: Lebenszykluskosten für Ernährung. Diskussionspaper Nr. 2. Institut für angewandte Ökologie. Darmstadt, Juni 2004.

IHA-GfK AG, Schweizerisches Marketing Forum (2002): Detailhandel Schweiz 2002/2003. Hergiswil.

Illouz, Eva: Der Romantik-Konsum. In: GDI_Impuls 1.04, S. 51-57.

Deutsche Gesellschaft für Ernährung e.V. (DGE) (Hrsg.) (2000): Ernährungsbericht 2000, Frankfurt am Main.

„Die Presse" vom 14. August 2001.

Douglas, M. (1979): The World of Goods. Toward an anthropology of consumption. New York.

Eurobarometer 58.0 (2nd Edition: March 21st 2003). A report to the EC Directorate General for Research from the project ‚Life Sciences in European Society.'

Feldmann, L. (2001): Gesundheitskonsum. Gesundheit als Konsumgut – Folgen für Kunden, Anbieter, Produkte und Märkte. GDI-Report. Rüschlikon/Zürich.

Financial Times Deutschland, 28.8.2002.

Food Trends 2001. Eine Studie der GfK Marktforschung.

Garhammer, M. (2001): Wie Europäer ihre Zeit nutzen. Zeitstrukturen und Zeitkulturen im Zeichen der Globalisierung. 2. unveränderte Auflage. Berlin.

Giddens, A. (1990): The consequences of modernity. Oxford.

Gokey, T.; Coyles, S. (2001): The New Era Of Customer Loyalty Management. McKinsey & Company.

Grievink, J.-W.; Josten, L.; Valk, C. (o.J.): State of the Art in Food. The changing face of the worldwide food industry. Meppel.

Gutzwiller, F.; Jeanneret, O.: Konzepte und Definitionen. In: Gutzwiller, F., Jeanneret, O. (Hrsg.) (1996): Sozial- und Präventivmedizin Public Health. Bern et al., S. 23-29.

Häfner, H. (Hrsg.) (1999): Gesundheit – unser höchstes Gut? Berlin.

Heister, M. (1991): Gottlieb Duttweiler als Handels- und Genossenschaftspionier. Vom eigennutzorientierten Großhändler zum gemeinwohlorientierten Genossenschafter. Berlin.

Hirschfelder, G. (2001): Europäische Esskultur. Geschichte der Ernährung von der Steinzeit bis heute. Frankfurt am Main.

Hofer, K. (2001): Tat-Sache Lebensmittelqualität. Eine handlungstheoretisch begründete Analyse von Verunsicherung und Vertrauen im Bedürfnisfeld Essen. Diss. Bern.

Höpflinger, F.; Stuckelberger, A. (1992): Alter und Altersforschung in der Schweiz. Zürich.

Horbelt, R.; Spindler, S. (2000): Die deutsche Küche im 20. Jahrhundert. Von der Mehlsuppe im Kaiserreich bis zum Designerjoghurt der Berliner Republik. Frankfurt am Main.

Iglo-Forum 1995: Kochen in Deutschland. Iglo-Forum Studie 1995, Hamburg.

Karmasin, H. (1999): Die geheime Botschaft unserer Speisen. Was Essen über uns aussagt. München.

Klose, H.-U. (Hrsg.) (1993): Altern hat Zukunft. Bevölkerungsentwicklung und dynamische Wirtschaft. Opladen.

Körtzinger, I. (1999): Ernährungserhebung und Ernährungsintervention in der Prävention ernährungsabhängiger Erkrankungen. Diss. Christian-Albrechts-Universität zu Kiel.

Kroeber-Riel, W. (1999): Konsumentenverhalten. 7. Auflage. München.
Lahno, B. (2002): Der Begriff des Vertrauens. Paderborn.
Lanz Kaufmann, E. (1999): Wellness-Tourismus. Marktanalyse und Qualitätsanforderungen für die Hotellerie – Schnittstellen zur Gesundheitsförderung. Bern.
Love, J. (1988): Die McDonald's Story. Anatomie eines Welterfolgs. München.
Luhmann, N. (1989): Vertrauen. Ein Mechanismus der Reduktion sozialer Komplexität. 3. Aufl. Stuttgart.
Lebensmittel Zeitung (2001): LZ Report 2001/2002 – Markt- und Strukturzahlen der Nahrungs- und Genussmittelbranche. Frankfurt am Main.
LZ Spezial: Technologie und Marketing. Dem profitablen Kunden auf der Spur. 1/2004.
McKinsey Quarterly, Nr. 3, 2002.
Meyer-Hentschel Management Consulting (Hrsg.) (2000): Handbuch Senioren-Marketing, Erfolgsstrategien aus der Praxis. Frankfurt am Main.
Mitchell, Alan; Bauer, Andreas; Hausruckinger, Gerhard: The New Bottom Line. 2003.
Müller, Werner; Velimirov, Alberta: Die Qualität biologisch erzeugter Lebensmittel. Umfassende Literaturrecherche zur Ermittlung potenzieller Vorteile biologisch erzeugter Lebensmittel. Wien 2003.
Nunes, Paul, F.; Cespedes, Frank V.: The Customer has escaped. In: Harvard Business Review Nov. 2003, S. 96-104.
OECD, Main Economic Indicators/MEI. In: Konjunktur. Prognosen 2003/2004. Konjunkturforschungsstelle der ETH Zürich KOF. Bericht 10/2002.
Office for Offic. Publications of EC (2001): Eurostat, Consumers in Europe – Facts and Figures (Data 1996-2000). Luxembourg.
Pine, B.; Gilmore, J. (1999): The Experience Economy: Work is Theater & every Business a Stage, Harvard.
Pooler, Jim: Why we shop. Emotional rewards and retail strategies. Westport 2003.
Pudel, J.; Westenhöfer, V.: Ernährungspsychologie. Göttingen 1997 u. 2003.
Richter, T.; Schmid, O.; Meier, U.; Halpin, D.; v. d. Berge, P.; Damary, P. (2000): Internationale Untersuchung von Einzelhandelsunternehmen hinsichtlich ihrer Aktivitäten zur Vermarktung von Bioprodukten. FIBL-Studie. Frick.
Rotter, J.: Generalized expectancies for interpersonal trust. In: American Psychologist 26, S. 443-452.
Schmitz, C. (2001): Charismating. Einkauf als Erlebnis. So kitzeln Sie die Sinne Ihrer Kunden. München.
Sherry, J. (Hrsg.) (1995): Contemporary marketing and consumer behavior. An anthropological sourcebook. London, New Delhi.

Statisches Bundesamt (1998): Im Blickpunkt: Frauen in Deutschland. Stuttgart.
Statistisches Bundesamt (2001): Statistisches Jahrbuch 2001 für das Ausland. Wiesbaden.
Statistisches Bundesamt (2001): Statistisches Jahrbuch 2001 für die Bundesrepublik Deutschland. Wiesbaden.
Statistisches Bundesamt (2002): Statistisches Jahrbuch 2002 für die Bundesrepublik Deutschland und für das Ausland (CD-RM). Wiesbaden.
Statistisches Jahrbuch der Schweiz. Bern 2001 und 2002.
Steiner, R.; Ladner, A. (2000): Gemeindereformen zwischen Handlungsfähigkeit und Legitimation. Bern.
United Nations, Dept. Of International Economic and Social Affairs (Ed.) (1991): World Population Prospects 1990, Population Studies Nr. 120. New York.
Wallace, P. (1999): Altersbeben – Wie wir die demografische Erschütterung in Wirtschaft und Gesellschaft meistern werden. Frankfurt am Main.
Werner, K.; Weiss, H. (2001): Schwarzbuch Markenfirmen. Wien.
ZMP Zentrale Markt- und Preisberichtstelle für Erzeugnisse der Land-, Forst- und Ernährungswirtschaft GmbH (Hrsg.) (o.J.): Essen außer Haus 2000. Bonn.
ZMP/CMA. Außer Haus 2002 (http://www.zmp.de/mafo/downloads/EaH_2002.pdf)

Abbildungsverzeichnis

Abb. 1:	Ausgabenstruktur eines Arbeiterhaushalts in der Schweiz	18
Abb. 2:	Wachstumsdimensionen für Foodunternehmen	25
Abb. 3:	Marktanteil der Top-3-Retailer (in % des Gesamtmarktes)	30
Abb. 4	Zukunftsmärkte: Premium oder Discount	31
Abb. 5:	Entwicklung reales Bruttoinlandsprodukt (1995 = 100)	32
Abb. 6:	Entwicklung Einzelhandelsumsätze, real (1995 = 100)	33
Abb. 7:	Anteil Foodausgaben an Konsumausgaben – Bsp. Österreich	35
Abb. 8:	Anteil Foodausgaben „home" vs. „out of home" – Bsp. Österreich	35
Abb. 9:	Konvergenz: Von Firmen- zu Kundenmärkten	38
Abb. 10:	Multi-Channel-Synergien von Ahold	40
Abb. 11:	Die drei Kernelemente der Marke der Zukunft	47
Abb. 12:	Lebenszyklus, Stärke und Potenzial von Zusatznutzen bei Lebensmitteln	50
Abb. 13:	Markenszenarios für Foodhersteller	53
Abb. 14:	Machtverschiebung des Kundenwissens	57
Abb. 15:	Rohstoffe: Von der Veredelung zur Vermarktung	60
Abb. 16:	Zusammenfassung Konsum-Megatrend Zeit	65
Abb. 17:	Ursachen von Zeitstress	66
Abb. 18:	Netto-Werbeeinnahmen erfassbarer Werbeträger in Milliarden Mark	67
Abb. 19:	Preisvergleich im Internet, preissuchmaschine.de	68
Abb. 20:	Tops und Flops in der deutschen Konsumgüterindustrie	77
Abb. 21:	Zeitbudgets in fünf Nationen (EU und USA) in den 60er und 90er Jahren (Stunden im Schnitt aller Berichtstage)	79
Abb. 22:	Nominale Veränderung der Beschäftigungssituation der Frauen in der Schweiz	80
Abb. 23:	Ehepaare nach der Erwerbstätigkeit der Ehepartner mit Kindern (ohne Altersbegrenzung)	81
Abb. 24:	Einfluss der Erwerbsquote von Frauen auf den Verbrauch pro Kopf an Tiefkühlkost	81
Abb. 25:	Zusammenfassung Konsum-Megatrend Gesundheit	87
Abb. 26:	Stellenwert von Lebensbereichen (Anteil „sehr wichtig")	88
Abb. 27:	Eheschließungen und Scheidungen in Deutschland 1995-1999	90

Abbildungsverzeichnis

Abb. 28: Prozentsätze der Mädchen, die lieber dünner sein wollen 92
Abb. 29: Bevölkerung Deutschlands nach Altersgruppen (Auswahl) 93
Abb. 30: Bruttokosten pro Versicherungsmonat in Franken nach Altersgruppen (Schweiz 2000) 95
Abb. 31: Alter der Gäste in Wellnesshotels (Schweiz, prozentuale Verteilung der Gruppen) 97
Abb. 32: Hauptbeeinflussungsfaktoren der Gesundheit 99
Abb. 33: Vom Krankheits- zum Gesundheitsmarkt 99
Abb. 34: Aufwendungen und Struktur des Privaten Konsums privater Haushalte im 1. Halbjahr 2003 in Deutschland 102
Abb. 35: Food-Krankheitsmarkt versus Food-Gesundheitsmarkt........... 104
Abb. 36: Motive für gesunde Ernährung in verschiedenen Altersgruppen 105
Abb. 37: Zusammenfassung Konsum-Megatrend Kundenvertrauen 116
Abb. 38: Was die Entscheidung am POS beeinflusst 119
Abb. 39: Wie schafft man Vertrauen? 120
Abb. 40: Zusammenfassung Konsum-Megatrend Emotion 130
Abb. 41: Stomach-Share-Daten 144
Abb. 42: Messebenen Stomach Share 145
Abb. 43: Beurteilungsdimensionen idealer Magenfüll-Lösungen........... 150
Abb. 44: Beurteilung aller Kanäle im Überblick........................ 151
Abb. 45: Positionierung „Gesunde Ernährung" 152
Abb. 46: Positionierung „Schnelle Verpflegung" 153
Abb. 47: Positionierung „Angenehmes Erlebnis"....................... 153
Abb. 48: Entwicklung Gesundheitskosten vs. Foodausgaben, Schweiz 159
Abb. 49: Dimensionen der „Gesunden Ernährung".................... 161
Abb. 50: Bewertung Absatzkanal aus Sicht Gruppe „Gesundheit" 162
Abb. 51: Umsatzsplitt „House of WellFood" 170
Abb. 52: Dreiecksbeziehung im „Retail-Health-Programm" 176
Abb. 53: Positionierung Fooderlebnisse 188
Abb. 54: Dimensionen des „Angenehmen Erlebnisses".................. 191
Abb. 55: Bewertung Absatzkanal aus Sicht Gruppe „Erlebnis" 192
Abb. 56: Tägliche Freizeitbeschäftigungen 193
Abb. 57: Expertenportal im Internet................................. 197
Abb. 58: Raumaufteilung „Spiced Spaces"............................ 202
Abb. 59: Kundenaufkommen bei „Essen: einfach klassisch".............. 210
Abb. 60: Motive für kulinarische Weiterbildungen 216
Abb. 61: Spacemanagement in „Food & Carry"........................ 218

Abb. 62: Zeitbedarf für Einkaufen und Zubereitung 220
Abb. 63: Entwicklung der Anteile für Mahlzeiten (Supermarktumsatz) 220
Abb. 64: Dimensionen der „schnellen Verpflegung" 222
Abb. 65: Bewertung Absatzkanal aus Sicht Gruppe „Schnelligkeit" 222
Abb. 66: Typen von „Food-Districtpoints" 231
Abb. 67: Positionierung von „Retail Inside" 238
Abb. 68: Von der Produkt- zur Kundenlogistik 244
Abb. 69: Anteil Foodausgaben an Konsumausgaben –
Bsp. Deutschland 247
Abb. 70: Anteil Foodausgaben an Konsumausgaben –
Bsp. Großbritannien 247
Abb. 71: Anteil Foodausgaben an Konsumausgaben –
Bsp. Schweiz 248
Abb. 72: Anteil Foodausgaben „home" vs. „out of home" –
Bsp. Deutschland 248
Abb. 73: Anteil Foodausgaben „home" vs. „out of home" –
Bsp. Großbritannien 249
Abb. 74: Anteil Foodausgaben „home" vs. „out of home" –
Bsp. Schweiz 249

Tabellenverzeichnis

Tab. 1:	Übersicht: Entstehung der Foodkanäle	17
Tab. 2:	Übersicht: Drei Wachstumsdimensionen für Foodunternehmen	28
Tab. 3:	Foodservice gewinnt, Einzelhandel verliert	39
Tab. 4:	Ziele von Loyalitätsprogrammen	55
Tab. 5:	Gruppen mit Freizeitdefiziten in fünf Nationen 1985 bis 1996	74
Tab. 6:	Verbreitung der Abweichungen von der Normalarbeitszeit in Westdeutschland in Prozent	75
Tab. 7:	Lebensmittel-EZH POS versus Convenience POS	85
Tab. 8:	Dimensionen des Alterungsprozesses sowie Implikationen für Essverhalten/-bedürfnisse (Darstellung b&f concepts)	95
Tab. 9:	Bisherige und neue Player im Gesundheitsmarkt	101
Tab. 10:	Unvollständige Chronologie von Lebensmittelskandalen der letzten Jahre	125
Tab. 11:	Diskrepanz zwischen Mission Statement und öffentlichen Vorwürfen	138
Tab. 12:	Anteil in % am Total der verlorenen potenziellen Lebensjahre nach Todesursachen und Geschlecht in der Schweiz	158
Tab. 13:	Bedürfnisse und Kompetenzen von Krankenversicherungen und LEH	175

Ihr professioneller Partner im E-Zeitalter

- E-Publishing-Lösungen
- Cross-Media-Publishing-Lösungen (z.B. E-Shop und Katalog)
- E-Business-Lösungen (CRM, SRM etc.)
- Digitale Druckvorstufe mit Bildbearbeitung (z.B. Katalogproduktion)

Lassen Sie sich einfach ein kostenloses Angebot unterbreiten.

Zu Preisen, die Sie wirklich überzeugen werden.

Ihr Ansprechpartner:
Deutscher Fachverlag
Mainzer Landstraße 251
60326 Frankfurt am Main
Jürgen Frühschütz
☎ 069 / 75 95 21 11
Juergen.Fruehschuetz@dfv.de

EDITION LEBENSMITTELZEITUNG

Bert Martin Ohnemüller / Klaus Winterling
Mehr Erfolg am Point of Sale
277 Seiten, mit zahlreichen Grafiken, Formblättern und Praxisbeispielen, gebunden

ISBN 3-87150-629-X € 68,-

Aus dem Inhalt: Hersteller, Handel und Endkunden 2010: Was auf uns zukommen kann ● Vom Funktions- zum Prozessdenken: Das Marketing der Zukunft ● Thru-the-line-Marketing: Das Erfolgskonzept der Zukunft ● Das Thru-the-line-Marketing-Instrumentarium ● Organisation ● Controlling ● Arbeitsunterlagen für die Praxis ● Praxisbeispiele

HandelsMonitor 2005 / 2006
Expansion - Konsolidierung - Rückzug
Trends, Perspektiven und Optionen im Handel

179 Seiten, Ordner mit Spiralbindung, DIN A4

ISBN 3-87150-882-9 € 198,-

Aus dem Inhalt: Was sind die wesentlichen Trends im Handel? ● Welche Konsequenzen haben sozio-ökonomische Entwicklungen für den Handel? ● Wie soll der Handel reagieren?
Als Themenbereiche werden betrachtet:
Entwicklung der Einkaufsflächen, Betriebstypen des Handels, Internationalisierung des Handels, Category Migration u.v.m.

Ihr direkter Weg: www.dfv-fachbuch.de

Erhältlich in jeder Buchhandlung!
Deutscher Fachverlag · 60264 Frankfurt am Main

EDITION LEBENSMITTELZEITUNG

Ahlert / Olbrich / Schröder (Hrsg.)
Netzwerke in Vertrieb und Handel
Jahrbuch Vertriebs- und Handelsmanagement 2005

442 Seiten, gebunden mit zahlreichen Grafiken

ISBN 3-87150-914-0   € 68,-

Aus dem Inhalt: Vertriebsnetzwerke – Strategien und Erfolgsfaktoren ● Markenmanagement in Netzwerken ● Internationalisierung durch Netzwerke ● Wissensmanagement in Unternehmensnetzwerken ● Vertriebsnetzwerke im Internethandel

Ahlert / Olbrich / Schröder (Hrsg.)
Internationalisierung von Vertrieb und Handel
Jahrbuch Vertriebs- und Handelsmanagement 2004

406 Seiten, gebunden mit zahlreichen Grafiken

ISBN 3-87150-865-9   € 68,-

Aus dem Inhalt: Handelsunternehmen im Aufbruch zu neuen Märkten – Strategien und Erfolgsfaktoren ● Internationalisierungsstrategien als Wachstumschance für die Konsumgüterindustrie ● Quo vadis Kooperation? ● Marktforschung und Controlling – Analysen und Reflexionen eröffnen in der Internationalisierung Chancen

Ihr direkter Weg: www.dfv-fachbuch.de

Erhältlich in jeder Buchhandlung!
Deutscher Fachverlag · 60264 Frankfurt am Main